徴収職員・税理士のための

元徴収官による
国税・地方税
徴収マニュアル

税理士　**簿 敏朗**（もたい　とし　ろう）著

■体験で得た「ケーススタディ・50例題」収録

■国・地方団体と税理士それぞれの経験を
もとにした実務書

一般財団法人 大蔵財務協会

は　し　が　き（改訂の序）

　令和元年5月に初版発行しました「元徴収官による地方税徴収のマニュアル」について、皆様方からのご指導やご意見等を多数頂き誠に有難うございました。

　本改定版は、地方団体の徴収事務に携わっている方に加え、国などの徴収事務に携わっている方からも使って頂ける手引書として、また、税理士業務に馴染みが薄い徴収事務を税理士の皆様が知っていると便利と思われる徴収関係の法令や実務の取扱いなどを盛り込みました。

　本書では、国税局と地方団体の勤務において体験した第二次納税義務などの滞納処分の事例を参考としたケーススタディ・50例題を新たに収録し、民法改正に伴う徴収事務の主要な項目の改正事項（消滅時効、債権譲渡、相殺など）、不動産公売等への暴力団員等の買受の防止措置の創設に伴う所要な手続の変更事項を盛り込み、原告訴訟提起の端緒類型表や初版発行後に作成しました各種参考様式等を登載しました。

　本書に新たに収録等した主な事項は次のとおりです。
①　態様区分別ケーススタディ・50例題
　・第二次納税義務等関係18例題
　・換価評価関係　　　　13例題
　・財産調査関係　　　　　8例題
　・財産差押え関係　　　　8例題
　・納税義務承継関係　　　1例題
　・納税の猶予等関係　　　2例題
上記のうち、税理士業務に参考となる事例は20例題
②　参考様式等
　・随意契約による売却の買受申出ほか関係様式
　・債権法改正に伴う徴収の主要項目の改正の概要
など各種様式等（19種類）を登載しています。

本書の文中意見にわたる部分は、執筆者の個人的見解であることを念のため申し添えます。

　本書は、租税債権や公課などの徴収事務に必要な基本的事項や実務を主眼とした体系的な手引書として、また、税理士業務における徴収関係の参考図書として多くの皆様にご利用いただけることを願いまして、題名を「徴収職員・税理士のための元徴収官による徴収マニュアル」と改称いたしました。
　国・地方団体の徴収事務に携わっている方と税理士の皆様の執務・業務の参考の一助として頂ければ幸いと存じます。

　終わりに、国税局と地方団体での数多くの体験から得た徴収技法や法的解釈などの次世代の方々への伝承に務め、微力ながら国税・地方税等の徴収のお役に立てることができますよう日々研鑽に務めて参りたいと思っております。
　つきましては、国、地方団体や税理士会等において、徴収関係の研修会を予定されます際には、本書を基に滞納処分の事例、体験談や留意事項等実務に即した内容で講義を務めさせて頂きたいと思っておりますのでご依頼を頂ければ幸いと存じます。
　併せて、個別案件のご相談・ご質問等又はご意見・ご要望に関しましては、大変恐縮と存じますが当方事務所あてにご連絡をお願いいたします。

　令和3年8月

執筆者　<ruby>罇<rt>もたい</rt></ruby>　<ruby>敏朗<rt>としろう</rt></ruby>

は　し　が　き

　地方税は、地方財政の基盤であり、また、安定した税収の確保と納税義務の公平性の確保、納税者の信頼を得るために、地方団体はこれまで積極的に徴収対策に取り組んでいます。

　近年の人口減少や超高齢化社会を迎え、地方団体が提供する行政サービスの需要はますます増加していく状況下においては、一層の徴収対策に取り組む必要があると思います。

　徴収の実務では、滞納者の個々の実情に即して対応する必要があり、一定の要件を満たす場合には、徴収や換価の猶予、滞納処分の停止等の納税緩和措置を講じるほか、また、納税誠意が認められない滞納者には、財産の差押えや換価などの滞納処分を実施することになります。

　地方税の課税・徴収方法の特徴として、軽自動車税など一件当たりの税額が比較的少額の税目が多いことや、固定資産税など同年度内に複数の納期限が設定されている税目があります。また、課税対象の固定資産から発生する固定資産税が担保権に劣後し換価ができないなどの事例も散見されています。

　地方団体の徴収の実務の現状では、徴収事務を担当している職員は、国税のような徴収の専門家ではなく、滞納処分のノウハウの承継がされにくく、専門知識などの蓄積が容易ではないことや国税に比べて地域住民との係わりが深いため、滞納処分に踏み込みにくい状況にもあると思います。

　国税の職場での、詐害行為取消、滞納処分免脱罪、第二次納税義務、公売、高額・処理困難な案件などの数多い体験と新潟県三条市収納課での地方税徴収の経験をもとに、滞納整理事務の基本的な事項、財産調査、差押え、換価・評価、徴収や換価の猶予、滞納処分の停止等に関する事項を体系的、かつ詳細に説明しました。

　また、本書では、各種様式（67種類）を登載して、地方団体では実務経験が少ないと思われる、①不動産の差押えのうち価額が比較的少額な財産で、不動産鑑定評価を依頼できないもの、②インターネットを利用する公売に馴染まないものに係る公売に関する書類や公売の実施の仕方、③滞納処分の停

止の判断基準・停止調査書等の記載例などを盛り込みました。

　更に、参加差押換価執行制度、滞納整理における理由附記及び徴収事務に関係する民法改正の主な項目を収録しました。

　本書は、三条市の徴収事務の研修で使用した資料を中心に、広く地方団体等の滞納整理に従事する方々に使用していただけるように編集していますので、地方税徴収等の実務書や研修の一助となれば幸いに存じます。

　この様な地方税徴収の貴重な経験ができる機会を与えてくださった三条市に厚く感謝申し上げる次第であります。

　本書の文中意見にわたる部分は、執筆者の個人的見解であることを念のため申し添えます。

　なお、本書を教材に、徴収技法の伝承、国税での体験から得た滞納処分の遂行上の留意事項等を中心とした研修会などを通じまして、微力ながら地方税徴収のお役に立てればと思っておりますので、地方団休において、研修会の講師依頼や個別案件の徴収方途のご相談等のご希望に関しましては、発行人までお問い合わせいただきたいと存じます。

平成31年4 月

もたい　としろう
鑓　敏朗

随意契約による売却（77〜83）

凡　例

本文中の法令等の略語は、次のように略称しています。

1　法令の略称

国税徴収法	徴
国税徴収法施行令	徴令
国税通則法	通
国税通則法施行令	通令
地方税法	地
地方税法施行令	地令
滞納処分と強制執行等との手続の調整に関する法律	滞調法
民法	民
破産法	破
会社更生法	更
民事再生法	再
民事執行法	執行法
国家公務員法	国公
地方公務員法	地公
地方自治法	地自

2　略番号

条番号	1、2
項番号	①、②
号番号	一、二

（例）　地方税法第5条第2項第1号…………地5②一）

第1 滞納整理の基本・原則

1 法令の遵守

公務員は、「全体の奉仕者」として公共の利益のために、かつ、職務遂行に全力を挙げて専念する義務を負う（国公96、地公30）ほか、法令遵守義務、職務遂行の義務（国公98、地公32、35）も負っています。

また、地方団体は、法令に違反してその事務を処理してはならないし、違反して行った地方団体の行為は無効となります（地自2十六、十七）。

【参 考】最高裁平16.4.23判決
地方公共団体が客観的に存在する債権を理由もなく放置したり免除したりすることは許されず、原則として、地方公共団体の長にその行使又は不行使についての裁量はありません。

2 公正かつ合理的・能率的な処理

滞納整理の執行は、滞納者や担保権者等の第三者に大きな影響を及ぼすことから、適法性及び妥当性の保持の観点からの要請が強いです。

また、滞納整理は、滞納者の納付の意思、納付能力、事業や生活の状況等の事情を総合勘案して判断する必要があることから、具体的な執行は徴税吏員に最適な処分を選択する裁量が認められています。

しかし、一定の限界があり、例えば、同じ状況にある滞納者には、徴収職員・徴税吏員個々の裁量（判断）によって異なる徴収手続が執行されることは好ましくないし、許されるべきものではありません。

一方では、抱える滞納事案の多さから、①投下事務量に対するコストパフォーマンスの要請、②時期を失しない的確な滞納処分のための、総体的及び個別的な進行管理が重要となり、適正手続の確保が求められています。

3　滞納整理の意義

滞納整理とは、滞納者が国税・地方税を納期限までに納付しないとき、

① 督促状、催告書等による納税催告

② 差押え、交付要求等の執行

③ 納税の猶予・徴収猶予、換価の猶予、滞納処分の停止等の納税緩和の措置

④ 第二次納税義務の追及等納税義務の拡張の措置

などを講じて、滞納の国税・地方税を徴収して完納・完結させる一連の事務手続を総称しているものです。

表1−1　滞納整理事務の概要

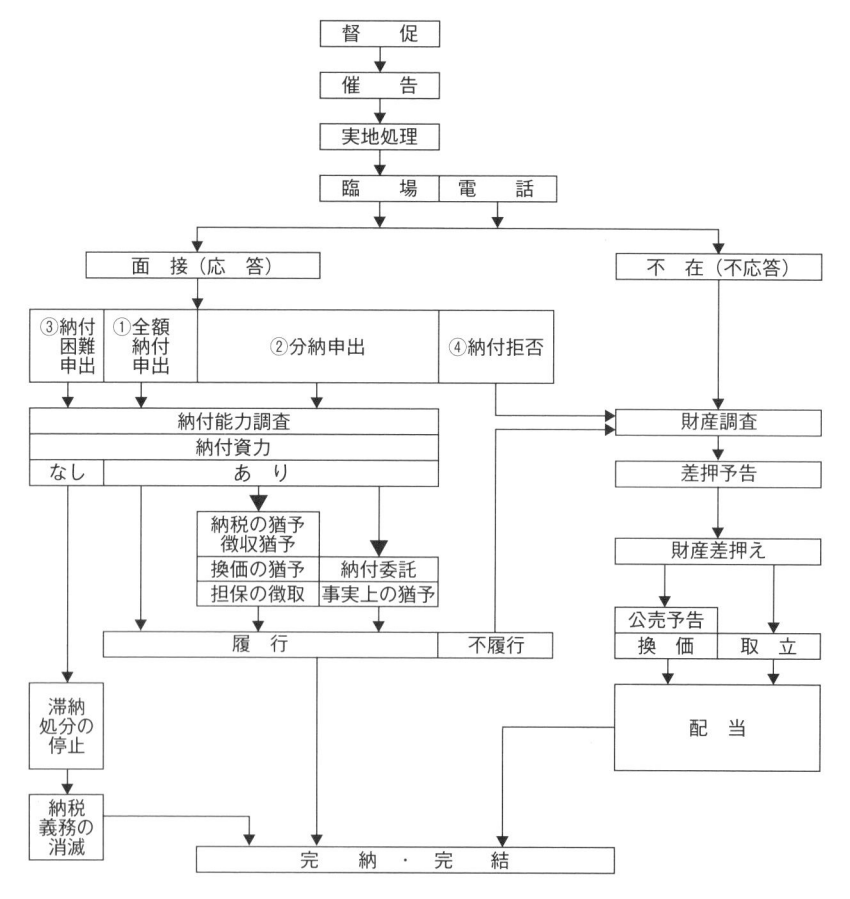

（参考1）　強制換価手続が開始された場合には、その執行機関に対する交付要求（参加差押え）がある。

（参考2）　第二次納税義務等の納税義務の拡張による追及がある。

4 滞納処分とは

国・地方団体が自力執行権に基づいて行う租税債権の強制的実現手続を総称したもので、国税徴収法「第5章滞納処分」に規定されている処分をいいます。

地方税法では税目ごとに、「国税徴収法に規定する滞納処分の例による」旨の規定をおいています。

表1-2 徴収に関する主要な事項に係る主な法令（国税徴収法、国税通則法及び地方税法）

		主 な 項 目	国 税 徴収法	国 税 通則法	地 方 税 法
国税徴収法	1	定義	2		1
	2	国税・地方税の優先の原則	8		14
	3	差押先着手による国税・地方税の優先	12		14の6
	4	交付要求先着手による国税・地方税の優先	13		14の7
	5	法定納期限等以前に設定された質権の優先	15		14の9
	6	法定納期限等以前に設定された抵当権の優先	16		14の10
	7	質権及び抵当権の優先額の限度等	18		14の12
	8	法定納期限等以前に設定された仮登記により担保される債権の優先	23		14の17
	9	譲渡担保権者の物的納税責任	24		14の18
	10	国税及び地方税等と私債権との競合の調整	26		14の20
	11	第二次納税義務の通則	32		11
	12	無限責任社員の第二次納税義務	33		11の2
	13	清算人等の第二次納税義務	34		11の3
	14	同族会社の第二次納税義務	35		11の4
	15	事業を譲り受けた特殊関係者の第二次納税義務	38		11の7
	16	無償又は著しい低額の譲受人等の第二次納税義務	39		11の8
	17	差押えの要件	47		72の68①ほか
	18	超過差押え及び無益な差押えの禁止	48		※
	19	差押財産の選択に当たっての第三者の権利の尊重	49		※
	20	相続があった場合の差押え	51		※
	21	果実に対する差押えの効力	52		※
	22	保険に付されている財産に対する差押えの効力	53		※
	23	差押調書	54		※
	24	質権者等に対する差押えの通知	55		※
	25	動産又は有価証券の差押え	56～61		※
	26	債権の差押え	62～67		※
	27	不動産等の差押え	68～71		※

国税徴収法	28	無体財産権等の差押え	72〜74	※
	29	一般の差押禁止財産	75	※
	30	給与の差押禁止	76	※
	31	条件付差押禁止財産	78	※
	32	差押えの解除	79〜81	※
	33	交付要求	82〜85	72の68④ほか
	34	参加差押え	86〜88	72の68⑤ほか
	35	財産の換価	89〜127	※
	36	換価代金等の配当	128〜135	※
	37	滞納処分費	136〜138	※
	38	相続等があった場合の滞納処分の効力	139	※
	39	質問及び検査	141	※
	40	捜索の権限及び方法等	142〜146	※
	41	官公署等への協力依頼	146の2	※
	42	身分証明書の提示等	147	※
	43	換価の猶予	151〜152	15の5
	44	滞納処分の停止	153〜154	15の7
	45	罰則	187〜189	72の69ほか

国税通則法	1	定義	2	1
	2	相続による納税義務の承継	5	9
	3	相続人からの徴収手続	13	9の2
	4	法人の合併による納税義務の承継	6	9の3
	5	連帯納税義務	8	10
	6	期間の計算及び期限の特例	10	20の5
	7	書類の送達	12	20
	8	公示送達	14	20の2
	9	郵送等に係る納税申告書等（書類）の提出時期	22	20の5の3
	10	第三者の納付（又は納入）及びその代位	41	20の6
	11	債権者の代位及び詐害行為取消権	42	20の7
	12	納税の告知・納付又は納入の告知	36	13
	13	督促	37	72の66ほか
	14	繰上請求（繰上徴収）	38	13の2
	15	納税の猶予（徴収猶予）	46	15
	16	担保の種類（担保の徴取）	50	16
	17	担保の処分	52	16の5
	18	納付委託（納付又は納入の委託）	55	16の2
	19	延滞税（延滞金）の免除	63	15の9
	20	国税（地方税）の消滅時効	72	18
	21	時効の完成猶予及び更新	73	18の2
	22	納税管理人	117	72の9ほか
	23	国税（地方税）に関する相殺	122	20の9

（注）　「地方税法」欄の「※」表示は、国税徴収法に規定する滞納処分の例による。

5　徴収職員・徴税吏員の権限

　徴収職員とは、税務署長その他国税の徴収に関する事務に従事する職員、徴税吏員とは、地方団体の長、その他租税の徴収に関する事務に従事する職員のうち滞納処分に関する権限が与えられた者（以下「徴収職員等」といいます。）で、「徴収職員証」・「徴税吏員証」が交付されています。

(1)　徴収職員証・徴税吏員証

　徴収職員等は、滞納者との面接を含む質問、検査又は捜索を行うときは、常にこの身分証明書を携行し、請求に応じて呈示します。

(2)　心構え

　徴収職員等の相手方となる者は、年齢、職業、性格等及び滞納の発生原因や納付能力、財産の所有状況なども様々であり、相手方の状況に応じて柔軟に対応し得る応接の技法、国税徴収法、地方税法をはじめ民法等幅広い知識を身につけることが求められます。

6　守秘義務

　国税・地方税の徴収、調査等に関する事務に従事している者又は従事していた者は、これらの事務に関して知り得た秘密を守る義務を負っています。

　その秘密の漏えいをしたり、自己や他人のために利用すると、地方公務員一般の守秘義務違反よりも重い罰則（二年以下の懲役又は百万円以下の罰金）が課されます（通127、地22）。

7　滞納整理に当たっての基本的事項

(1)　厳正・的確

　徴収職員等は、常に主導権を握った厳正な徴収姿勢を堅持し、また、悪質者、常習者、困窮者等滞納者を質的に見極めることが必要です。

　更に、差押えなどの滞納処分は、時期を失せず執行し、その処分を継続し、また納付等の履行監視及びその対応を的確に行うことが大切です。

⑵　納付折衝

　滞納処分の基礎は、滞納者の事業・生活の状況、納税に対する意思等の確認であり、これらを踏まえた上で、納付資力をもとに具体的な納付計画及び財産を把握等することが納付折衝の目的です。

表 1 － 3　滞納者の質的区分

類　型		内　容	滞納整理
失念型		納期限を失念し、納付していない者	督促状、一斉催告、臨場等で対応「早期着手・徴収」
差押型		納付資力が認められるが、納付する誠意がない者	課税資料、財産調査、現況調査等後に、差押えを着手「的確な差押え」
猶予型	期間猶予	一時に納付することができないが、期間的に猶予をすることで、完納が期待できる者	納付困難な事情、納付能力調査後に、換価の猶予等の処理「履行監視」
	停止	納付資力が認められない状態にあるため、徴収することができない者	執行できる財産を調査後、滞納処分の執行を停止「停止検討」

⑶　進行管理

　滞納整理は、中期的目標及び短期的目標を設定し、その目標を達成するために、滞納の現状を分析・検討し、その対応策、実施方法、時期等を職員相互が情報を共有し、事務及び事案の進行を管理していく必要があります。

①　総体的な進行管理は、組織目標の達成に向け、重点事案等着手すべき事案の順位決定や一斉催告期間、財産調査集中期間、差押強化期間、滞納処分の停止処理集中期間等を設定し、効果的・効率的な事務を行うためのものです。

②　個別的な進行管理は、滞納事案に応じた対応、処分方針の決定や完納等までに要する処理期間を想定し、継続的な滞納整理を行うためのものです。

第2　基礎知識

1　書類の送達

　納税者等に対する通知は、原則として書面で行われ、送達を受けるべき者に対する到達により効力が生じます（通12、地20）。

　特に、徴収に関する処分は、滞納者の財産権を制限し、その財産に関して権利を有する者に影響を及ぼすばかりでなく、他の租税債権及び私債権との関係において、配当の場合における優先順位を決定するなど、重大な法律効果を伴っていますので、確実に送達されますよう細心の注意を払わなければなりません。

　送達の効力は、その書類が、社会通念上、送達を受けるべき者の支配下に入ったと認められる時（了知しうる状態におかれた時）に生じます。

　送達を受けるべき者は、原則として、納税義務者ですが、例外的に納税管理人の届出があるときなどは、次のとおりです。

　　ア　納税管理人

　　イ　相続人の代表者

　　ウ　法定代理人

　なお、上記のアとイは、滞納処分に関する書類は除きます。

(1)　郵送による送達

　郵送による送達は、普通郵便、信書便等によりますが、差押えに関する書類等重要と認められるものは、配達証明等によるものとします。

表 2-1 滞納処分関係の主な書類の名称及びその取扱区分（例）

関係条文（国税徴収法ほか）	書 類 名	取扱区分		
		配達証明郵便	簡易書留郵便	普通郵便
54	差押調書謄本（滞納者用）		○	
53①	保険等に付されている財産の差押通知書（保険会社用）		○	
55	担保権等設定財産の差押通知書（根質権者、根抵当権者用）	○		その他○
62	債権差押通知書（第三債務者用）	○		
64	担保権付債権差押通知書（権利者用）		○	
64	差押登記嘱託書（担保権付債権用）		○	
68①	差押書（不動産等、滞納者用）		○	
68③	差押登記嘱託書（不動産用）		○	
74①	組合員等の持分の払戻等請求書		○	
74②	組合員等の持分の払戻等請求の予告通知書		○	
80①81	差押解除通知書			○
80③	差押登記抹消嘱託書（不動産等用）		○	
	各種代位のための登記嘱託書		○	
82①滞調法36の3	差押（通知）書及び交付要求書（裁判所用）	○		○
84滞調法14	差押え及び交付要求解除（通知）書（裁判所用）		○	
146②	捜索調書謄本（滞納者、立会人用）			○
82①	交付要求書（執行機関用）	○		
82②	交付要求通知書（滞納者用）			○
82③	交付要求通知書（根質権者、根抵当権者用）	○		その他○
84③	交付要求解除通知書			○
86①	参加差押書（行政機関等用）	○		
86②	参加差押通知書（滞納者、第三債務者用）		○	
86③	参加差押登記嘱託書		○	
86④	参加差押通知書（根質権者、根抵当権者用）	○		その他○
88①③	参加差押解除通知書			○
	公売予告通知書（滞納者用）	○		
96①	公売通知書（滞納者用）	○		
96②	公売通知兼債権申立催告書（権利者等用）	○		
	公売中止通知書			○
106②	不動産等の最高価申込者の決定等通知書			○
106②	不動産等の次順位申込者の決定等通知書			○
108②	不動産等の最高価申込者決定取消通知書			○
118	売却決定通知書		○	

行見出し（左端縦書き）：財産差押関係／参加差押・交付要求関係／換価関係

	114外	売却決定取消通知書		○	
	129③	充当通知書（滞納者用）			○
	131	配当計算書謄本		○	
	滞調法17外	残余金交付通知書（裁判所用）		○	
その他	法13の2	納期限変更告知書		○	
	法15	徴収猶予（期間の延長）許可・不許可通知書　徴収猶予の取消通知書			○
	法15の9	延滞金の免除通知書			○
	法15	換価の猶予通知書　換価の猶予の取消通知書			○
		納付催告書			○
		差押予告（事前）通知書			○
		差押決定通知書		○	

（注）　取扱区分の「普通郵便」又は「簡易書留郵便」に係る書類は、必要に応じて特定記録郵便を活用する。

(2)　交付送達

　職員が、書類を送達すべき場所で、送達を受けるべき者に書類を交付して行う方法です（通12④、地20②、③）。

　交付送達を行った場合は、その交付を受けた者に、その旨を記載した書面（送達記録書）に、署名を求めます。

　この場合、署名を拒んだときは、その旨（署名拒否）を附記します。

　行政手続における押印義務の見直しにより、税務署・地方団体の長に提出する税務関係書類の押印は、不動産抵当権設定登記承諾書、第三者による納税保証書等を除き廃止されました。

ア　出会送達

　送達を受けるべき者に異議がないときは、送達すべき場所以外の場所（例えば、勤務先等）において、その者に手交する方法です。

イ　補充送達

　送達すべき場所において、送達を受けるべき者に出会わない場合に、その者の使用人、従業員又は同居の者で、書類の受領について相当のわきまえのある者に手交する方法です。

ウ　差置送達

　送達すべき場所において、送達を受けるべき者及び上記イに掲げた者がいない場合又はこれらの者が正当な理由がなく受領を拒否した場合は、

その送達すべき場所の玄関内、郵便受け箱に差し置く方法です。

特に重要な書類のときは、立会人をおくか、職員 2 人以上で行い、写真など客観的な記録を残すように留意します。

⑶ 公示送達

公示送達とは、書類の送達を受けるべき者の住所及び居所が不明のため書類の送達が不可能な場合に、所定の公示手続をとることにより、公示がなされてから一定期間が経過すると、書類の送達があったとみなす制度です（通14、地20の 2 ）。

ア 公示送達ができる場合

① 住所、居所、事務所等が明らかでないとき

課税・徴収関係の資料、市町村役場の調査や実地調査等、その所在確認に必要な調査をした上で行われなければなりません。

② 外国においてすべき送達につき困難な事情があると認められるとき

その外国で、動乱、天災等や法令等の規定で送達できないことなどの事情が必要となります。

イ 公示送達の方法

送達すべき書類の名称、送達を受けるべき者の氏名（名称）や、いつでもその書類の送達を受けるべき者に交付する旨を税務署の掲示板・条例等で定められた掲示場に掲示します。

ウ 効力発生の時期

掲示を始めた日から起算して 7 日（その日が、休日等に該当しても翌日に延長されません。）を経過したとき、書類の送達があったものとみなされます。

2 徴収権の消滅時効

国税・地方税の履行を求める権利（徴収権）は、原則として、法定納期限の翌日から起算して 5 年間行使しないと時効により消滅します（通72、地18①）。

なお、延滞税又は延滞金（以下「延滞税等」といいます。）、加算税・加算

金の法定納期限は、その徴収の起因となった国税・地方税の本税と同じです。

⑴　時効の起算日

　法定納期限の翌日（原則）のほか、所得を課税標準としている住民税や事業税は、所得税、法人税の更正・決定、申告、裁決等があった日の翌日です（通72、地18①一）。

⑵　時効の完成猶予及び更新等

　ア　国税通則法又は地方税法の規定による時効の完成猶予及び更新（通73、地18の②）

　　次の処分に係る部分の国税・地方税については、時効はその期間は完成せず、その期間を経過した時から新たに時効の進行が始まります。

　　①　納税・納付、納入に関する告知（納税・納付、納入期限まで期間）

　　②　督促（督促状を発した日から起算して10日を経過した日までの期間）

　　③　交付要求（交付要求されている期間）

　　④　納税の猶予・徴収猶予、換価の猶予（猶予の期間）

　イ　民法の規定の準用による時効の完成猶予及び更新

　　①　裁判上の請求（課税処分の取消訴訟が終了するまでの間）（民147）

　　②　滞納処分による差押え、換価及び配当（その事由が終了するまでの間）（民148）

　　　なお、担保財産の差押え等による時効の完成猶予及び更新の効力は、差押え等をした旨が滞納者に通知された後でなければ生じません（民法154）。

　　③　捜索（捜索を終了した時）（民148②）

　　④　仮差押え、仮処分（その事由が終了した時から6カ月を経過するまでの間）（民149）

　　⑤　催告書、差押予告通知書の送達による納付の催告（その時から6カ月を経過するまでの間）（民150）

　　　なお、6カ月以内に差押え等をしなければ時効は進みます。

⑥　期限後申告、換価の猶予の申請などの行為による承認（行為に係る部分の国税・地方税の徴収権の時効が新たに進行します。）（民152①）

⑦　一部納付（一部納付は、その旨の意思表示が認められる場合に限り承認があったものとなります。）

(3)　絶対的効果

徴収権の消滅時効は、私債権と異なり、時効の援用を要せず、また、その利益を放棄することができません（通72②、地18②）。

3　納税交渉

滞納者との応接は、徴収職員等の滞納の現状から完納に向けた強い意志が必要です。

徴収職員等が、常に主導権を握った厳正な徴収姿勢を示し、滞納者の実情に即した滞納処分を行うために納税交渉（納付折衝）を行います。

> ポイント　①　困窮者には親切に、誠意なき者（悪質・常習者）には厳しく

(1)　目的と要領

ア　滞納者の滞納の原因、納付意志（具体的な計画）、営業活動、所有資産などの実情を把握し、的確な滞納整理を行うことが目的です。

イ　十分な事前調査を行い、言葉づかいや態度は礼儀正しく、５Ｗ１Ｈ（いつ、だれが、どこで、なにを、なぜ、どうした）基本に、要領よく進めることが大切です。

> ポイント　②　相手を知ることから対応が決まる

(2)　相手方

面接の相手方は、滞納者本人（法人は、代表者）です。

本人等が不在の場合は、納税に関して責任のある回答が期待できると認められる者（例えば、役員、経理部長等）以外とは、納税交渉は行いません。

なお、事業等に携わらない配偶者、家族、従業員等は、守秘義務の関係から注意が必要です。

> **ポイント**　③　本人に行わない請求は、「請求」にあらず

4　応接要領

(1)　電話による応接

　電話による応接は、相手方と対面していないため、とかく行き違いを生じたりすることや粗雑になりがちとなることもあるので、対面している以上に要領よく正確に・丁寧に応答するように留意します。

(2)　具体的対応

ア　納付済である旨の申立てがあったとき

　領収証書、徴収簿及び債権管理システム等で確認します。

イ　納付の申出があったとき

　全額納付の申出のときは、本税のほか、各種加算税、延滞税等を計算します。

　一部納付の申出のときは、できるだけ全額納付をしょうようするとともに滞納者の事情を聴取し、具体的な分割納付の計画を決定します。

　なお、分割納付のときは、新規滞納を発生させないよう指導します。

5　納税の告知

(1)　性質と効力

　納税の告知には、①租税債権確定（税額）の通知、②履行の請求（納期限の決定）の二つの性質があります。

　告知書が納税者等に送達された時に告知の効力が生じ、また、徴収権消滅時効の完成猶予及び更新の効力があります。

(2)　納付・納入の方法

　国税・地方税の納付・納入は、

①　金銭納付

②　証券納付

③　口座振替による納付

④　納付・納入の委託（特定の有価証券による取立・納付の委託を受ける）

⑤　コンビニエンスストアでの納付など

の方法ですることができます。

　第三者による納付・納入は、納税者等の本人が納付したときと同じ効果が生じ、納付等にともなう利益はすべて納税者等に帰属します。

　国税又は地方税を扱う機関は、日本銀行代理店、銀行、信用金庫、指定金融機関等です。

6　納期限等

(1)　納期限・法定納期限

　ア　国税・地方税を納付する期間を納期、納期の末日を納期限といい、具体的に納付・納入すべき期限のことです。

　　　通常は、納期限は法定納期限と一致しますが、修正申告、更正・決定等の場合は異なります。

　イ　法定納期限は、所得税法等の国税に関する税法又は地方税法及び条例の規定による納付・納入すべき期限をいいます。

　ウ　納期を分けている税（例えば、固定資産税等）の第二期以降の分は、第一期の納期限が法定納期限とされます（地11の4①）。

　　　また、延滞税等、督促手数料は、その徴収の起因となった国税・地方税の納期限が法定納期限です。

(2)　法定納期限等

　ア　法定納期限等は、私債権との優先劣後を決める基準となる日です（徴15、地14の9①②）。

イ 私債権者が、租税の存在を知ることができる日を基準に規定しています。

　通常は法定納期限と同じですが、

① 法定納期限後に納付等すべき税額が確定した場合は、納付等の告知をした日（申告により確定したものはその申告をした日）

② 国税に準拠して課税する地方税の場合は、法人税や所得税の法定納期限等

③ 延滞税等は、その徴収の起因となった本税と同じです。

7 繰上請求・繰上徴収

　税務署長・地方団体の長は、納期限まで待っていては、納税者等から国税・地方税を徴収できないと認められる一定の要件に該当する場合に、納期限を待たずに繰上請求・繰上徴収（以下「繰上請求等」といいます。）の徴収手続をとることができます（通38、地13の２）。

⑴ 繰上請求等できる場合

ア 主観的要件

　すでに納税・納付、納入義務の確定した国税・地方税の徴収金が、その納期限の時点になってからでは、全額を徴収することができないと認められること

イ 客観的要件

① 納税者等の財産に強制換価手続が開始されたとき

　強制換価手続とは、滞納処分（その例による処分を含む。）、強制執行、担保権の実行としての競売、破産手続等をいいます。

② 相続があった場合で、相続人が限定承認したとき

③ 法人等である納税者が解散（事実上の解散は含まない。）したとき

④ 納税管理人を定めないで、国税の法律の施行地又は地方団体の区域内に住所、居所、事務所、事業所を有しないこととなるとき（納税管理人を定めることを要しないときは除く。）

⑤ 不正に賦課・徴収を免れたり、還付を受けたり受けようとしたとき

等

(2)　手続

　　ア　繰上請求等する場合は、税務署長・地方団体の長は、その旨を納税者等に対して、文書（納税の告知書又は納期限変更告知書等）により通知しなければなりません（通38、地13の２③）。

　　イ　納税の告知書等は、実務上、告知後に納付行為を行うのに必要かつ最小限の時間を置いた時刻をもって納期限を定めることができます。

(3)　効果

　　繰り上げた納期限までに完納されない場合には、督促を要しないで、直ちに（例えば、納期限を日をもって指定したときは、その翌日以降）滞納処分をすることができます（徴47②、地331①二等）。

　　なお、延滞税等の計算の始期と消滅時効の進行は、本来の納期限の翌日からとなります。

第3 滞納処分

1 財産調査

　財産調査は、滞納者の住民票（住民基本台帳）等による所在調査から始まり、納付能力の判定や財産の有無など滞納整理を進める過程において必要なものです。

> **ポイント**
> ④ 悪質者と困難者を見極めろ
> ⑤ 実態をあぶり出すため、あらゆる角度から調査すべし

　調査を行う場所により、税務署内・地方団体の所内、官公署、関係者及び現地等があり、また、調査の手段により、業務遂行上の調査、質問・検査及び捜索に区分されます。

(1) 官公署調査

　官公署の調査は、調査対象者に関する所在調査、財産調査、その他の関係調査を行うために参考となる資料等の閲覧・提供を求めることができます（徴146の2、地20の11）。

　ア　市町村では、過去の滞納整理資料、地方税資料である給与支払報告書及び土地・家屋名寄帳等を活用します。

　イ　所轄税務署では、国税資料である確定申告書、決算報告書、財務諸表（貸借対照表、損益計算書等）を活用し、具体的な事業、経営状況を把握します。

　　　なお、地方団体が閲覧等を行う場合は、所轄税務署総務課に、閲覧する職員氏名、閲覧対象者及び閲覧等を要する国税関係書類の名称などを記載した書面を提出して行うことができます。

　ウ　法務局等では、土地・建物、自動車及び事件記録簿等の調査を行います。

(2)　**金融機関その他調査**

　ア　金融機関の調査は、滞納者の取引実態や所有財産を把握するために必要不可欠なもので、税務署内等の資料、国税資料、本人等から収集した資料により、取引金融機関を把握します。

　イ　金融機関の窓口で徴収職員証等を呈示、応接室等で対応者に、金融機関の預貯金調査証等を呈示して調査協力を求めます。

　　　この調査証は、調査等終了後は、必ず返戻を受けて帰庁後に所定の手続を行います。

　　　また、調査対象者が多数の場合は、書面を郵送するなど効率的に行います。

　ウ　その他の調査は、売掛金、工事代金及び生命保険など多種であり、必要に応じて対応します。

　エ　金融機関及び取引先等への照会を行う場合は、原則として、差押予告等を行った上で行います。

表3－1　財産調査の場所及び調査事項等一覧表

1　官公署

調査先	公簿等種類	内　　容	ポイント
税務署	確定申告書 収支内訳書 決算報告書 貸借対照表 損益計算書	国税の確定手続の基礎資料により財産、売上、取引先などの事業や経営状況を把握	閲覧等は、所轄の税務署との協力体制を確認
市町村役場	固定資産税課税台帳等 土地（補充）課税台帳等 償却資産課税台帳 軽自動車税課税台帳 県市町村民税課税台帳	所有者ごとに所有する土地等の内容、固定資産税評価額等を把握　給与支払報告書により収入、勤務先等を把握	滞納者、家族等を含め調査　相続人、住所等を調査する場合には、戸籍簿、住民票等を確認
県税事務所	自動車税課税台帳	課税のための自動車の表示、所有者等を把握	滞納者、家族等（法人は代表者）を含め調査
陸運事務所	自動車登録ファイル	自動車の所有名義人等を把握	ＯＣＲシートにより、登録事項等証明書を交付申請
法務局	土地登記簿、建物登記簿 共同担保目録綴込帳 土地所在図 地積測量図 建物図面各階平面図	土地及び建物の表示、所有権、その他の権利の設定等を把握　土地の所在、求積、建物各階の形状等を把握	登記事項証明書、表題部、甲区、乙区の調査、遠隔地の財産の把握　見積価額の評定資料として活用
	商業登記簿	法人の本店所在地、役員氏名、定款等を把握	法人の事業内容等

	供託書副本	供託者、供託原因、被供託者、供託金の額を把握	供託金還付請求権、取戻請求権
	概要登記事項証明書 登記事項証明書 登記事項概要証明書	法人が行う金銭債権の譲渡を（譲受人、登記原因日付、債権の種類等）を把握	本店等の所在地の法務局等への照会後に、東京法務局（債権登録課）で登記事項証明書等を交付請求
都道府県庁	宅地建物取引業者名簿	免許の有無、免許番号、営業保証金の供託の有無、宅建業保証協会への加入の有無等を把握	法務局供託課を調査
家庭裁判所	相続放棄の申述書	相続放棄の有無の把握	相続放棄の申述受理証明書の請求
裁判所	事件記録	競売事件、破産事件等の内容のを把握	事件の進行状況、配当受入の有無を調査

2　その他

金融機関	各種預金、貸付金の関係帳票、印鑑簿、貸付りん議書等、信用金庫等組合員名簿等	預金、貸付金等に関する取引を把握	滞納者、家族等（法人は代表者）を含め調査 金融機関の預貯金等の調査証の携行
㈱ゆうちょ銀行等	各種預金、貸付金の関係帳票	預金、貸付金等に関する取引を把握	滞納者、家族等（法人は代表者）を含め調査 金融機関の預貯金等の調査証の携行 貯金事務センターへの文書照会
生命保険会社	契約関係書類	契約者、支払方法、解約時の返還金等の契約を把握	滞納者、家族等（法人は代表者）を含め調査 介入権の行使の制度に留意
取引先	仕入関係書類 支払関係書類	買掛金、借入金、未払金等の取引の内容を把握	債権内容の的確な調査
勤務先	給料等支払関係書類	給料等の支払の内容を把握	債権内容（差押禁止額）の的確な調査

2　財産調査の権限

　滞納者の財産を調査又は発見する必要がある場合など、必要と認められる範囲内に限って、質問し、又はその者の財産に関する帳簿若しくは書類を検査及び滞納者等の物や住居等を捜索することができます。

　また、地方税法の滞納処分に関する調査は、「地方団体の徴収金の滞納処分については、国税徴収法に規定する滞納処分（第五章第47条から第147条）の例による。」と規定されています。

　憲法第35条には刑事手続としての令状主義が定められていますが、行政事件としての滞納処分（質問・検査及び捜索）には徴収職員証等を携行すれば足り、令状は要しないものとされています（徴142）。

> ポイント
> ⑥　主導権を持って折衝に当たる
> ⑦　与えられた権限を最大限に活用しなければなめられる
> ⑧　聞くべきことは時を逸せず、必ずその場で完結せよ

(1)　質問検査

　質問・検査は、強制力を持たない任意調査ですから、相手方が質問に答えない場合又は検査を拒否した場合等には行うことはできません。

　ただし、質問等に正当な理由がなく応じない者又は虚偽の陳述等をした者は、罰則が適用され、間接的に強制を図っています（徴188、地299等）。

　ア　質問は、滞納処分のため滞納者の財産を調査する必要があるとき（徴141）に、滞納者の相手方が知っていることを口頭又は書面で正確に聴取し、直接又は間接に滞納者の財産を調査するために行うものです。

　イ　相手方は、

　　①　滞納者

　　②　滞納者の財産を占有する第三者

　　③　滞納者の財産を占有すると認めるに足りる相当の理由がある第三者

　　④　滞納者に対し債権又は債務があると認めるに足りる相当の理由がある者

　　⑤　滞納者から財産を取得したと認めるに足りる相当の理由がある者

　　⑥　滞納者が株主又は出資者である法人です。

　ウ　質問の内容が重要と思われるときなどは、そのてん末を記録するために「聴取書・質問てん末書」を作成します。

　　作成に当たっては、原則として、他の徴収職員等を補助者（筆記者）として立ち会わせ、質問の内容は5WIHを念頭に整理し、真実性を確保して記録します。

　　録取を終えた後は、聴取者及び補助者の署名を行った上で、録取内容を申述者に読み聞かせ又は閲覧させ、署名を求めます。

　エ　検査は、上記イに掲げる者の財産に関する帳簿書類（債権・債務又は財産の状況を明らかにするために必要な一切のもの）を相手方から提示

を得て行います。

　なお、重要と認められる事項が記載されている帳簿書類は、コピーによる写しなどを作成（原本と相違ない旨の記載、相手方の署名）します。

⑵　**捜索**

　捜索は、滞納処分のために必要があるときに、質問・検査に応じないため財産の状況等が明らかにできないときや滞納者の物又は住居その他の場所において、差し押さえるべき財産の発見等のために行う強制調査です（徴142）。

　その際は、あらかじめ徴収職員証等を呈示し、捜索する旨を告げ、必要に応じて関係者以外の立ち入りを禁止する旨を明らかにして行います。

　ア　捜索できる場合は、

　　①　滞納者の物又は住居その他の場所

　　②　次のいずれかに該当する第三者の物又は住居その他の場所

　　　A　滞納者の財産を所持する第三者がその引渡しをしないとき

　　　B　滞納者の親族その他の特殊関係者（徴38、徴令13）が、滞納者の財産を所持すると認めるに足りる相当の理由がある場合に、その引渡しをしないとき

　イ　方法は、滞納者等に閉鎖してある戸、金庫その他の容器の類を開かせ、又は開扉の求めに応じないときなどは、徴収職員等自ら必要な処分をすることができます。

　ウ　時間は、日出から日没までの間に限られます。

　　なお、日没前に着手した捜索は、①日没後においても継続することができ、また、②夜間でも公衆が出入りすることができる場所（例えば、旅館、飲食店など）は公開した時間内は捜索できます（徴143②）。

　エ　立会人は、

　　①　第一順位

　　　捜索を受ける滞納者若しくは第三者又は同居の親族、使用人その他従業員で相当のわきまえのある者

　　②　第二順位

　　　上記①が不在又は立会に応じない場合は、成年者2人以上又は地方公

共団体の職員、警察官をおき、適正に執行します。

オ　搜索を行った場合は、「搜索調書」を、必ず作成し、その謄本は搜索を受けた滞納者又は第三者及び立会人に交付しなければなりません（徴146①②）。

なお、動産等を差し押さえたときは、差押調書に搜索をした旨を記載することから搜索調書を作成する必要はありません。

表3－2　質問・検査と搜索の概要の一覧表

項目	質問・検査（徴141）	搜索（徴142～147）
相手方	1　滞納者（第二次納税義務者及び保証人を含む） 2　滞納者の財産を占有（占有していると認められるに足りる相当の理由があるときを含む）する第三者 3　滞納者に対し債権若しくは債務がある（財産を取得したときを含む）と認められるに足りる相当の理由がある者 4　滞納者が株主又は出資者である法人	1　滞納者（財産の任意提供を拒否したとき） 2　第三者（滞納者の財産を所持、その引渡しをしないとき） 3　滞納者の親族その他特殊関係者（滞納者の財産を所持すると認めるに足りる相当の理由があるが、その引渡しをしないとき）
方法等	1　口頭又は書面による質問 2　帳簿書類の呈示（電磁的記録を含む）による検査 3　必要に応じて、聴取書、質問てん末書等の作成	1　上記の者の住居、その他の場所の搜索 2　閉鎖、施錠等してある物の開扉等（信書、着衣の内部等は、行使の限界がある。） 3　場所への出入禁止の措置 4　時間の制限（日出から日没までの間に限られる。） 5　立会人（特定の者）の立会い 6　搜索調書の作成
身分証明	相手方からの請求があったときは、徴収職員証等を呈示	徴収職員証等を呈示
法的効果		搜索着手時に時効中断（第三者の住居等を搜索した場合には、滞納者への通知をする必要がある。）
罰則	不答弁、虚偽答弁、検査拒否等の者は、1年以下懲役又は50万円以下の罰金（徴188）	公務執行妨害、職務強要等により、3年以下の懲役若しくは禁錮又は50万円以下の罰金（刑法第95条）

表 3 - 3 質問検査等の滞納処分と課税調査との比較

国税徴収法（徴収職員）			国税通則法（該当職員）		
条文		概要	条文		概要
141	質問及び検査	滞納処分のため滞納者等の財産を調査質問し、又はその者の財産に関する帳簿書類等の検査	74の2〜74の6	質問及び検査	所得税、法人税、消費税、相続税等に調査に必要があるときは、各税法による納税義務者等に質問し、関係する帳簿書類等の検査 酒税、たばこ税、印紙税等に関する質問・検査
142	捜索の権限及び方法	滞納処分のため必要があるときは、滞納者等の物又は住居その他の場所につき捜索	74の7	提出物件の留置き	調査について必要があるときは、当該調査において提出された物件の留め置き
143	捜索の時間制限	原則、日没後から日出前までの禁止			
144	捜索の立会人	滞納者若しくは第三者等の立会			
145	出入禁止	滞納者等を除き出入することの禁止			
146	捜索調書の作成	捜索調書の作成			
146の2	官公署等への協力要請	官公署又は政府関係機関への協力依頼	74の12	諮問及び官公署等への協力要請	組織する団体への諮問、官公署又は政府関係機関への協力依頼
147	身分証明書の呈示等	身分証明書の呈示等、犯罪捜査のためには認められない	74の13 74の8	身分証明書の携帯等	身分を示す証明書を携帯、犯罪捜査のためには認められない
187	罰則	滞納処分の執行を免れる目的でその財産を隠ぺいし等の行為者等 3年以下の懲役若しくは250万円以下の罰金に処し、又はこれを併科	126	罰則	申告をしないこと、虚偽の申告をすること又は国税の徴収若しくは納付をしないことを煽動した者等 3年以下の懲役又は20万円以下の罰金
188		答弁をせず又は偽りの陳述をした者等 1年以下の懲役若しくは50万円以下の罰金	128		答弁せず、若しくは偽りの答弁をした者等 1年以下の懲役又は50万円以下の罰金

犯則事件の調査（国税通則法）

131	質問、検査又は領置等	国税に関する犯則事件を調査するため必要があるときは、犯則嫌疑者等に対して出頭を求め、犯則嫌疑者等に対して質問し、犯則嫌疑者等が所持し、若しくは置き去った物件を検査し、又は犯則嫌疑者等が任意に提出し、若しくは置き去った物件を領置 官公署又は公私の団体に照会して必要な事項の報告を求徴
132	臨検、捜索又は差押え等	地方裁判所等の裁判官があらかじめ発する許可状により、臨検、犯則嫌疑者等の身体、物件若しくは住居その他の場所の捜索、証拠物若しくは没収すべき物件と思料するものの差押え又は記録命令付差押え

3　差押えの通則

　国税・地方税の徴収金が、滞納となった場合は、徴収職員等が自力執行として差押え、換価及び配当等の一連の手続の滞納処分を行うことになります。

	⑨　未収金は行政サービスの売掛金と考えよ
	⑩　抗議があって当たり前
ポイント	⑪　方針を決めたらすぐ実行せよ、タイミングを逃すな
	⑫　誓約事項は、国又は地方団体も守る
	⑬　「連絡なし」は、最高のきっかけ

⑴　差押えの要件

　差押えができるのは、原則として督促状（第二次納税義務者、保証人に対しては納付の催告書）を発した日から起算して10日を経過した日までに、その督促にかかる徴収金が完納されないときです（徴47、地331①等）。

　なお、繰上請求等（通38、地13の２）がされた国税・地方税は、督促を要しないで差押えができます。

⑵　差押の一般的な制限

ア　超過差押えの禁止

　国税・地方税を徴収するために必要な財産以外の財産は、差し押さえることができません（徴48①）。

　差押えできる財産の範囲は、差押え時における財産の処分予定価額（優先する抵当権等があるときは、その優先債権額を差し引いた額）と国税・地方税の額を比較して行います。

イ　無益な差押えの禁止

　差し押さえしようとする財産の処分予定価額が、その差押えに係る国税・地方税に優先する債権の額を超える見込みがないときは、その財産は差し押さえることはできません（徴48②）。

4 差押財産

差押えの対象となる財産は、以下の要件を満たす必要があります。

① 国税徴収法又は地方税法の施行地内（日本国内）にあること

② 滞納者に帰属していること

③ 金銭的価値を有すること

④ 譲渡性があること

⑤ 差押禁止財産でないこと

なお、差押えが禁止されている財産は、一般の差押え禁止財産（徴75）、給与等の差押禁止（徴76、77）、条件付差押禁止財産（徴78）等があります。

(1) 差押財産の選択

差押財産の選択は、徴収職員等の裁量によるが、差押えが第三者の利害に重大な影響を与えるものであることから、滞納処分に支障がない限り、その財産の第三者の権利を害さないように努めるものとされています（徴49）。

なお、実務上の留意事項は、以下のとおりです。

① 第三者の権利を害することが少ない財産であること

② 換価が容易な財産であること

③ 滞納者の生活の維持又は事業継続に与える影響が少ない財産であることなどです。

(2) 帰属認定

ア 財産が滞納者に帰属するかどうかの判定は、次に掲げる事項を参考として行います。

① 動産、有価証券は、所持しているかどうか

② 不動産等登記制度のあるものは、登記等の名義人かどうか

③ 債権は、借用証書、預金通帳、売掛帳などで認められるかどうか

イ 滞納者が所持、登記等の名義になっていない場合であっても、関係帳簿や当事者の陳述等により、滞納者に帰属するものと認定することができます。

　なお、登記制度のある他人名義の財産を差し押さえるときは、その名義を代位登記等により、滞納者に変更する必要があります。

5　差押えの共通的な手続

　国税徴収法では、財産を以下のように区分し、それぞれの差押手続を定めています。

① 　動産・有価証券

② 　債権

③ 　不動産

④ 　船舶・航空機

⑤ 　自動車・建設機械・小型船舶

⑥ 　第三債務者等のある無体財産権等

⑦ 　第三債務者等のない無体財産権等など

> **ポイント**　⑭　手続を欠かないことがクレーム防止の一歩である

⑴　差押調書の作成

　財産を差し押さえたときは、差押調書を作成しなければなりません（徴54）。

⑵　差押調書謄本等の交付

　差し押さえた財産が、上記5の①、②及び⑥の財産であるときは、その差押調書謄本を滞納者に交付しなければなりません（徴54）。

⑶　質権者等に対する差押えの通知

　次に掲げる財産を差し押さえたときは、各項目に掲げる者のうち知れている者に対して、「担保権設定等財産の差押通知書」等の書面により差し押さえた旨及びその他必要な事項を通知しなければなりません（徴55）。

① 　質権、抵当権、賃借権等第三者の権利の目的となっている財産及び仮登記のある財産は、これらの権利を有する者

② 仮差押、仮処分がなされている財産は、仮差押等をした保全執行裁判所又は執行官

表3-4 主な財産の種類別差押手続等の一覧表

差押手続等		動産・有価証券	債権	不動産、自動車	第三債務者等のある無体財産権等
方法及び効力発生の時期		① 原則は占有 ② 例外は封印 等の表示	第三債務者への債権差押通知書の送達	① 滞納者への差押 書の送達 ② 登記（登録）の嘱託 なお、発生時期は、①又は②のいずれか早い時	第三債務者への債権差押通知書の送達（民法上の組合の組合員の持分等）
差押手続等	差押調書	作成する（徴54）			
	差押調書謄本	滞納者への交付（徴54一）			滞納者への交付（徴54一）
	引渡命令	占有のために引渡命令（徴58②）		自動車は占有のために引渡命令（徴71②）	
	保管命令	封印、公示書その他方法で明示（徴60）		自動車は封印、公示書その他方法で明示（徴71⑤）	
	債権証書		債権に関する証書の取上（徴65）		債権に関する証書の取上（徴73⑤）
	使用収益	徴収上支障がないと認めるときは許可（徴61）		価値が著しく減ずると認められるときは禁止（徴69） 自動車は、原則禁止	
	監守保存			自動車は必要なときに監守及び保存処分（徴71②）	
	差押えの通知	質権者等利害関係人への通知（徴55）			
解除手続等	差押解除通知	滞納者への通知（徴80①）			
		質権者等利害関係人及び交付要求権者への通知（徴81）			
	解除方法	①引渡し ②封印 等の 除去（徴80②、④）	①第三債務者等への通知（徴80①） ②取上げた債権証書（権利証）の引渡し	①差押登記の抹消登記嘱託 ②自動車を占有している場合には引渡し	①第三債務者等への通知（徴80①） ②取上げた債権証書（権利証）の引渡し

6 差押えの効力

差押えの効力及びその効力の及ぶ範囲は、財産の種類、性質によって異なるが、一般的なものは次のとおりです。

(1)　一般的効力

ア　処分禁止の効力

差押えは、差押財産の法律上の処分（売買等）又は事実上の処分（毀損等）を相対的に禁止する効力をもっています。

例えば、滞納者が差押財産を第三者に売買することは、当事者間では有効ですが、差押債権者に対しては無効で、差押債権者は権利移転がなかったものとして差押財産を公売することができます。

なお、禁止されている処分等は、差押債権者に不利益となるものに限られ、差押財産の改良、賃貸借契約の解除等は含まれません。

この差押えによる法律上又は事実上の処分の禁止の効力は、国税徴収法187条等の罰則又は刑法96条の封印等破棄の罪の規定により、間接的に保障されています。

イ　時効の完成猶予及び更新

差押えに係る国税・地方税は、その差押えの時から次に掲げる区分に応じ、それぞれに定める時まで時効は完成せず、それぞれに定める時から新たに時効が進行します。（法183③、民148）。

① 　差押財産を換価した場合（債権の取立ての場合を含む。）は、その換価に基づく配当が終了した時

② 　差押財産が滅失した場合は、その滅失した時

③ 　差押えを解除した場合は、その解除をした時

（注）　差押えが不適法を理由として取り消されたときは、6月を経過するまでは時効は完成しないが、時効の更新の効力は生じません。

ウ　相続があった場合の効力

差押え後に、滞納者が死亡又は法人が合併により消滅したときは、滞納処分は続行することができます（徴139①）。

また、滞納者の死亡後、滞納者の死亡を知らないで滞納者名義の財産に対して行われた差押えは、相続人に対しなされたものとみなされます（徴139②）。

(2) **効力の及ぶ範囲**

ア **従物に対する効力**

主物（例えば、建物）を差し押さえたときは、従物（例えば、畳・建具）に対しても差押えの効力が及びます（民87②）。

イ **果実に対する効力**

① 天然果実

差押えの効力は、差押財産（例えば、果樹、家畜）から生ずる天然果実（例えば、果樹の実、動物の仔）に及びます（徴52①）。

なお、滞納者又は第三者に、差押財産の使用又は収益を許可した場合は、原則として、差押えの効力は及びません（徴52①）。

② 法定果実

差押えの効力は、差押財産（例えば、建物）から生ずる法定果実（例えば、家賃）には及びません（徴52②）。

ただし、利息付債権を差し押さえた場合は、差押え後の利息には差押えの効力が及びます。

ウ **損害保険金請求権等に対する効力**

差押財産が損害保険等に付されているときは、その差押えの効力は、保険金等の支払いを受ける権利に及びます。

ただし、財産を差し押さえた旨を保険者等に通知しなければ、その差押えをもって、これらの者に対抗することはできません（徴53①）。

7　不動産の差押え

(1) **不動産の範囲**

国税徴収法上の不動産の主なものは、次のとおりです。

① 民法第86条第1項に規定する不動産（土地及び定着物）

② 不動産を目的とする物件（地上権及び永小作権）

③ 不動産とみなされる財産（立木法による立木、工場財団など）

(2) **差押手続と効力発生の時期**

ア 不動産（共有持分を含む。）の差押えは、「差押書」を滞納者に送達す

ることにより行います（徴68①）。

　　なお、差押えを行ったときは、第三者の対抗要件を備えるために、法務局等に差押えの登記（登録）を嘱託します。

　　共有持分とは、共有者がその不動産に対して有する量的に制限された所有権をいい、特約がなければ、各共有者の持分は相等しいものと推定されています。

イ　不動産の表示、所有者の住所、氏名が現状と一致していないとき（住所移転や改姓など）や、相続による権利移転が未登記のときは、滞納処分の前提登記として、表示等の変更（更正）の登記又は権利移転の登記を嘱託することができます。

ウ　未登記建物の差押えは、登記嘱託書に、①差押調書謄本、②建物図面・各階平面図を添付することにより、差押登記に併せて表示・保存登記も行われます。

エ　効力の発生時期は、差押書が滞納者に送達された時に生じます（徴68②）。

　　ただし、差押えの登記が、差押書の送達前にされた場合は、その登記がされた時に差押えの効力が生じます。

　　なお、滞納者等は、通常の用法に従い、使用又は収益をすることができます（徴69①②）。

8　債権の差押え

⑴　国税徴収法上の債権

　国税徴収法上の債権とは、金銭又は換価に適する財産の給付を目的とする債権をいい、例えば、売掛金、預金、賃貸料、給料、敷金などです。

　なお、債権の差押えは、取立てが確実にできる債権（例えば、滞納者と債務者との間に争いがないもの、官公署に対するもの、預金、大企業に対するものなど）を選択します。

表3−5 主な財産の時効の一覧表

(1) 取得時効

項　目	期間（年）	起算点
1　所有権	20	所有の意思をもって平穏かつ公然に不動産や動産を占有したとき
	10	上記の場合のうち、善意・無過失に占有したとき
2　上記以外の財産権	所有権の場合を準用	

(2) 消滅時効（令和2年4月1日以降に生じた債権）

項　目	期間（年）	起算点
1　一般の債権（下記以外の債権）	5	債権者が権利を行使できることを知った時
	10	権利を行使できる時
2　損害賠償請求権（不法行為） 　(1)　人の生命・身体の侵害	5	被害者・法定代理人が損害・加害者を知った時
	20	不法行為の時
(2)　上記以外の場合	3	被害者・法定代理人が損害・加害者を知った時
	20	不法行為の時
3　損害賠償請求権 　（賃貸借・使用貸借）	1	貸主が返還を受けた時
4　定期金債権	10	債権者が権利を行使できることを知った時
	20	権利を行使できる時
5　手形上の請求権 　(1)　約束手形の振出人等に対する手形上の請求権	3	支払期日の翌日
(2)　手形裏書人等に対する手形所持人の手形上の請求権	1	支払期日の翌日
6　賃金等の請求権 　(1)　給料債権	3 （当分の間）	請求権を行使することができる時
(2)　退職金債権	5	請求権を行使することができる時

(2)　二重差押え

　滞納処分による差押えがされている債権を差し押さえる場合は、二重差押えをすることになります。この場合は、先順位の差押執行機関に対して交付要求を行いますが、交付要求書に、「本件債権は、平成〇年〇月〇日全額を滞納処分による二重差押えをしました。なお、解除等する場合には、お知らせください。」と記載します。

　また、強制執行による差押えがされている債権の二重差押えを行うときは、徴収法の規定による差押手続を行うほか、その強制執行に係る執行裁判所に通知するなど滞調法の規定による手続を行います。

⑶　**債権の調査**

　滞納者に臨場した際に、申出、保管している帳簿書類等（卓上カレンダー、電話番号帳なども含む。）から、取引先、預金先等を把握し、債権の有無や内容等を確認します。

⑷　**差押手続**

　ア　債権の差押えは、第三債務者（滞納者に債務を負う者）に、「債権差押通知書」を送達（郵送の場合は、配達証明）することにより行います（徴62①）。

　　　この差押えにより、第三債務者は、滞納者に対するその履行が禁止されます。

　　　なお、その債権が、徴収すべき額を超える場合であっても、原則として債権の全額を差し押さえます（徴63）。

　イ　滞納者には、差押調書謄本（徴54）を交付し、債権の取立て、その他の処分（例えば、譲渡、免除、期限の猶予等）を禁止する旨を付記します（徴62②）。

　　　なお、債権の差押えのために必要があるときは、動産の差押えの手続に準じて、その債権に関する証書を取り上げ（徴65）、徴税吏員が占有します（徴56）。この場合、取上調書を作成（差押調書又は捜索調書を作成するときは除く。）し、滞納者等にその謄本を交付しなければなりません（徴令28①）。

　ウ　差押えに当たっては、債権者（滞納者）、債権の数、債権の額、給付の内容及び履行期限等を表示して具体的に特定します。

(5) 効力発生の時期等

ア　債権差押えの効力は、第三債務者に債権差押通知書が送達された時に生じます（徴62③）。

　　なお、差押えに係る国税・地方税の時効の完成猶予及び更新の事由となります。

　　また、債権の差押えは、被差押えについては催告としての効力を有しますから、債権差押え後6月を経過するまでは、被差押債権の時効は完成しません（民150①）。なお、必要に応じて債務を承認する旨の文書を徴取しておきます。

イ　継続的収入（例えば、給料、年金、家賃、地代、継続的な売掛金又は社会保険診療報酬債権等）の差押えの効力は、徴収すべき滞納額を限度として、差押え後に収入すべき金額に及びます（徴66）。

ウ　差押債権は、その債権の履行期限が到来した時に、取立権を行使し、速やかに履行を請求します（徴67①）。

　　取立権は、滞納者の有する取立権能と同一内容のものですので、第三債務者に債務の承認、履行等の協力を依頼します。

　　なお、第三債務者が履行しないときは、債権取立てに必要な方法（支払督促の申立て、給付の訴えの提起等）を講じる必要があります。

エ　第三債務者から、金銭を取り立てたときは、その時に、滞納者から差押えに係る徴収金を徴収したものとみなします。

　　なお、第三債務者は、履行のために、特定の有価証券をもって弁済の委託をすることができます。

オ　差押禁止債権（例えば、児童手当、恩給、失業等給付等受給権）が振り込まれた預貯金の差押えは、違法となります。

> **【参　考】広島高裁平25.11.27控訴審判決**
>
> 　差押禁止債権に係る金員が金融機関の口座に振り込まれることによって発生する預金債権は、原則として差押禁止債権としての属性を承継しないが、行政処分庁（県）において、児童手当が振り込まれる日を認識した上で、児童手当が振り込まれた9分後に、児童手当によって大部分が形成されている預金口座を差し押さえたことは、実質的に児童手当の受給権を差し押さえたのと変わりはがなく、児童手当法15条の趣旨に反した滞納処分による差押えは違法である。

⑹　債権差押えの留意事項

ア　貸金庫の内容物

　貸金庫は、捜索ができる場所であり、滞納者が銀行等に対して有する貸金庫の内容物の一括引渡請求権を差し押さえることができます（平成11.11.29最高判）。

イ　生命保険金

① 　生命保険金の差押えは、生命保険契約の類型（貯蓄性の高い資産運用型、社会保障制度の補完的な役割のある生活保障型）を考慮した上で行います。

　特に、生活保障型の生命保険金の差押えは、原則として、他に財産がない場合、納税の誠意が見られない場合、時効の中断等緊急性が必要と認められるときに行います。

② 　生命保険契約の解約返戻金請求権の解約権の行使は、差押債権者の利益と保険契約者・保険金受取人の不利益とを比較衡量する必要があります。

　例えば、近々に保険事故の発生が予測される場合、入院給付金を療養生活費に充てられている場合、老齢又は既病歴を有する等の理由により新規加入が困難な場合及び差押え係る滞納税額に比して解約返戻金が著しく少額である場合等です。

③ 　介入権の行使（保険法平成22年4月1日施行）は、差押債権者から

の解除通知が保険会社に到達したときから1か月の間に、親族又は被保険者が差押債権者に解約返戻金相当額を支払い、保険会社にその旨を通知することで、保険契約を継続することができる制度です。

【参　考】広島高裁岡山支部平18.12.21判決

　保険契約者及び保険受取人が滞納会社Xである生命保険契約について、Xが保険事故発生前に、Y社（代表者は、X代表者と同じ）に保険契約者及び保険金受取人を変更した場合は、当該変更は、詐害行為に当たる。

ウ　給与

　国税徴収法と民事執行法における給料等差押禁止財産の主な差異は、次表のとおりです。

表3－6　国税徴収法と民事執行法における給料等差押禁止財産の主な差異

差異	国税徴収法	民事執行法
1　金銭としての差押禁止	禁止する規定はない	標準的な世帯の2月間の必要生活費を勘案した一定額の金銭（66万円）
2　給料等の差押禁止	法定の合計額に達するまでの部分（徴法76①一～五）	①　支払期に受けるべき金額の4分の3に相当する部分 ②　上記①が33万円を超えるときは33万円
3　承諾の規定	滞納者の承諾があるときは、上記2の規定は適用しない	規定はない
4　変更申立	規定はない	債務者の申立により、上記2の変更を認める

エ　国税還付金

　所得税の還付金の差押えは、納税者との関係では税務署は私債権における債務者と同様な立場にあり、税務署の守秘義務を解除させるためには、質問及び検査（徴141）の規定に基づく調査を行う必要があります。

オ　債権譲渡登記制度

　債権譲渡登記制度は、法人がする金銭債権の譲渡について、簡便に債務者以外の第三者に対する対抗要件を備えるための制度です。

カ　譲渡禁止の意思表示がされた債権

①　債権につき、当事者がその譲渡を禁止し、又は制限する旨の意思表示をした場合においても、当該債権を差し押さえることができます（民466の4①）。

②　譲渡制限の意思表示がされた債権（預貯金債権等を除く。）が譲渡された場合においては、譲受人が意思表示がされたことを知っていたとき又はその意思表示がされたことを知らなかったことについて重大な過失があるときは、第三債務者は譲受人に対する債務の履行を拒み、譲渡人に対して弁済することができますが、この場合であっても債権譲渡は有効ですので譲渡人の債権としては差し押さえることはできません（民466③）。

キ　差押えを受けた債権を受働債権とする相殺

①　被差押債権及び反対債権（差押え前に取得した債権及び差押え前の原因に基づいて差押え後に取得した債権）の弁済期がいずれも到来している場合には、第三債務者は相殺をもって差押債権者に対抗することができます（民505①、511）。

②　反対債権の弁済期のみ到来している場合であっても、第三債務者は、被差押債権に係る期限の利益を放棄して、相殺をもって差押債権者に対抗できます。

③　被差押債権の弁済期のみが到来している場合であっても、滞納者と第三債務者との間において、差押え前に、期限の利益の喪失の特約又は債務不履行があった場合等一定の条件の下に第三債務者が相殺の予約完結権を行使できる旨の特約がされているときは、第三債務者は、当該特約に基づく相殺をもって差押債権者に対抗することができます。

表 3 − 7 　債権譲渡登記制度

（1）目的

　　　債権譲渡登記制度は、法人がする金銭債権の譲渡について、簡便に債務者以外の第三者に対する対抗要件を備えるための制度です。

　　　金銭債権を譲渡したことを第三者に対抗するためには、民法上の原則として、確定日付ある証書（注）によって債務者に対する通知を行うか、又は債務者の承諾を得なければなりませんが、法人が金銭債権を譲渡した場合には、債権譲渡登記所（東京法務局民事行政部債権登録課）に登記をすることにより、第三者に譲渡を対抗することができるとするものです。

（注）1　確定日付は、証書の作成日として制度上完全な証拠力を認められた日付をいう（民法施行法4）。

　　　2　確定日付ある証書は、民法施行法5条1項各号に定められ、最も頻繁に利用されるのは、公証人による私署証書への確定日付の付与（2号）及び内容証明郵便の制度（6号）です。

（2）概要図

　　ア　滞納者B社は、A社から商品を仕入れて、C社に販売している。

　　イ　B社は、商品の買掛金等の支払いのために、C社に対する売掛金をA社に債権譲渡することとして、法務局に債権譲渡の登記を行った。

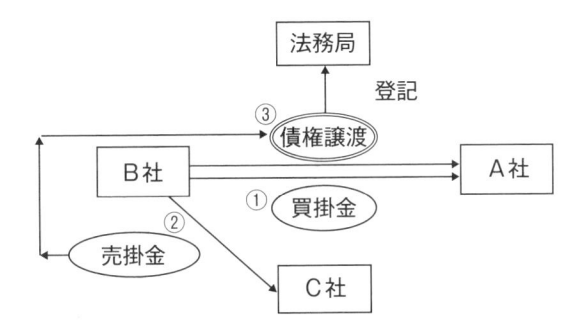

（3）登記事項証明書等の調査

　　ア　債権譲渡登記制度においては、①登記事項概要証明書、②登記事項証明書及び③概要記録事項証明書の3種類の証明書による公示方法をとっています。

　　イ　各証明書の内容等

　　　①　登記事項概要証明書

　　　　　登記されている事項のうち、債務者名等個々の債権を特定する事項を除いた事項を記載したもので、誰でも交付を請求することができます。譲渡人、譲受人、登記原因日付、債権の総額等の概要事項が記載されています（証明・交付は、債権譲渡登記所で取り扱っています。）。

　　　②　登記事項証明書

　　　　　個々の債権に関する登記事項の全部を記載したもので、当事者、利害関係等のみが交付を請求することができます。

　　　　　上記①の譲渡人等のほか、債務者、債権の種類、契約年月日等全てが記載されています（証明・交付は、①と同様に債権譲渡登記所で取り扱っています。）。

　　　③　概要記録事項証明書

　　　　　譲渡人等として登記されている会社・法人ごとに、債権譲渡登記等の概要を記載したもので、誰でも交付を請求することができます（証明・交付は、全国の商業登記所・不動産登記所で取り扱っています）。

9　差押えの解除

　差押えの解除は、差押えによる処分禁止の効力を将来に向かって失わせるものです。

　なお、差押えによって既に生じた効果（例えば、一部取立てとその充当や消滅時効の中断の効果等）には影響を及ぼしません。

(1)　差押解除の要件

ア　差押えを解除しなければならない場合

①　納付、充当、更正の取消しその他の理由により、差押えに係る国税・地方税の全額が消滅したとき（徴79①一）

②　差押財産の価額が、その差押えに係る滞納処分費及び差押えに係る国税・地方税に先だつ他の租税その他の債権の合計額を超える見込みがなくなったとき（徴79①二）

③　国税徴収法第153条第 1 項第 2 号又は、地方税法第15条の 7 第 1 項第 2 号により、滞納処分の停止をしたとき（徴153③、地15の 7 ③）

イ　差押えを解除できる場合

①　差押えに係る国税・地方税の一部納付、充当、更正の一部取消し、差押財産の値上りその他理由により、差押財産の価額が差押えに係る国税・地方税及びこれに先だつ他の租税その他の債権の合計額を著しく超過すると認められるに至ったとき（徴79②一）

②　滞納者が他に差し押さえることができる適当な財産を提供した場合において、その財産を差し押さえたとき（徴79②二）

③　差押財産を三回公売に付しても入札等に係る買受けの申込みがなかった場合において、その差押財産の形状、用途等その他の事情を考慮して、更に公売に付しても買受人がないと認められ、かつ、随意契約による売却の見込みがないと認められるとき（徴79②三）

④　換価の猶予をする場合において必要があると認められるとき（法15の 2 ②等）

⑵　差押解除の手続

差押えの解除は、解除する旨を滞納者に通知することにより行います（「表3－4　主な財産の種類別差押手続等の一覧表」）。

なお、債権及び第三債務者等のある無体財産権等の差押えの解除は、その旨を第三債務者に通知することにより行います（徴80①）。

10　交付要求と参加差押え

交付要求と参加差押えは、ともに滞納者の財産に既に滞納処分や強制執行等の強制換価手続が開始されている場合に、その手続に参加して配当を受け、それにより租税を徴収する制度です。

両者は、本質的な違いはありませんが、それぞれの要件、手続、効力等に違いがあります。

表３－８　交付要求と参加差押えの対比表

	交　付　要　求	参　加　差　押　え
要件	1　納期限を経過した国税・地方税がある 2　強制換価手続が開始されている	1　差押えができる国税・地方税がある 2　次の財産が滞納処分による差押えがされている ①動産及び有価証券 ②不動産、自動車等 ③電話加入権
手続	1　滞納者、質権者等への通知	
	2　交付要求書の交付	2　参加差押書の交付 3　第三債務者への通知 4　参加差押登記（登録）の嘱託
効力	1　配当を受ける 2　消滅時効の中断 3　交付要求先着手による優先	
	4　強制換価手続の解除又は取消しにより、失効する	4　差押えの解除により、差押えの効力が遡及的に発生する 5　差押えに対する換価の催告をすることができる
制限等	1　特定な場合には、交付要求の制限がある 2　一定の要件の場合には、債権者は解除請求ができる	

⑴　交付要求

ア　要件は、①滞納（督促の有無は問わない。）となっている国税・地方税があること、②滞納者の財産に強制換価手続（滞納処分、滞納処分の

例による処分、強制執行、担保権の実行としての競売、破産手続等）が
行われたことです。

イ　手続は、①「交付要求書」を強制換価手続の執行機関に交付、②交付
要求通知書を滞納者及び交付要求に係る財産上の質権者等（知れている
者）に通知します（徴82）

執行機関等とは、滞納処分を執行する行政機関その他の者、裁判所、
執行官、破産管財人等をいいます。

ウ　交付要求は交付要求のできる終期までに行う必要があります。

表3－9　交付要求ができる主な終期の一覧表

		手　続　の　内　容　等		終　　期	交付要求先
滞納処分	1	財産の売却の方法による換価		売却決定の日の前日	行政機関
	2	金銭の取立ての方法による換価		取立て時	
強制執行	1	動産	執行官が差押物の売却による場合	売得金の交付を受ける時	執行官
	2	不動産	強制競売による場合	配当要求の終期	執行裁判所
	3	債権	第三債務者が債務を供託した場合	供託した時	
			取立訴訟の訴状が第三債務者に送達された場合	送達された時	
破産手続	1	破産債権である地方税		終結の決定又は廃止の決定の時	破産裁判所
	2	財団債権である地方税			破産管財人

エ　効力は、①配当（交付要求先着手による優先権があります。）を受け
得ること、②時効の完成猶予及び更新の効力（交付要求されている期間
は時効が進行しませんが、滞納者に交付要求をした旨をした後でなけれ
ば生じません。）があります。

オ　交付要求に係る国税・地方税が消滅した場合等は、上記イに準じて、
交付要求解除通知書を通知します（徴84③）。

カ　破産事件の手続は、①財団債権に該当するものは破産管財人、②破産
債権に該当するものは裁判所に、それぞれ交付要求により債権の届出を
行います。

破産手続が開始された場合は、破産財団に対して滞納処分は禁止されます。

　　なお、既に滞納処分がされているものについては、そのまま続行することができます（破43）。

① 　財団債権となる租税債権（破148）

　　A 　破産手続開始前の原因に基づいて生じた租税等の請求権（加算税・加算金を除く）であって、破産手続開始当時、まだ納期限が到来していないもの又は納期限から1年を経過していない本税及びこれに係る延滞税等

　　B 　破産手続開始後の原因に基づくもので、破産財団の管理、換価及び配当に関して生ずる租税債権のうち本税（例えば、固定資産税・都市計画税、消費税等）及び延滞税等

② 　優先的破産債権となる租税債権（破98）

　　破産手続開始前の原因に基づいて生じた租税等の請求権（加算税・加算金を除く）であって、破産手続開始当時、既に納期限から1年を経過している本税とこれに係る破産手続開始までの延滞税等

③ 　劣後的破産債権となる租税債権（破99）

　　A 　優先的破産債権とされる本税に係る破産手続開始後の延滞税等（破97）

　　B 　租税等の請求権であって、破産財団に関して破産手続開始後の原因に基づいて生ずるもののうち、上記①B以外のもの（破97四）

　　C 　加算税・加算金の請求権（破97五）

④ 　租税債権への弁済・配当順位は、財団債権、優先的破産債権、一般の破産債権、劣後的破産債権、約定劣後破産債権の順となります。

(2) **参加差押**

　ア 　参加差押えは、次の財産がすでに滞納処分による差押えがされている場合で、滞納となっている国税・地方税が差押えの要件を充たしているときに行うことができます（徴86①、地331⑤等）。

　　① 　動産及び有価証券

　　　②　不動産、船舶、自動車、建設機械等

　　　③　電話加入権

　イ　手続は、①参加差押書を滞納処分による差押えをした行政機関に交付、②参加差押通知書を滞納者及び質権者等（知れている者）利害関係人に通知します（徴86②）。

　　　なお、不動産、船舶、自動車、建設機械等である場合は、参加差押えの登記（登録）を関係機関に嘱託しなければなりません。

　　　また、参加差押えは、先行の滞納処分による売却決定の日の前日（金銭による取立ての方法により換価するものであるときは、その取立の時）までにしなければなりません。

　ウ　効力は、①交付要求としての効力、②先行する差押えの解除等に伴う遡及効（例えば、不動産は、参加差押通知書が滞納者に送達された時。ただし、登記が送達前にされた場合はその登記がされた時など）があります。

　エ　先行する滞納処分による差押財産が相当期間内に換価されない場合は、すみやかにその換価すべきことを差押行政機関等に換価の催告をすることができます（徴87③）。

　　　また、参加差押えに係る不動産について、差押行政機関の同意を得ることを要件として、配当順位を変更することなく、換価を行うこと（換価執行決定）ができます。

　オ　参加差押えの解除手続等は、交付要求の場合と同様です。

　　　なお、不動産等は、参加差押えの登記等の抹消を嘱託等します。

表3−10 参加差押換価執行制度

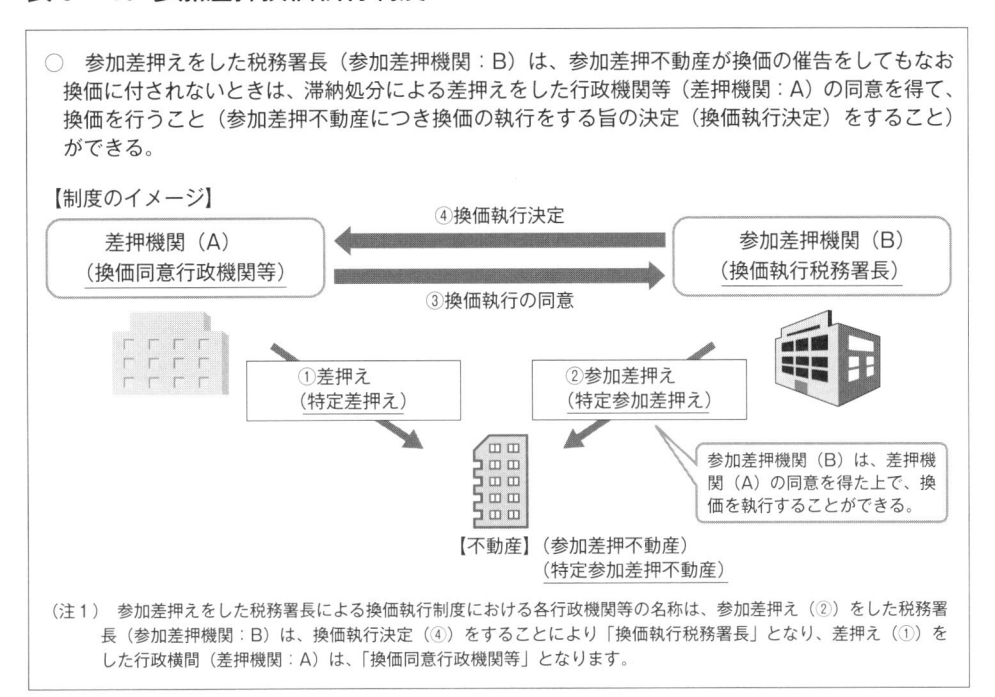

○ 参加差押えをした税務署長（参加差押機関：B）は、参加差押不動産が換価の催告をしてもなお換価に付されないときは、滞納処分による差押えをした行政機関等（差押機関：A）の同意を得て、換価を行うこと（参加差押不動産につき換価の執行をする旨の決定（換価執行決定）をすること）ができる。

【制度のイメージ】

差押機関（A）（換価同意行政機関等）　←④換価執行決定→　参加差押機関（B）（換価執行税務署長）

③換価執行の同意

①差押え（特定差押え）　②参加差押え（特定参加差押え）

参加差押機関（B）は、差押機関（A）の同意を得た上で、換価を執行することができる。

【不動産】（参加差押不動産）（特定参加差押不動産）

（注1）　参加差押えをした税務署長による換価執行制度における各行政機関等の名称は、参加差押え（②）をした税務署長（参加差押機関：B）は、換価執行決定（④）をすることにより「換価執行税務署長」となり、差押え（①）をした行政横間（差押機関：A）は、「換価同意行政機関等」となります。

11　配当の方法

　配当とは、差押財産を公売等により換価した売却代金、債権の差押えにより第三債務者から給付を受けた金銭等を、その差押えをした国税・地方税をはじめ、交付要求をした国税・地方税、差押財産に係る質権等の被担保債権等に配分するために、国税徴収法及び民法その他の法律の規定により、順位及び金額を定めることです（徴129⑤）。

表3−11 換価代金等の主な配当順位一覧表

順位			配当する債権等の内容
第一順位	差押えに係る国税・地方税に常に優先して配当する債権	1番	直接の滞納処分費（徴10、地14の3）
		2番	強制換価の場合の消費税等（徴11、地14の4）
		3番	留置権の被担保債権（徴21、地15）
		4番	滞納者の動産等を占有する第三者の引渡命令に係る前払借賃に係る債権（徴59、71④）
		5番	不動産保存の先取特権等徴収法19条1項各号に掲げる債権の被担保債権（徴19①、法14の13）
第二順位	一定の要件により、差押えに係る国税・地方税に優先して配当する債権	1	納税者が質権又は抵当権付財産を譲り受けた場合における当該質権等の被担保債権（徴17、地14の9他）
		2	差押えに係る国税・地方税の法定納期限等以前に設定した質権又は抵当権の被担保債権（徴15、16）及び担保のための仮登記により担保される債権（徴23）
		3	担保に徴した国税・地方税（徴14、地14の8）
第三順位			差押えに係る国税・地方税（徴12①）
第四順位	差押えに係る国税・地方税に劣後する債権	1	差押えに係る国税・地方税の法定納期限等後その国税・地方税の差押え前に設定又は成立した第二順位の2に掲げる債権の被担保債権等
		2	交付要求に係る国税・地方税（徴12、地14の6）
		3	交付要求に係る公課（徴8、地14）
残余金			原則として滞納者（徴129③） 破産手続開始決定等があった場合には、破産管財人等 滞調法の適用がある場合には、執行裁判所等

⑴　国税・地方税優先の原則

　国税・地方税は、納税者等の総財産について、原則としてすべての公課その他の債権に先だって徴収することができます（徴8、地14）。

　また、強制換価手続の費用（徴9、地14の2）、直接の滞納処分費（徴10、地14の3）などの共益費用性を有するものは、国税・地方税に優先します。

⑵　租税グループ間の優先劣後

　国税と地方税は、観念的に同順位ですので、①差押先着手による優先（徴12、地14の6）、②交付要求先着手による優先（徴13、地14の7）及び③担保を徴した地方税の優先（徴14、地14の8）により調整されています。

(3) 担保付債権と徴収金との優先劣後

担保権付債権と国税・地方税との優先劣後は、①担保物権（例えば、留置権等）の性質、②担保物権（例えば、質権、抵当権等）設定の時期と国税・地方税の法定納期限等との比較により決められます。

また、国税・地方税の法定納期限等後に登記された質権又は抵当権を設定した財産が譲渡されたとき（徴22、地14の16）、仮登記によって担保される債権（徴23、地14の17）、譲渡担保債権者の物的納税責任（徴24、地14の18）との優先劣後関係等が定められています。

(4) 国税及び地方税並びに私債権との競合の調整

国税と地方税又は公課と私債権が競合する場合に、それぞれの順位が交錯し、いわゆる「ぐるぐる回り」となり、これら三者の優先順位を定めることができないときの調整方法です（徴26、地14の20）。

ア 例えば、地方税Aの差押えに、国税Bが交付要求し、抵当権Cが地方税に優先し国税に劣後する場合は、AはBに優先（差押先着手）、BはCに優先（法定納期限等）、CはAに優先（法定納期限等）して、優先順位が決定しないことになります。

イ 上記の換価代金の調整方法は、次の順番により配当されます。

① 直接の滞納処分費等

② 国税・地方税及び公課と私債権を、法定納期限等と私債権の設定時期の古い順に仮に配当

③ 上記②の仮配当額を、国税・地方税及び公課に充てる金額の総額（租税グループ）と私債権に充てる金額の総額（私債権グループ）に区分します。

④ 租税グループの総額を、差押先着手、交付要求先着手、国税・地方税優先の原則により、国税・地方税に順次配当し、残額を公課に配当します。

⑤ 私債権グループを、民法その他の法律の規定により、順次私債権に配当します。

表3−12 国税及び地方税等と私債権とが競合する場合の配当

1　設例

（単位：万円）

換価代金			500
1　公租公課	差押え又は交付要求の日	法定納期限等	滞納額等
A差押地方税	29.9.25	29.3.15	200
B交付要求国税	29.10.25	28.3.15	200
C交付要求公課	29.10.10	27.5.31	50
2　私債権	設定登記の日		債権額
D抵当権	27.6.30		100
E抵当権	28.5.31		300

2　配当計算

（1）　差押地方税等の法定納期限等及び抵当権の設定登記の日の古い順をもって、公租公課又は私債権に配当すべき金額の総額を決める。

順位		金額	配当すべき金額	公租公課	私債権
①	C	50	50	50	
②	D	100	100		100
③	B	200	200	200	
④	E	300	150		150
⑤	A	200	0		
合計		850	500	250	250

（2）　配当すべき金額を、公租公課は徴収法等の規定又は私債権は民法その他の法律の規定による優先順位に従い順次配当する。

ア　公租公課
  A差押地方税　　200（差押先着手の規定）
  B交付要求国税　　50（地方税優先の原則の規定）
  C交付要求公課　　0

イ　私債権
  D抵当権　　100（抵当権の順位による規定）
  E抵当権　　150

⑸　配当計算書の作成

　換価代金等の配当は、上記により計算した上で、「配当計算書」を作成し、換価財産の買受代金の納付の日（取り立てた債権等であるときは、その取立ての日）から3日以内に、債権現在額申立書を提出した者、滞納者等にその謄本を発送しなければなりません（徴131）。

⑹　換価代金等の交付期日

　換価代金等の交付は、配当計算書の謄本を発送した日から起算して7日を

経過した日に配当計算書に従って交付します（徴133①）

　なお、その謄本を発送すべき者が滞納者のみの場合には、その期間を短縮することができます。

第4　納税義務の拡張

　納税者等に特別の事情等がある場合に、租税徴収の公平確保の観点から、本来の納税者等以外の者に対して納税義務の負担を求める、納税義務の承継、連帯納税義務や第二次納税義務などの納税義務の拡張の制度が設けられています。

1　相続による納税義務の承継

(1)　承継される納税義務

　納税者の死亡（民法第30条、第31条による失踪宣告を含む。）により、被相続人の納税義務は相続人（包括遺贈者を含む。）に承継されます（通5、地9①）。

　承継される納税義務は、

　ア　課されるべき国税・地方税

　イ　納付すべき国税・地方税

　ウ　徴収されるべき国税

(2)　相続分

　相続分とは、相続人が2人以上ある場合に、各相続人が被相続人の権利義務を承継する割合をいいます。

　ア　法定相続分

　　被相続人が相続分を指定していないときに適用される相続分です（「表4－1　法定相続分の算出例」）（民900）。

　イ　代襲相続分

　　代襲相続（民887②又は③）によって相続人となる者の相続分は、その直系尊属が受けるべきであったものと同じです（民901）。

　ウ　指定相続分

　　被相続人が遺言で共同相続人の相続分を定め、又はこれを定めることを第三者に委託することにより定められた相続分です（民902）。

なお、指定相続人は、兄弟姉妹以外の相続人の遺留分（民1028）を害することはできないが、遺留分を害した指定相続分も遺留分権利者からの減殺請求（民1031）がない限りその効力は維持されます。

　　このほか、特別受益者の相続分（民903）及び特別寄与者の相続分（民904の2）があります。

エ　承継国税・地方税額のあん分の割合

　　国税通則法第5条第2項の規定の適用については、遺言による相続分の指定がない限り、上記ア及びイによります。

(3)　納付責任

　承継された納税義務は、相続分に応じて各相続人から徴収するのが原則ですが、租税の徴収確保のために、相続によって得た財産が相続分の規定により計算した国税・地方税の額を超える者は、相続によって得た積極財産の価額を限度として、他の相続人が納付すべき国税・地方税を納付する責任があります（通5③、地9③）。

(4)　相続人

　相続人の範囲と相続人となる順位は、

①　配偶者は、常に相続人（民890）

②　子又はその代襲相続人は、第一順位（民887）

③　直系尊属（第一順位がいないとき）は、第二順位（民889）

④　兄弟姉妹（第一順位及び第二順位がいないとき）は、第三順位（民889）

　なお、相続を放棄した者（民939）、相続人の欠格事由に該当する者（民891）、廃除となった者（民892）は除かれます。

(5)　相続放棄等

ア　相続の放棄は、自己のために相続の開始があったことを知った時から3か月以内（伸長されることもある。）に被相続人の死亡時の住所地を管轄する家庭裁判所へ相続放棄の申述をすることにより行います。

イ　相続財産法人は、相続人（包括遺贈者を含む。）がいない場合（相続人となるべき者の全員が相続放棄をした場合を含む。）等に相続財産法人が成立します（民951）。

ウ　限定承認は、相続する財産よりも債務のほうが多い場合に、相続によって得た積極財産を限度として債務等を弁済することとして相続を承認するときで、自己のために相続の開始があったことを知った時から3か月以内に（伸長されることもある。）に家庭裁判所に相続財産の目録を提出して限定承認の申述をすることにより行います。

⑹　徴収手続

国税・地方税の額が確定している場合は、納税義務の承継人に対して「相続による納税義務承継通知書」により通知します。

この通知は、法律に定められたものではなく、相続開始によって既に承継されている納付すべき国税・地方税の納税義務を各承継人に行政的配慮により通知するものです。

⑺　書類の送達

相続人に対する書類送達の特例は、次のとおりです（通13、地9の2①）。

ア　書類を受領する代表者の指定

相続人が二人以上あるときは、被相続人の国税・地方税の賦課徴収（滞納処分は除く。）及び還付に関する書類を受領する代表者を指定することができます。この場合は、指定された相続人は、その旨を税務署長・地方団体の長に届け出しなければなりません。

イ　被相続人名義でした処分の効果

被相続人が死亡したことを知らないで、その者の名義でした賦課徴収又は還付に関する処分で、相続人の一人に書類が送達された場合は、すべての相続人に対してされたものとみなされます。

表 4 − 1　法定相続分の算出例

1　法定相続分で定められた遺産分割の順位（一般的な相続順位パターン）

相続の順位	法定相続分	配偶者相続人	法定相続分
第一順位	直系卑属 （子、孫）	配偶者	配偶者　1／2 子　　　1／2
第二順位	直系尊属 （父母、祖父母）	配偶者	配偶者　　2／3 直系尊属1／3
第三順位	兄弟姉妹	配偶者	配偶者　　3／4 兄弟姉妹1／4

【主なポイント】

> 1　相続の高い順位に対象者がいれば、その者が財産を相続する。
> 2　配偶者は相続順位に関係なく、常に相続人となる。
> 3　代襲相続は、子のときは被相続人のひ孫らに再代襲相続権（民887③）
> 　があるが、兄弟姉妹のときは、孫らに再代襲相続権がない。
> 4　非嫡出子の相続分は嫡出子と同等です。
> 5　子の配偶者は相続権がない。

2　算出例
　　被相続人は、（1）〜（5）は夫、（6）は長女です。

（1）妻と子と親がいる場合

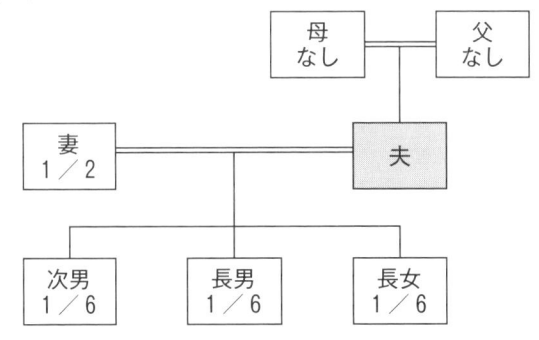

（2）妻と実子、内縁の妻とその子がいる場合

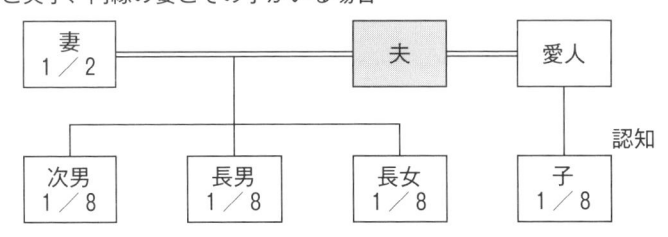

（3）子と孫がいる場合

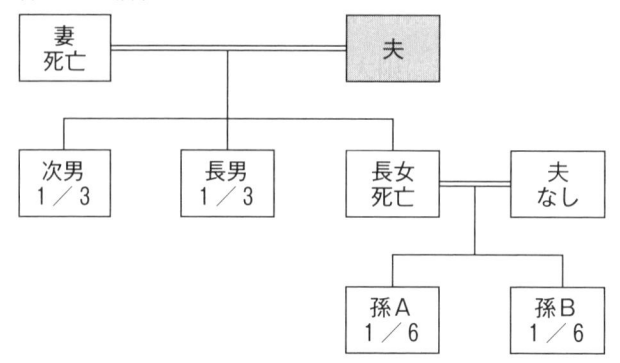

（4）先妻の子と後妻の子の場合

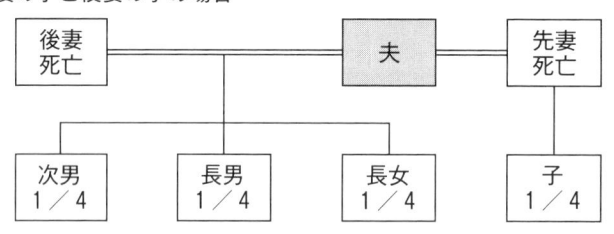

（5）兄弟姉妹だけが相続する場合

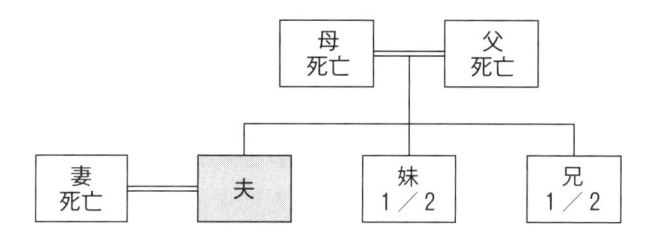

（6）腹違いの兄弟姉妹が相続する場合

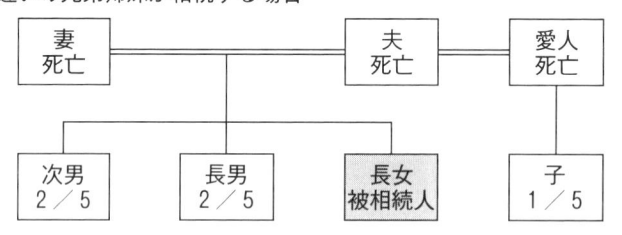

2 連帯納税義務

連帯納税義務とは、二人以上の納税者等が、同一内容の租税債務の納付について、各人が独立して全額の納税義務を負い、そのうちの一人が履行すれば、その範囲内で他の者の納税義務も消滅する関係にある納税義務をいいます。地方税法に規定する連帯納税義務は、共有物、共同使用物、共同事業等により生じた物件などがあります。

(1) 共有物に対する徴収金

共有物とは、二人以上の者が同一の物に対して、一定の割合で所有権を有している物をいい、固定資産税・都市計画税などがあげられます。

(2) 徴収手続

連帯納付義務は、民法第432条から第434条まで、第437条及び第439条から第444条までの規定が準用されます（通8、地10）。

国税・地方税の全部又は一部を連帯納税義務者の一人に対して、又は同時若しくは順次に、全ての連帯納税義務者に対して、履行の請求としての納税の告知、督促及び滞納処分をすることができます（民432）。

(3) 効果

ア 一人について生じた事由の相対的効力の原則

連帯納付義務者の1人につき生じた履行による納付義務の消滅の効果は、他の連帯納付義務者にも及ぶが、それ以外の事由、例えば、次に掲げるもの効力は他の連帯納付義務者に及びません（民411）。

・ 差押え、督促又は納付等による時効の完成猶予及び更新

・ 免除、時効又は滞納処分の停止

また、納税義務の確定処分として行う納税の告知や差押えの前提要件としての督促の効力は他の連帯納税義務者には及びません。

イ 連帯納税義務者の破産

全員又は数人若しくは1人について破産手続開始の決定があった場合

には、それぞれの破産手続において、連帯納付義務に係る国税・地方税の全額を破産管財人及び裁判所に対して交付要求することができます（破104①）。

3　第二次納税義務

第二次納税義務は、主たる納税者等の納税義務の履行がなく、滞納処分をしてもなおその徴収すべき額に不足すると認められる場合に、二次的にその履行を求められ（補充性）、主たる納税義務に生じた事由の効力が原則として第二次納税義務者にも及ぶものとされています（附従性）。

(1)　第二次納税義務の態様

第二次納税義務の態様（「表4－3　代表的な第二次納税義務の概要」、「表4－4　納税者等の特殊関係者の範囲等」）は、次のとおりです。

①　合名会社等の社員の第二次納税義務（徴33）

②　清算人等の第二次納税義務（徴34）

③　同族会社の第二次納税義務（徴35）

④　実質課税額等の第二次納税義務（徴36）

⑤　共同的な事業者の第二次納税義務（徴37）

⑥　事業を譲り受けた特殊関係者の第二次納税義務（徴38）

⑦　無償又は著しい低額の譲受人等の第二次納税義務（徴39）

⑧　人格のない社団等の財産名義人の第二次納税義務（徴41）

⑨　人格のない社団等の財産分配等の第二次納税義務（徴41）

⑩　自動車等の売主の第二次納税義務（地145、442）

(2)　補充性と附従性

主たる納税義務と第二次納税義務との間の関係は、次表のとおりです。

表4－2　主たる納税義務と第二次納税義務との関係

	主たる納税者	第二次納税義務者への効力の有無	第二次納税義務者	主たる納税者への効果の有無
納税義務の履行	有	有（消滅）	有	有（消滅）
納税義務の免除	有	有（免除）	有	無
徴収猶予	有	有	有	無
換価の猶予	有	有	有	無
執行停止（消滅）	有	有	有	無
時効中断	有	有	有	無
消滅時効	有	有	有	無

(3)　徴収手続

ア　主たる納税者の国税・地方税を第二次納税義務者から徴収しようとするときは、「納付通知書」により、納付すべき額、期限、場所等を記載して、おそくとも期限前の1か月（地方税は10日）までに、その者に対して告知しなければなりません。

　なお、この納付通知書によって、第二次納税義務が具体的に確定し、第二次納税義務に係る時効の完成猶予及び更新の事由となります。

　第二次納税義務者が、納付通知書に係る納付金額をその期限までに完納しないときは50日以内（地方税は20日以内）に納付催告書により督促し、通常の滞納処分を執行します。

　また、第二次納税義務者の財産の換価は、換価の順序の制限や訴訟係属中の換価の制限があります（徴32④、地11③、④）。

イ　第二次納税義務の範囲（第二次納税義務を負う債務）は、主たる納税者の徴収金と同額であるが、その「責任」は物的又は金銭的限度額により制限されます。

	第二次納税義務の態様（上記(1)）
物的限度	④、⑤、⑧
金銭的限度	②、③、④、⑥、⑦、⑨、⑩

（注）上記(1)の①は、主たる納税者の徴収金の全額です。

(4)　無償又は著しい低額の譲受人等の第二次納税義務

第二次納税義務の適用に当たっての留意事項等は、次のとおりです。

ア　徴収不足が無償譲渡等の処分に基因すると認められること

イ　譲受人等が主たる納税者の親族その他特殊関係者である場合は、無償譲渡等を受けた時におけるその受けた利益が限度

ウ　著しい低額は、画一的に判断すべきではありませんが、特殊事情がない限り、対価が時価のおおむね2分の1に満たないとき

エ　無償譲渡等の処分は、譲渡契約書、貸借対照表等の帳簿書類や預貯金の移動状況等を調査（必要に応じて質問により確認し記録します。）

オ　参考裁判例

①　時価（6,500万円）の53.8％の対価（3,500万円）による不動産の譲渡が著しい低い額の対価による譲渡に当たるとされた事例（福岡高裁平13.11.9）

②　代表取締役が滞納会社から金員を受領し、その金員を受領された後における滞納会社の確定申告書添付書類等には貸付金が計上されておらず、かつ、金銭消費貸借契約書等はその後偽造されたものである疑いが濃厚であるとされた事例（東京高裁昭52.4.20）

③　遺産分割協議は、相続の開始によって共同相続人の共有となった相続財産について、その全部又は一部を、各相続人の単独所有とし、又は新たな共有関係に移行させることによって、相続財産の帰属を確定させるものであるから、国税の滞納者である相続人にその相続分に満たない財産を取得させ、他の相続人にその相続分を超える財産を取得させたときは、国税徴収法第39条にいう第三者に利益を与える処分に当たり得るものと解することが相当であるとされた事例（最高裁平21.12.10）

(5)　詐害行為取消権と無償又は著しい低額の譲受人等の第二次納税義務

ア　詐害行為取消権とは、「債権者は、債務者が債権者を害することを知ってした法律行為の取消を裁判所に請求できる権利です。ただし、その行為によって利益を受けた者又は転得者がその行為又は転得の時におい

て債権者を害すべき事実を知らなかったときは、請求できません（民424）。

　また、債権者が取消しの原因を知った時から2年間行使しないときは、時効によって消滅する。行為の時から10年を経過したときも、同様です（民426）。

イ　民法第424条の規定は、地方税の徴収について準用されています。

ウ　また、無償又は著しい低額の譲受人等の第二次納税義務は、詐害行為の取消しの簡素化（訴訟提起による処理の遅れなど）、租税の簡易・迅速な確保のために、適用要件を定め、実質的に詐害行為取消権を行使した場合と同様の効果を得ることを目的として創設されました。

エ　上記のウの適用要件は、

①　納税者が無償譲渡等の処分をしたこと

②　上記①が、法定納期限の1年前の日以後にされたものであること

③　納税者が徴収金を滞納し、その財産の滞納処分では徴収すべき徴収金に不足すると認められること

④　徴収不足が上記①に基因することです。

オ　詐害行為取消権の行使の裁判例

①　保険契約者等が滞納会社である生命保険契約について、滞納会社が行った保険契約者の変更が詐害行為に当たるとされた事例（徳島地裁平26.3.26）

②　滞納会社が行った関連会社に対する不動産譲渡が詐害行為に当たるとされた事例（松山地裁今治支部平25.11.28）

③　滞納者が行った母親（貸付債権者）に対する不動産の代物弁済が詐害行為に当たるとされた事例（大阪高裁平25.12.20）

④　滞納者が行った財産分与が不相当に過大な財産分与であると認められる場合に、その財産分与は詐害行為になるとした事例（札幌高裁平24.1.19）

表4－3　代表的な第二次納税義務の概要

	根拠条文	主たる納税義務者	第二次納税義務者	成立要件	限度額
人的	徴33 地11の2	合名会社又は合資会社	合名会社の社員 合資会社の無限責任社員	1　法人が滞納していること 2　法人の財産につき滞納処分を執行しても、なお、その徴収すべき額に不足していること（以下、本表において「徴収不足」という。）	法人の国税・地方税の全額
金銭的	徴34 地11の3	解散法人	1　分配(引渡)をした清算人 2　分配(引渡)を受けた者	1　法人が解散していること 2　残余財を分配等をしていること 3　徴収不足	分配等をした財産の価額又は分配等を受けた財産の価額
	徴35 地11の4	同族会社の株主又は社員	同族会社	1　滞納者が同族会社の株式又は出資を有していること 2　その株式等を再度換価に付しても買受人がいないこと、又は譲渡に制限があるなど特別な事情があること 3　徴収不足	滞納国税・地方税の法定納期限の1年前の日後に取得した株式等の価額
	徴38 地11の7	親族その他特殊関係のある個人又は被支配会社に事業を譲渡した者	事業を譲り受けた個人又は被支配会社	1　滞納国税・地方税の法定納期限の1年前の日後に、生計を一にする親族その他特殊な関係のある個人又は被支配会社に事業を譲渡したこと 2　事業の譲受人が、同一又は類似の事業を営んでいること 3　納税者が譲渡した事業に係る国税・地方税を滞納していること 4　徴収不足	譲受財産の価額
	徴39 地11の8	財産を無償譲渡等した者	無償又は著しい低額の譲受人、受益者	1　滞納国税・地方税の法定納期限の1年前の日以後に、無償又は著しい低額の譲渡、債務免除その他第三者に利益を与える処分をしたこと 2　徴収不足 3　徴取不足が無償譲渡等の処分に基因すること	親族その他特殊関係者は、無償譲渡等の時における受けた利益 ・・・・・・ 上記以外の者は、受けた利益が現に存する範囲

		生計を一にする配偶者その他の親族からその所有する財産の提供を受けて、事業を遂行している個人	生計を一にしている配偶者その他の親族で重要な財産の所有者	1 生計を一にする配偶者等で納税者の経営する事業から所得を受けている者が、納税者の事業の遂行に欠くことのできない重要な財産を有していること 2 重要な財産に関して生ずる所得が納税者の所得となっていること 3 重要な財産の所有者が納税者の経営する事業から所得を受けていること 4 納税者が事業に係る国税・地方税を滞納していること 5 徴収不足	重要な財産（取得財産を含む。）
物的	徴37 地11の6	特殊関係にある株主又は社員から財産の提供を受けて事業を遂行している同族会社	同族会社の判定の基礎となった株主等で重要な財産を所有する者	1 同族会社の判定の基礎となった株主等が、納税者の事業の遂行に欠くことのできない重要な財産を有していること 2 重要な財産に関して生ずる所得が納税者の所得となっていること 3 納税者が事業に係る国税・地方税を滞納していること 4 徴収不足	

表4－4　納税者等の特殊関係者の範囲等

　事業を譲り受けた特殊関係者の第二次納税義務（徴38条）と無償又は著しい低額の譲受人等の第二次納税義務（徴39条）の特殊な関係のある者等の要件は、次表のとおりです。

要件等		徴38条	徴39条
対象となる者		生計を一にする親族その他特殊な関係のある個人又は被支配会社等	権利を取得し、又は義務を免れた者
対象行為等		事業譲渡し、かつ譲受人が同一又は類似の事業を継続、当該事業に係る国税・地方税を滞納	無償又は著しい低額の譲渡、債務の免除その他第三者に利益を与える処分
徴収不足		滞納処分を執行してもなお徴収不足と認められる	
対象期間		法定納期限より1年以前は対象外	法定納期限の1年前の日以後を対象
基因性			基因すると認められるとき
限度額		譲受財産の価額	受けた利益が現に存する額 なお、滞納者の親族その他特殊な関係のある個人又は同族会社は、受けた利益の額
特殊な関係のある者			
納税者・滞納者	個人の場合	1　配偶者（事実上婚姻関係と同様の事情にある者を含む）	
			直系血族、兄弟姉妹
		2　親族で、滞納者と生計を一にし、又は同人から受ける金銭その他の財産により生計を維持している者	
		3　上記の2以外の使用人その他の個人で、滞納者から受ける特別の金銭その他の財産により生計を維持している者	
		4　納税者・滞納者に特別の金銭その他の財産を提供してその生計を維持させている個人	
		5　納税者・滞納者を判定の基礎とした	
		・被支配会社に該当する会社	・同族会社に該当する会社
	会社の場合	（被支配会社のとき）	（同族会社のとき）
		6　判定の基礎となった株主又は社員である個人	
		7　判定の基礎となった株主又は社員の全部又は一部を判定の基礎とした	
		・被支配会社に該当する他の会社	・同族会社に該当する他の会社
		なお、上記の株主又は社員には、上記1から4に該当する関係がある個人及びこれらの者を判定の基礎とする	
		・被支配会社を含む	・同族会社を含む
判定時期		事業を譲渡した時	無償譲渡等の契約が成立した時

（注1）　被支配会社は、法人税法第67条第2項（特定同族会社の特別税率）に規定する会社に該当する会社（1人の株主とその特殊な関係のある個人及び法人が発行済み株式の50％超を有する会社）です。

（注2）　同族会社は、法人税法第2条第10号（定義）に規定する会社に該当する会社（3人以下の株主とその株主と特殊の関係のある個人及び法人が、議決権の50％超を有する会社）です。

表4－5 原告訴訟提起の端緒類型表

訴訟分類	類型基準	
1 詐害行為取消訴訟（民424、426）①客観的要件（無資力、詐害の認識）、②主観的要件（受益者等の悪意）、③行為の前の原因、④期間制限（知ってから2年）	債務超過	① 唯一の不動産等の残余財産が譲渡（相当価額又は廉価）、贈与等の行為の処分がされているもの
		② 特定の債権者に優先的満足を得させるために弁済、代物弁済、担保権設定がされているもの
		③ 会社役員に退職金が支払われているもの
	④ 任意整理の受任者（弁護士等）が配当原資の確保の目的で、滞納者から財産の譲渡を受けているもの	
2 名義変更訴訟（民423）	① 売買や贈与等の契約に基づき滞納者が所有権を取得しているが、登記名義が前所有者のままであるもの及び登記名義が滞納者に経由することなく第三者に移転し、当該登記原因が虚偽表示等により無効であるもの	
	② 真正な契約は存在しないが売買や贈与等を登記原因として登記名義が滞納者から第三者に移転し、当該登記原因が虚偽表示等により無効であるもの	
	③ 売買や贈与等の契約が取消し又は解除により、所有権が滞納者に復帰しているが、登記名義が第三者のままであるもの	
3 差押債権取立訴訟	第三債務者が差押債権の取立に応じないもの	
4 供託金還付請求権取立権確認請求訴訟	債権差押通知書及び債権譲渡通知書の第三債務者への到達の先後が同時又は不明等で、第三債務者が不確知供託等したもの	
5 相続財産管理人選任申立て、一時代表者選任申立て（民952、会社法351）	滞納者が死亡し相続人が不存在の場合又は滞納法人の代表者の死亡等により代表者が不存在の場合で差押え及び公売手続を進めるために、裁判所に対して相続財産管理人又は一時代表者の選任を申し立てるもの	

【民法第424条】
1 債権者は、債務者が債権者を害することを知ってした行為の取消しを裁判所に請求することができる。ただし、その行為によって利益を受けた者（以下この款において「受益者」という。）がその行為の時において債権者を害することを知らなかったときは、この限りでない。
2 前項の規定は、財産権を目的としない行為については、適用しない。
3 債権者は、その債権が第1項に規定する行為の前の原因に基づいて生じたものである場合に限り、同項の規定による請求（以下「詐害行為取消請求」という。）をすることができる。
4 債権者は、その債権が強制執行により実現することのできないものであるときは、詐害行為取消請求をすることができない。

⑹　第二次納税義務告知処分取消し事例

【事例1】　滞納者が行った集合住宅の売却について、徴収法39条に規定する
無償譲渡等に該当するとしたが、この売却と徴収不足との間には基
因関係は認められないとした事例（要旨）

（審判所平成24年6月15日裁決、福岡地裁平成27年6月16日判決）

（概要）

1　滞納者K社に対して工事代金債権（マンションに抵当権設定登記）
を有していたM社に破産手続が開始された。

2　破産管財人Vは、破産財団であるK社に対する債権を回収するため、
同社に当該マンションの売却を依頼した。

3　原処分庁は、K社がX社に売却したマンション価額が著しい低額の
譲渡であるとして、X社に対して第二次納税義務を賦課した。

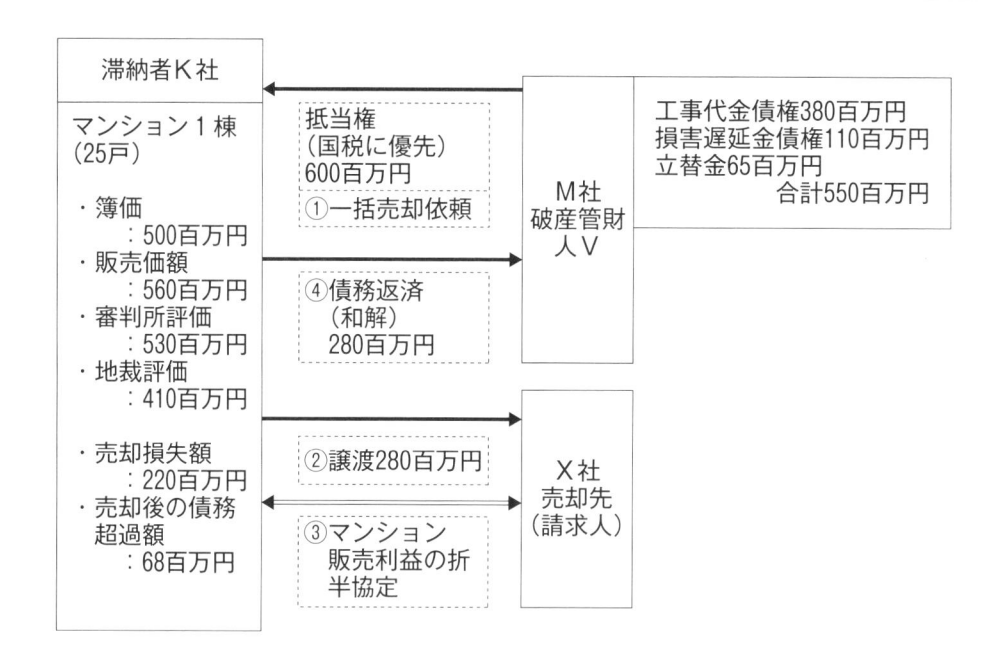

⑴　審判所の判断

納付告知処分までの間に、本件滞納者の納付資金が回復したと認められ
る事情もない。よって、本件譲渡と徴収不足との間には基因関係は認めら
れる。

(2) 福岡地裁の判断

　基因関係の有無は、国税債権に優先する担保権の有無及び被担保債権の額が考慮されるべきである。また、マンション販売利益を折半する協定等にかかる折半利益の未確定請求権を滞納者が有することをもって、本件譲渡後に、滞納者の徴収不足状態は解消されており、第二次納税義務の告知処分の時においては本件譲渡と徴収不足に基因関係は認められないこととなる。

(3) 国税徴収法基本通達の改正（平成29年3月3日一部改正）

　本事例を受けて、通達39条関係9に、「国税に優先する債権を被担保債権とする担保権が設定された財産について、その被担保債権額が譲渡時に当該財産の価額を上回っている場合は、特段の事情がない限り、徴収不足が当該財産の譲渡に『基因すると認められるとき』には該当しないことに留意する（平成27.6.16福岡地判参）。」とする注書きが追加されました。

【事例2】　滞納法人の売上除外等に加担した法人の口座へ売上金を振り込ませた後、請求人に当該売上金を現金又は振込みにより無償譲渡したとして告知処分された第二次納税義務について、請求人及び関係者らの答述等の信用性を検討した上で、上記加担した法人の口座に振り込まれた金員の一部は、滞納法人に係る売上ではないとして、当該第二次納税義務の一部を取り消した事例（要旨）

（審判所令和2年7月9日裁決）

（概要）

1　滞納法人Aは、L社、M社及びN社に対する売上金を請求人Xの知人が主宰する法人P社に請求書を発行させ、Q銀行P社名義の普通預金口座に振り込ませました。

2　その後、振り込まれた金員は、Xが管理するR銀行K名義の普通預金に振込又は同人に現金で支払われた。

3　原処分庁は、X及び関係者の容認により、売上金が無償譲渡であるとしてXに対して第二次納税義務を賦課した。

> 4　審査請求において、XはP社から受領した振込金は、P社又はSに対する貸付金の弁済、現金は受領していないと主張した。

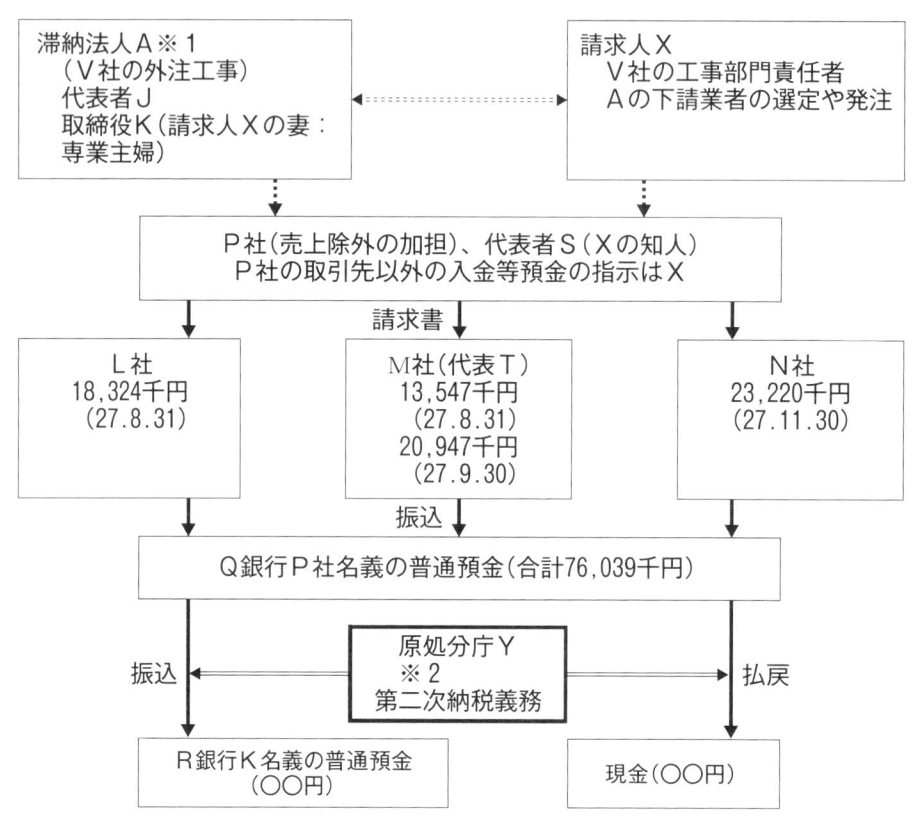

※1　Aの修正申告（30.12.13）　27.3.1 ～ 28.2.29売上P社分を益金加算
　　　調査担当者の質問検査相手先：X（30.11.30）、J（30.12.3）、S（30.12.3）
※2　徴収担当者の質問検査相手先：J（31.2.5）、S（31.2.12）、X（31.3.1）、T（1.10.7）
　　　Xから第二次納税義務の事前告知がない旨の申出がある。

（審判所の判断）

1　N社からの振込金（23,220千円）を売上とするに足りる証拠は認められない。納付告知限度額は、一部を取消（23,220千円）し、52,818千円となる。

2　Xの主張については、金銭消費貸借契約等は確認できない、また、請求人、A代表者J他の関係者の答述等の信用性がなく、Aの売上金と認められる。

第5 納税の緩和制度の実務

　納税者等が、租税を納期限までに納めない場合には、一定の手続に従い強制徴収するのが原則です。しかし、納税者等の個別事情等により強制徴収することが適当でないときの納税緩和の措置として、①納税の猶予・徴収猶予、②職権による換価の猶予、③申請による換価の猶予、④滞納処分の執行停止及び⑤延滞税等の免除等の制度があります。

1　納税の猶予・徴収猶予及び換価の猶予（通46、地15）

　猶予制度は、納税者の負担の軽減を図るとともに、早期かつ的確な納税の履行を確保する観点から制度が見直され、平成27年度の税制改正が行われました。

　なお、換価の猶予は、職権により行われていますが、毎月の分割納付を条件とした滞納者からの申請による換価の猶予が創設されました。

(1)　納税の猶予・徴収猶予

　納税の猶予又は徴収猶予（以下「納税の猶予等」といいます。）は、災害、病気、事業の廃止等及び確定手続が遅延した場合（通常の納税の猶予等）など一定の事由があると認められるときに、納税者等からの申請に基づいて行う納税緩和制度です。

　通常の納税の猶予等の要件等については、次表のとおりです。

　これとは別に国税の取扱いとして、

　①震災、風水害、火災等により財産に相当な損失を受けた場合は、納税者の申請に基づき、被害にあった財産の損失の状況、特定の国税の全部又は一部を最長１年以内の期間の納税を猶予（担保不要）することができます（災害による損失を受けた場合の納税の猶予）（通46①）。

　また、新型コロナウイルス感染症等の影響による納税の猶予の特例はこの規定を適用しています。

　②災害等により申告、申請、納付等の期限までに申告の提出等をすること

ができない場合は、国税庁長等は職権により地域や対象者を指定して当該期限を延長することができます（災害等による期限の延長）（通11）。

(2)　**換価の猶予**

　換価の猶予は、職権による換価の猶予と、納税者等からの申請による換価の猶予があり、差押財産の換価（公売）や、差押えを猶予する納税緩和制度です。

　要件等については、次頁のとおりです。

(3)　**納税保証の場合の留意事項**

　ア　**納税者の履行状況に関する保証人への通知**

　　保証に係る国税・地方税につき保証人から納税者の履行状況に関する情報の請求があったときは、その保証人に対し、遅滞なく、その国税・地方税の不履行の有無並びにその残額及びそのうち不履行となっているものの額を通知することとなります（民法458の2）。

　イ　**個人の保証人に対する取消しの通知**

　　納税の猶予等又は換価の猶予を取り消したときは、その保証人に対し、納税の猶予等を取り消した日から2月以内にその取消しを通知しなければ、民法第458条の3の規定により、その保証人から徴収できない延滞税等の額が生じる場合があることに留意します。

表5−1 納税の猶予等・換価の猶予の一覧表

	納税の猶予等（通46、地15①、④）	換価の猶予	
		申請 （徴151の2、地15の6、6の2、6の3）	職権 （徴151、地15の5、5の2、5の3）
要件	1 震災、風水害、火災等の災害を受け、又は盗難にかかったとき 2 病気にかかり又は負傷したとき 3 事業を廃止又は休止したとき 4 事業につき著しい損失を受けたとき 5 その他上記1から4に類する事実があったとき 6 法定納期限から1年を経過した後に、税額が確定したとき	納税に誠実な意思を有すると認められること 1 国税・地方税を一時に納付・納入することで事業継続、生活の維持が困難になるおそれがあるとき 2 猶予申請する国税・地方税以外に滞納がないこと	納税に誠実な意思を有すると認められること 1 換価することで事業継続、生活の維持が困難になるおそれがあるとき 2 徴収上有利であるとき
手続	納税者からの申請 （要件1から5該当は、その事実発生したとき、また、要件6該当は、納期限内に提出）	納税者からの申請 （国税・地方税の納期限から6月以内）	不要
書類添付	1 猶予該当事実、事情の詳細が分かるもの 2 財産目録 3 収支明細書 4 担保に関する書類等		
猶予額	納付・納入できない金額を限度		
猶予期間	1年以内（2年まで延長できる）		
調査	猶予に関し必要な限度で、質問又は帳簿書類その他の物件の検査		
担保	担保不徴取基準以外は担保提供 ①金額基準100万円超、かつ、②期間基準3月超 （担保を徴することができない特別な事情がある場合は除く）		
通知	許可、不許可の決定を文書で通知		
効果	① 新たな督促及び滞納処分（交付要求は除く。）の禁止	① 差押えの猶予	
	② 差押えを解除することができる		
	③ 申請により消滅時効は中断、猶予期間中は停止		③ 猶予期間中は停止
	④ 延滞税等の免除（全額又は2分の1）		
取消事由	① 繰上請求等に該当したとき		
	② 分割納付をその期限までに履行しないとき		
	③ 担保の提供など必要な行為の求めに応じないとき		
	④ 猶予に係る国税・地方税以外に滞納したとき		
	⑤ 財産の状況等、猶予継続が不適当となったとき		
	⑥ 不正、偽りがあったとき		
	⑦ ①以外は弁明を聞かなければならない。		

2　滞納処分の執行停止

⑴　基本的な考え方

　納税者が国税・地方税を納期限までに納めない場合、一定の手続に従い強制徴収することが原則です。

　しかし、納税者の個別事情等により、強制徴収することが適当でない場合があります。このような場合、納税緩和措置として、滞納処分の停止、納税の猶予等及び換価の猶予等が規定されています。

　その中でも滞納処分の停止は、滞納者に一定の事由があると認められる場合に、職権で強制徴収の手続を停止するものです。

　滞納者の納付すべき国税・地方税は、国・地方団体を運営するための大切な財源であることから、合法かつ公平に徴収しなければなりません。

　また、滞納者に滞納処分の停止に該当する事由があるにもかかわらず、滞納処分の停止を行わないことは、納税緩和措置の適正な執行という観点から不適切です。

　加えて、滞納処分をする意義がない事案に事務量を投入することは効率化にも反し、その結果、全体の滞納整理における確実な徴収に支障が生じることになります。

　このことから、滞納処分の停止が適正に執行されるために、取扱い等を定めて処理します（「表5－2　滞納処分の停止のフロー」、表5－3「滞納処分の停止の概要」）。

⑵　停止検討事案

　滞納事案で、次のいずれかに該当する事由があるときは、滞納処分の停止検討事案とします。

　ア　滞納発生後5年以上を経過しているとき

　イ　滞納者が既に事業を行っておらず、かつ、滞納処分を執行しても国税・地方税を徴収できる見込みがないとき（交付要求により国税・地方税に相当する配当が見込まれる場合等は除く。）

　ウ　滞納者が生活保護給付を受け、又は収入が僅少な年金受給者等である

とき

　エ　滞納者の所在又は滞納処分をできる財産が不明で、1年以上調査を継続しても発見できないとき

　オ　既に出国していて再入国の見込みがなく、かつ、滞納処分を執行しても地方税を徴収できる見込みがないとき

　カ　住所、居所が明らかでないなど公示送達により納税通知書が送達されているとき

⑶　財産調査等の徹底

　滞納処分の停止検討事案は、滞納者の現況はもとより、その家族、滞納者と関係がある者（役員、保証人等）の現況の把握に努め、また、本籍地、前住所、事業所等関係があると想定される場所についても調査を行います。

⑷　滞納処分の停止要件及び判断基準

　滞納者が、次のいずれかに該当する事実があると認めるときは、滞納処分の停止をすることができます（徴153、地15の7①）。

　1号　滞納処分の執行をすることができる財産がないとき。

　2号　滞納処分の執行をすることによってその生活を著しく窮迫させるおそれがあるとき。

　3号　滞納者の所在及び滞納処分の執行をすることができる財産がともに不明であるとき。

ア　1号要件及び判断基準

　①　財産がないとき又は財産はあるが換価価値を有しない場合

　②　所有している不動産について、国税・地方税に優先する債権（抵当権等の設定）や他の国税・地方税による差押え、交付要求等があり、国税・地方税への配当が見込まれない場合

　③　居住用の土地、建物等差押えの対象となり得るすべての財産について、差押え、換価及び取立（他の機関による強制手続を含む。）は終わったが、なお、徴収ができない場合

④　第三債務者が強制執行の対象となる財産を有していないこと及び差押債権を履行しているが、完済までにおおむね10年以上の長期間を要する場合

⑤　取立訴訟の提起が、証拠収集に要する事務量、債権額等による費用対効果を考慮すると困難と認められる場合

⑥　事業を継続している場合は、次により取り扱います。

　a　滞納者が納税に誠実な意思を有すると認められること。

　　この場合、判定を行おうとする日前のおおむね３年間において、その期間中に納期限の到来した国税・地方税の額に相当する金額以上の納付を行い、かつ、滞納処分の停止をした場合においても、今後新たな滞納を発生させるおそれがないと認められるかどうか等を勘案します。

　b　事業用の財産（現金、預金、売掛金及び事業に供されている機械、土地、建物等。）以外に滞納処分をすることができる財産がなく、かつ、これらの財産について滞納処分をすることにより、直ちにその事業の継続を困難にするおそれがあること。

　c　月平均納付可能額により毎月分割納付を継続した場合において、完納に至るまで10年程度の長期間を要すること。

　d　資力の急激な回復が見込まれないこと。

　　この場合、判定を行おうとする日の前３年間における売上高及び所得金額の推移、負債の返済状況、経営再建策の有無等を勘案します。

⑦　毎年継続して納税義務が発生すると見込まれる固定資産税、国民健康保険税等の場合は、上記⑥に準じて取り扱います。

イ　**２号要件及び判断基準**

①　生活を著しく窮迫させるおそれがあるときとは、滞納者（個人に限る。）の財産につき滞納処分を執行することにより、滞納者が生活保護法の適用を受けなければ生活が維持できない程度の状態（国税徴収法第76条第１項第４号に規定する金額で営まれる生活の程度）になるおそれがある場合

② 収入が僅少で安定性がないためその生活の維持が困難（親族を含めた滞納者の生活を維持するためにその財産を生活費に充てているときを含む。）である場合

③ 滞納者の居住用財産が生活の維持に必要最低限のものである等の場合は、次により取り扱います。

a 滞納者が、老齢、病気又は負傷その他これに準ずる事実があり、滞納者及び生計を一にする親族の収入が僅少で、今後3年間、回復が見込まれないこと。

b 財産の立地条件等を勘案すると、滞納者の生活によって社会通念上必要最低限のものと認められること。

c 居住用財産を換価した場合においては、滞納者が親族その他の者と同居することが不可能であり、かつ、新たな生活の本拠となるアパート等の賃借に要する費用等（引越費用及び今後1年間の家賃相当額を含む。）を有しないと認められること。

d 居住用財産を差し押さえている場合において、国税・地方税に劣後する公租公課、私債権等を有する者の参加差押え又は強制執行による差押え等がないこと。

ウ 3号要件及び判断基準

滞納者の住所又は居所、及び財産がともに不明であるとき。

(5) 滞納処分の一部停止

滞納処分の停止は、原則として国税・地方税の全額において執行します。

なお、次のいずれかに該当するときは、それぞれに掲げる金額を控除した国税・地方税について滞納処分の停止をします。

ア 滞納処分により差し押さえた債権について、その全部又は一部の取立てにおおむね1年以上の期間を要すると認められるときは、その差押債権額

イ 交付要求をしている場合において、その執行機関等から配当を受けるまでにおおむね1年以上の期間を要すると認められるときは、配当を受けることができると認められる額

(6)　滞納処分の停止の効果

　ア　新たな滞納処分の禁止

　　　滞納処分の停止の期間中は、その停止に係る国税・地方税について、新たに財産の差押え（交付要求を除く。）をすることはできず、既に差し押さえた財産は、その差押えを解除しなければなりません。

　イ　納付

　　　滞納処分の停止に係る国税・地方税に対して納付があった場合には、その納付に係る金額を収納します。

　ウ　納税義務の消滅

　　　納税義務の消滅は次のとおり取扱います。

　　①　停止が３年間継続したときは、納税義務は消滅します。なお、停止中に納税や交付要求等の時効中断事由があった場合でも、停止期間が満了したときに納税義務は消滅します。

　　②　納税義務は、次のいずれかに該当するときは、直ちに消滅させることができます。

　　　a　限定承認をした相続人が、相続によって承継した国税・地方税を有する場合で、滞納処分をすることができる財産がないとき。

　　　b　相続人が不存在又はすべての相続人が相続放棄をした場合で、相続財産法人について滞納処分をすることができる財産がないとき。

　　　c　解散した法人又は解散の登記はないが廃業して将来事業再開の見込みのない法人で、滞納処分をすることができる財産がないとき、又はその所在及び滞納処分をすることができる財産がともに不明であるとき。

　　　d　既に出国していて再入国の見込みがなく、かつ、滞納処分をしても地方税を徴収できる見込みがないとき。

　エ　延滞税等の消滅等

　　　延滞税等の消滅及び免除は、次のとおり取り扱います。

　　①　滞納処分の停止に係る国税・地方税について納税義務が消滅した場合、その延滞税等の納税義務も消滅します。

② 滞納処分の停止を取り消した場合、停止の期間に対応する延滞税等
　は、その全額が免除の対象となります。

⑺　**滞納処分の停止の取消**

　滞納処分の停止をした後3年以内に、滞納処分の停止の要件等に該当する
事実がないと認められるときは、その停止を取り消さなければならなりませ
ん（徴153④、地15の8①）。

表5－2　滞納処分の停止のフロー

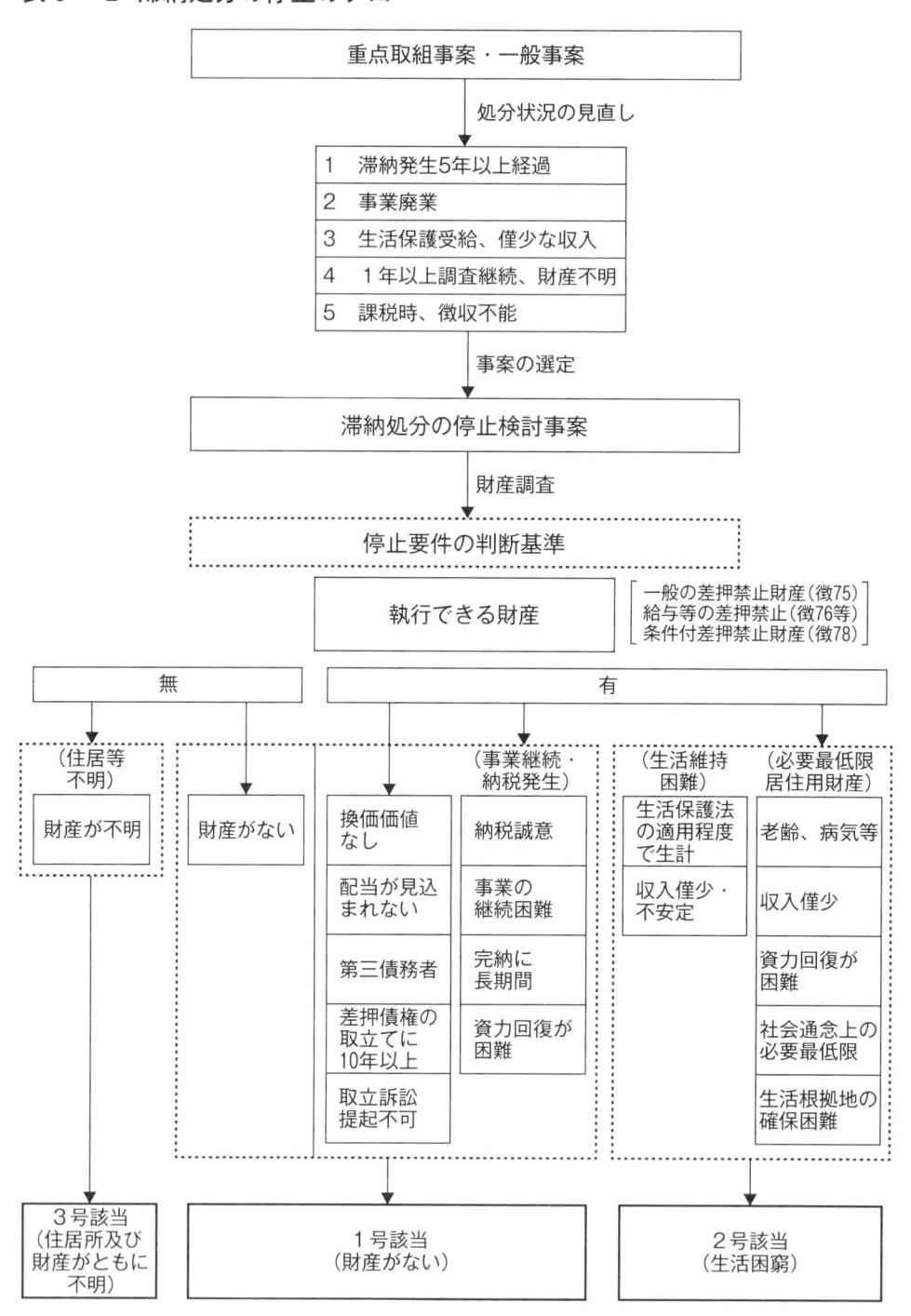

表5－3 滞納処分の停止の概要

【停止要件の判断基準】

Ⅰ　1号該当（財産がない）

（1）差押え等があり配当が見込まれない
（2）差押え、換価・取立が終了後、徴収不能
（3）差押債権の取立てに10年以上
（4）取立訴訟提起不可
（5）事業継続又は継続して納税義務が発生すると見込まれる地方税等の場合

① 納税誠意　ア　判定日前の3年間の納税額≧期間中に到来した国税・地方税の相当額	直近3年間の、滞納分に係る納付額及び他の納付額の合計額（　　千円）	直近3年間に納期が到来した国税・地方税の合計額（　　千円）
イ　新たな滞納発生のおそれがない。	期限内納付の指導	年　月　日

② 事業の継続困難　事業用財産（現金、売掛金、機械等）の差押え等により、直ちに 事業の継続が困難にするおそれがある。	現金、売掛金等を差し押さえ、換価・取立した場合の徴収可能額（　　千円）（A）	（A）の金額の滞納額に占める割合（　　%）

③ 完納に長期間　月平均支払可能資金額で分割納付を継続した場合に10年程度を要する。	月平均納付可能額（　　千円）（B）	滞納額÷（B）÷12（　年　月）

（単位：千円）

④ 資力回復が困難　判定日前の直前の年分、前年分及び前々年分の3年間の、売上高、所得金額の推移負債の返済状況等勘案する。		2年前	1年前	直前
	売上・収入		.	
	所得金額			
	売掛金等			
	預貯金			
	買掛金等			
	借金			

Ⅱ　2号（生活の窮迫：個人に限る）

（1）生活保護法の適用（給与差押禁止金額）の程度で生計を維持している。 （2）収入が僅少で安定性がないため、生計維持が困難である。	・生活保護法適用　（　有　・　無　） ・月平均収入見込額（　　　　　千円） ・生計を一にする親族等の 　月平均収入見込額（　　　　　千円）
（3）居住用財産が生計維持に必要最低限である場合	

①　老齢、病気又は負傷等の事実があり、収入が僅少で、今後3年程度では資力の回復が見込まれない。	・年齢（　　　歳） ・健康状態 　（病名等　　　　　　　　　　　） 　資力回復見込みは、上記Ⅰの（5）④に準ずる。
②　立地条件、財産価額等によると、社会通念上必要最低限のものと認められる。	・交通、接道等環境状況 　（　　　　　　　　　　　　　） ・固定資産税評価額 　　土地（　　　　　　　千円） 　　建物（　　　　　　　千円）
③　換価後に、同居が不可能であり、かつ、新たな生活根拠（アパート等）の賃借に要する費用等を有していないと認められる。	・引越費用概算（　　　　　千円） ・1年間の家賃相当額（　　　　千円）
④　参加差押え又は強制執行による差押え等がないこと。	・参加差押え等（　有　・　無　） 　なお、有の場合でも、権利を行使しないときは、無として処理する。

Ⅲ　3号（住居・居所、財産がともに不明）

登録・登記住所・所在地、関係者等の調査	・住民票、戸籍、商業登記簿等及び現地、近隣等親族、勤務先等の調査を行う。

3　納税の猶予等の場合の延滞税等の免除・減免

　延滞税等の免除は、納税者が国税・地方税の納付を遅延したことについて、やむを得ない事由があると認められる場合、又はこれを徴収することが適当でない場合があるので、このようなとき、その全部又は一部を免除するものです（通63、地15の9）。

　この延滞税等の免除には、法律上絶対に免除しなければならないもの（これを一般に「当然免除」と呼んでいます。）と、税務署長・地方団体の長が一定の事由に当たると判断した場合に免除できるもの（これを一般に「裁量免除」と呼んでいます。）がある。

　延滞税等の免除は、国税債権・地方税債権の放棄であり、納税者の徴税の公平に大きな影響があるので、特に、その前提となる納税の猶予等又は換価の猶予の処理、財産差押え後の処分の進展等について、適正を期さなければならない。

　また、納税者が地方税を納期限後に納付したことについて、やむを得ない事由があると認められる場合があり、このようなとき、地方団体の長は、納付することが困難であったと認められる期間等の延滞金の全額を減免することができます。

表5−4　延滞税等の免除の一覧

免除の要件	根拠法令	期間又は範囲	免除額	備考
1　納税の猶予・徴収猶予				
(1)　震災、風水害、火災その他の災害を受け又は盗難にかかったとき	通63① 地15の9①	納税の猶予等をした期間	全額	当然免除
(2)　病気にかかり又は負傷したとき				
(3)　上記(1)、(2)に類する事実				
(4)　事業を廃止又は休止したとき		納税の猶予等をした期間のうち、延滞税等が年14.6％の割合で計算される期間	1／2	
(5)　事業につき著しい損失を受けた				
(6)　上記(4)、(5)に類する事実				
(7)　賦課決定等の遅延				
2　換価の猶予				
(1)　職権による換価の猶予	通63① 地15の9①	換価の猶予をした期間のうち、延滞税等が年14.6％の割合で計算される期間	1／2	当然免除
(2)　申請による換価の猶予				
3　納税猶等又は換価の猶予した場合で納付困難				
(1)　財産の状況が著しく不良で、他の税等が軽減又は免除されたとき	通63③ 地15の9②	猶予をした期間（納付等しなかったことにやむを得ない理由がある期間を含む）	納付等が困難と認められる額を限度	裁量免除
(2)　事業又は生活の状況により、延滞税等の納付等を困難とするやむを得ない理由があるとき				
4　災害等による期限の延長（通11）、（○○市税条例第○条）（地20の5の2）	通63② 地20の9の5①	延長した期間	全額	当然免除
5　滞納処分の停止	通63① 地15の9①	停止した期間	全額	
6　更正の請求があり、その国税・地方税の全部又は一部の徴収を猶予した場合（通23⑤、地20の9の3⑤）	通63④ 地15の9③	徴収を猶予した期間のうち、延滞税等が年14.6％の割合で計算される期間	1／2	
7　国税・地方税金を徴収できる財産の差押え又は担保の提供がある場合	通63⑤ 地15の9④	差押え又は担保が提供された期間のうち、延滞税等が年14.6％の割合で計算される期間	1／2	裁量免除
8　証券による納付委託をする場合	通63⑥ 地20の9の5②一	取立てをすべき日の翌日から納付等があった日までの期間	全額	
9　交付要求により金銭の交付を受けた場合	通令26の2 地20の9の5②三（令6の20の3）	執行機関が強制換価代金を受領した日の翌日からその充てた日までの期間	全額	

（注）　延滞税等の免除対象期間のうちに軽減期間があるときは、免除期間に対応する部分の金額の2分の1に相当する金額は、租税特別措置法94条（延滞金は法附則3条の2）の規定に基づき計算した金額です。
　　　（例）充足する差押えをした期間の延滞税を免除する場合
　　　　　・特例基準割合が1.6％のとき
　　　　　・延滞税の割合　①2.6％（納期限から2か月（延滞金は1か月）経過するを日まで）
　　　　　　　　　　　　　②8.9％（上記①を経過した日以後）
　　　　　・免除金額
　　　　　　上記①（2.6％）及び②（8.9％）の割合のいずれの期間も、1.1％（令和2年12月31日までは1.6％）で算出した金額を超える部分が免除対象となります。

第6　倒産処理

　倒産とは、一般的には、次のケースのいずれかに該当した時点とみなされています。

① 　銀行取引停止を受ける

② 　私的整理（任意整理）に入る

③ 　会社更生法の適用を申請する

④ 　民事再生法の適用申請する

⑤ 　破産法の手続開始を申請する

⑥ 　特別清算（会社法）の開始を申請する

1　法的整理と滞納処分

　法的整理は、裁判所の関与・監督の下、法律に基づき倒産処理が進められる手続であり、このため、債権者の回収行為、あるいは債務者自身の行為に対し、法定強制力による様々な制限が加えられています。

　上記の③、④は再建型、⑤、⑥は清算型です。

(1)　各法的手続の概要

　手続の概要は、「表6－1　利用頻度の高い法的整理等の対比表」、「表6－2　会社更生手続の概要」、「表6－3　民事再生手続の概要」、「表6－4　破産手続の概要」とおりです。

(2)　破産手続と滞納処分の留意事項

　破産財団から弁済を受けることとなる債権は、税の発生時期、納期限、徴収金の種別により、財団債権、優先的破産債権及び劣後的破産債権に区分されています。

　ア　財団債権（破148）

① 　破産手続開始前の原因に基づくもの（加算税・加算金を除く）で、破産手続開始当時、納期限の到来していないもの又は納期限から1年

　　を経過していない本税・延滞税等

　②　破産手続開始後の原因に基づくもので、破産財団の管理、換価及び
　　配当に関して生ずる租税債権のうち本税・延滞税等（例えば、固定資
　　産税等）

　イ　優先的破産債権（破98）

　　上記アの①で、破産手続開始当時、既に納期限から１年を経過してい
　る本税とこれに係る破産手続開始までの延滞税等

　ウ　劣後的破産債権（破99）

　①　上記イの本税に係る破産手続開始後の延滞税等（破97）

　②　破産手続開始後の原因に基づくもののうち、上記アの②以外のもの
　　（破97四）

　③　加算税・加算金の請求権（破97五）

　エ　租税債権の届出は、財団債権に該当するものは破産管財人へ、破産債
　　権に該当するものは所管する裁判所に交付要求します。

　オ　破産手続開始決定があった場合は、破産財団に対して滞納処分は禁止
　　（既に滞納処分がされているものを除き）されます。

2　私的整理と滞納処分

　私的整理（任意整理、内整理ともいう。）とは、法的整理によらないで債
務者と債権者及び債権者相互間の合意の上で行われる倒産処理（「表6－5
私的整理の概要」）です。

　私的整理が行われている場合の留意事項は、次のとおりです。

　ア　私的整理の債権者集会開催の通知等があった場合は、債権者集会に参
　　加することなく、滞納者の財産を差し押さえることとなります。

　イ　弁護士等に私的整理を委任している場合は、債権債務や財産の状況等
　　を弁護士等から聴取します。

表 6 － 1　利用頻度の高い法的整理等の対比表

	手続名称 （法令）	類型	申立人	適用 対象	内　容　等
法的整理	破産 （破産法）	清算型	債務者 債権者 取締役等	法人 個人	1　債務者の財産を処分することにより、金銭化し、その金銭を債権者に配当する手続 2　破産管財が選任され手続を遂行（同時廃止となる場合は除く。） 3　予納金は最低50万円（同時廃止は2万円）程度 4　滞納処分の禁止などの制約
	民事再生 （民事再生法）	再建型	債務者 債権者	法人 個人	1　営業行為を続けながら、或いは財産を持ったままで、再生計画に基づいた返済をしていく手続 2　通常の再生のほかに、簡易再生、同意再生、給与所得者再生など 3　予納金は300万円程度、開始決定は申立から1か月半程度 4　弁済（再生）計画は、再生計画認可のときから10年以内
私的整理	任意整理	再建型	債務者	法人 個人	1　裁判外で多数債権者と債務者の合意により集団的に債権債務を処理する手続 2　債権者委員会（委員長は受任弁護士、有力債権者等）が、業務執行、財産の換価等
	事業再生	再建型	債務者	法人 個人	資金繰り対策をはじめとし、事業計画、収支計画の策定、金融機関との交渉の指導など早めの対策による倒産の回避

6－2 会社更生手続の概要

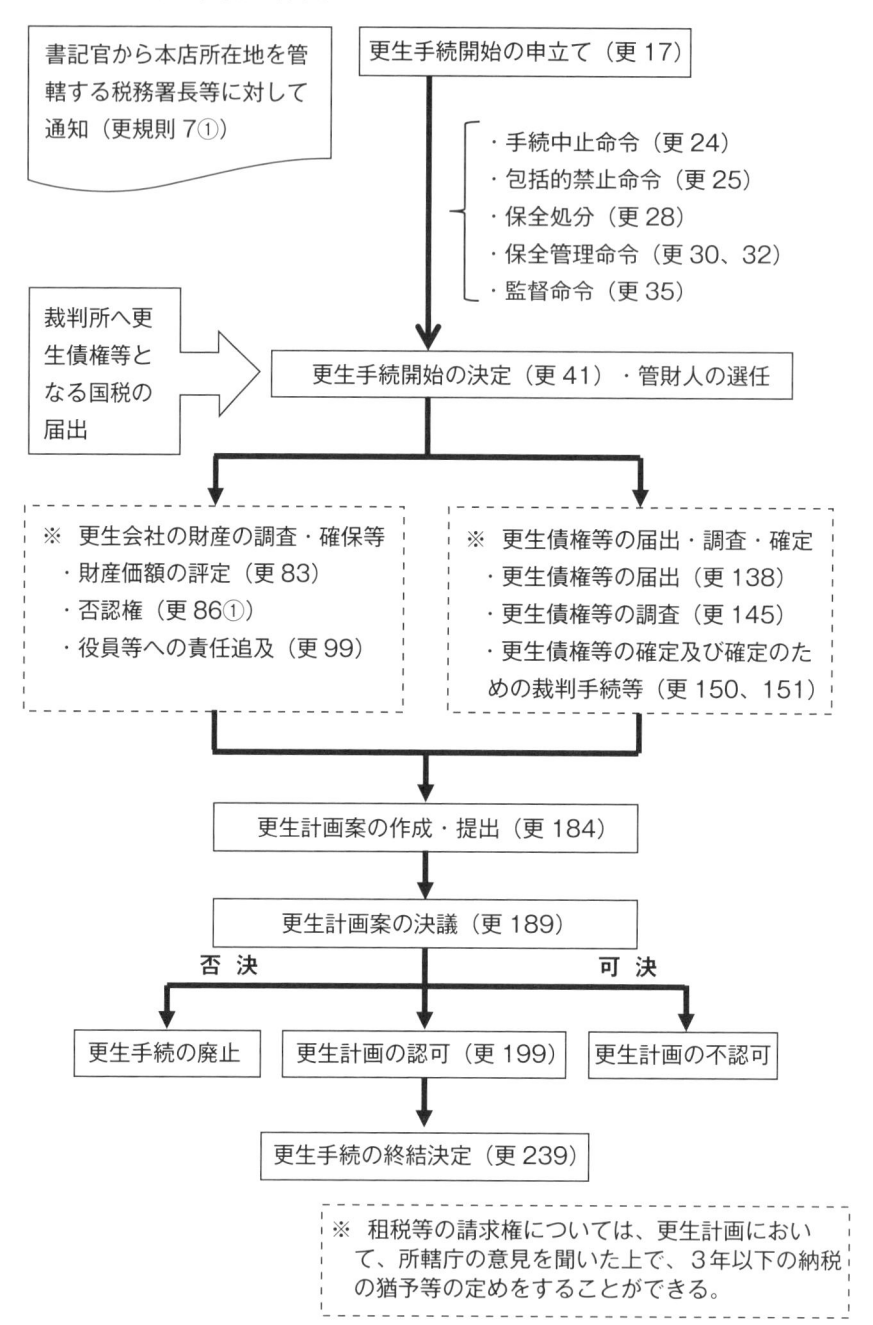

書記官から本店所在地を管轄する税務署長等に対して通知（更規則7①）

更生手続開始の申立て（更17）

・手続中止命令（更24）
・包括的禁止命令（更25）
・保全処分（更28）
・保全管理命令（更30、32）
・監督命令（更35）

裁判所へ更生債権等となる国税の届出

更生手続開始の決定（更41）・管財人の選任

※ 更生会社の財産の調査・確保等
・財産価額の評定（更83）
・否認権（更86①）
・役員等への責任追及（更99）

※ 更生債権等の届出・調査・確定
・更生債権等の届出（更138）
・更生債権等の調査（更145）
・更生債権等の確定及び確定のための裁判手続等（更150、151）

更生計画案の作成・提出（更184）

更生計画案の決議（更189）

否 決

可 決

更生手続の廃止

更生計画の認可（更199）

更生計画の不認可

更生手続の終結決定（更239）

※ 租税等の請求権については、更生計画において、所轄庁の意見を聞いた上で、3年以下の納税の猶予等の定めをすることができる。

表6−3 民事再生手続の概要

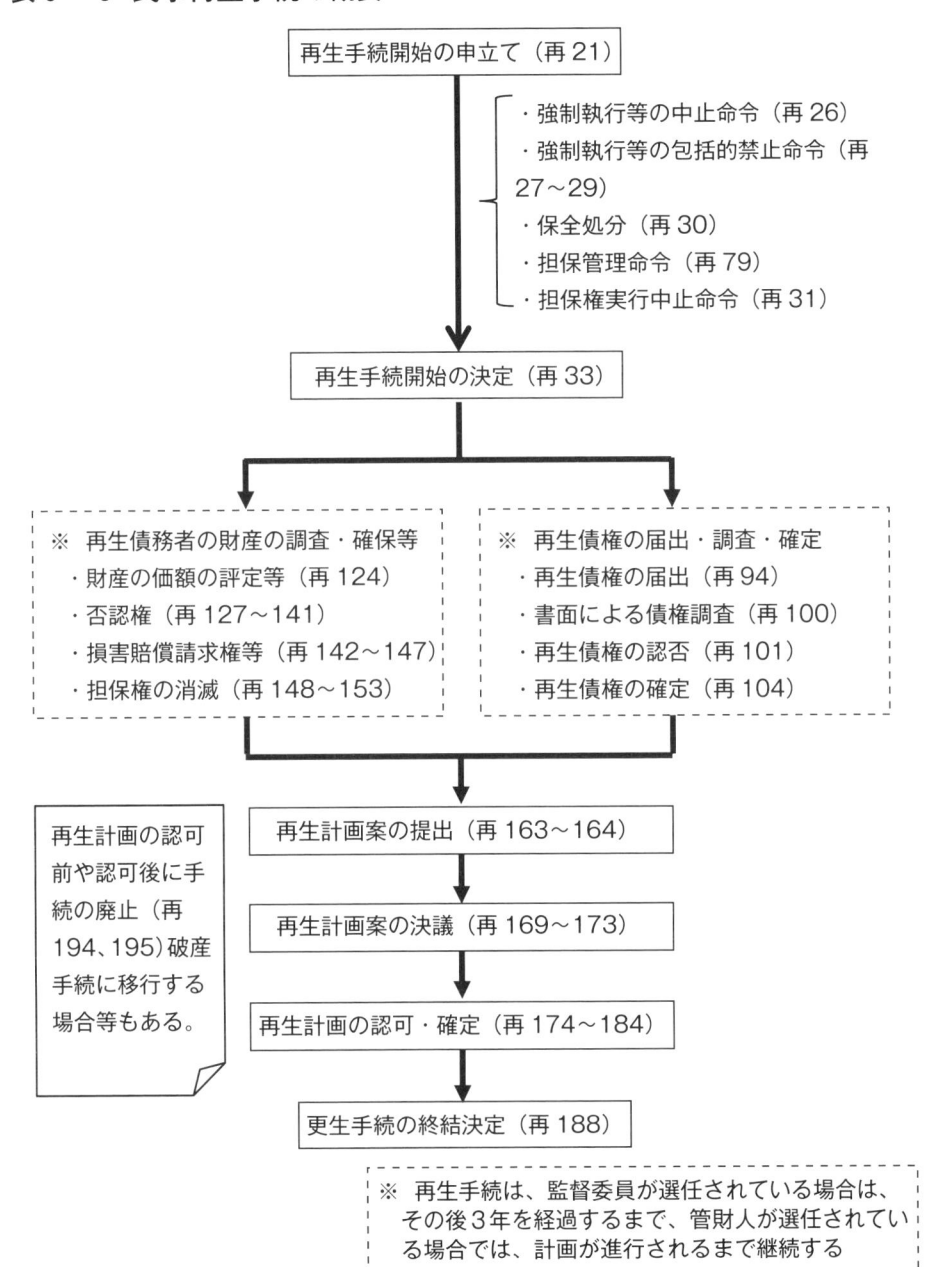

再生手続開始の申立て（再21）

- ・強制執行等の中止命令（再26）
- ・強制執行等の包括的禁止命令（再27～29）
- ・保全処分（再30）
- ・担保管理命令（再79）
- ・担保権実行中止命令（再31）

再生手続開始の決定（再33）

※ 再生債務者の財産の調査・確保等
- ・財産の価額の評定等（再124）
- ・否認権（再127～141）
- ・損害賠償請求権等（再142～147）
- ・担保権の消滅（再148～153）

※ 再生債権の届出・調査・確定
- ・再生債権の届出（再94）
- ・書面による債権調査（再100）
- ・再生債権の認否（再101）
- ・再生債権の確定（再104）

再生計画の認可前や認可後に手続の廃止（再194、195）破産手続に移行する場合等もある。

再生計画案の提出（再163～164）

再生計画案の決議（再169～173）

再生計画の認可・確定（再174～184）

更生手続の終結決定（再188）

※ 再生手続は、監督委員が選任されている場合は、その後3年を経過するまで、管財人が選任されている場合では、計画が進行されるまで継続する

表 6 - 4　破産手続の概要

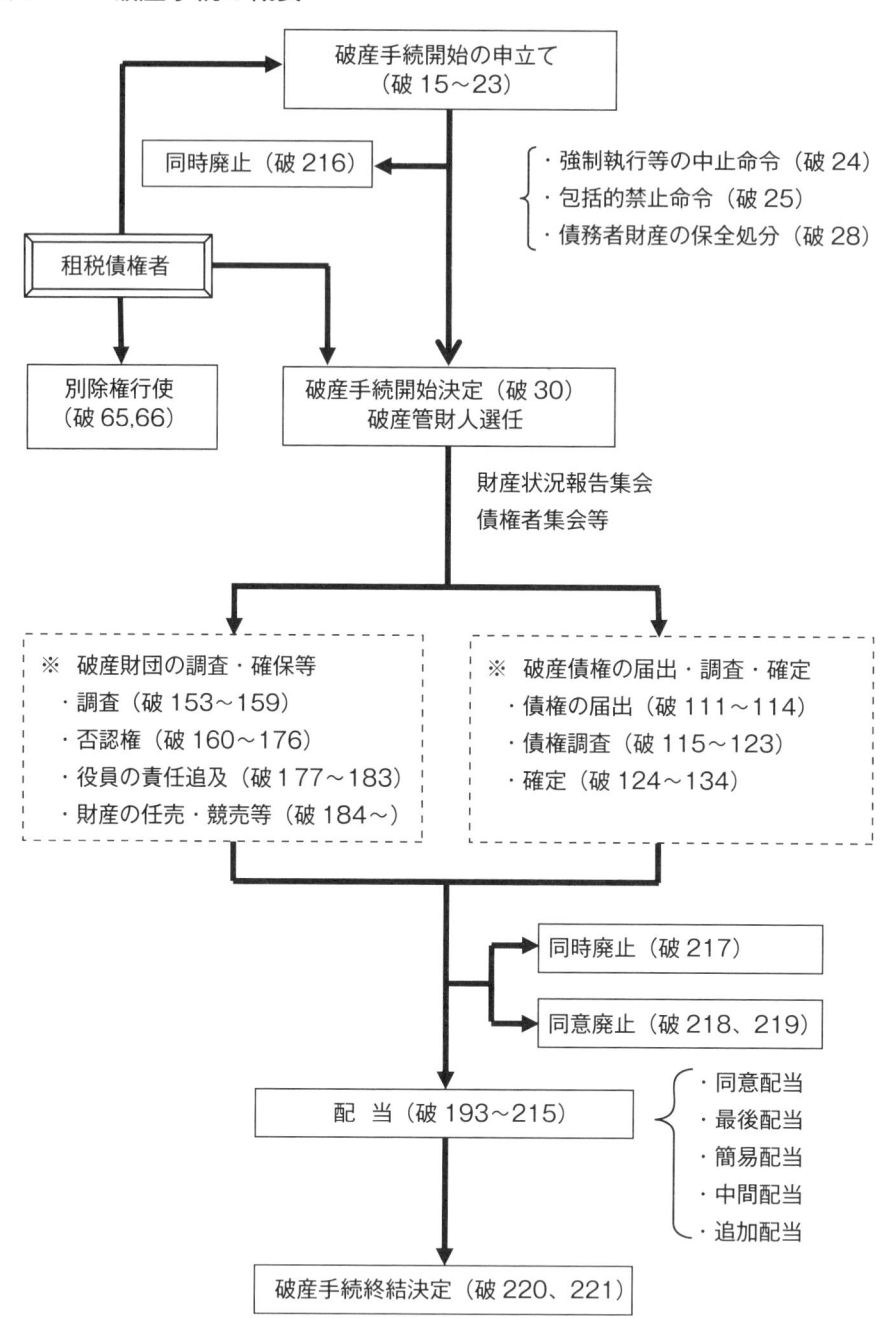

表6－5 私的整理の概要

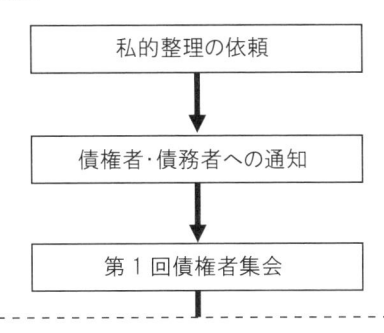

私的整理の依頼

↓

債権者・債務者への通知

↓

第1回債権者集会

> 倒産した債務者の一般債権者のうち、集会に出席し手続に参加（委任状による委任を含む。）した債権者によって構成される合議体で、私的整理における最高の意思決定機関、債権者委員の選出、整理方針の決定、再建計画の議決等を行う。

↓

債権者委員会

> 債権者の代表として実務処理をするために選出される委員会で、債権者の多い順や業界の序列で決まることが多いとされる。業務執行同意は、過半数で決する（民570②）。債権者委員長を選任し、委員長は、通常、業務執行権を有し、財産の換価のための代理権を取得し、又は債権等の信託的譲渡や財産上に担保権を設定することがある。

（再建型）　　　　（清算型）

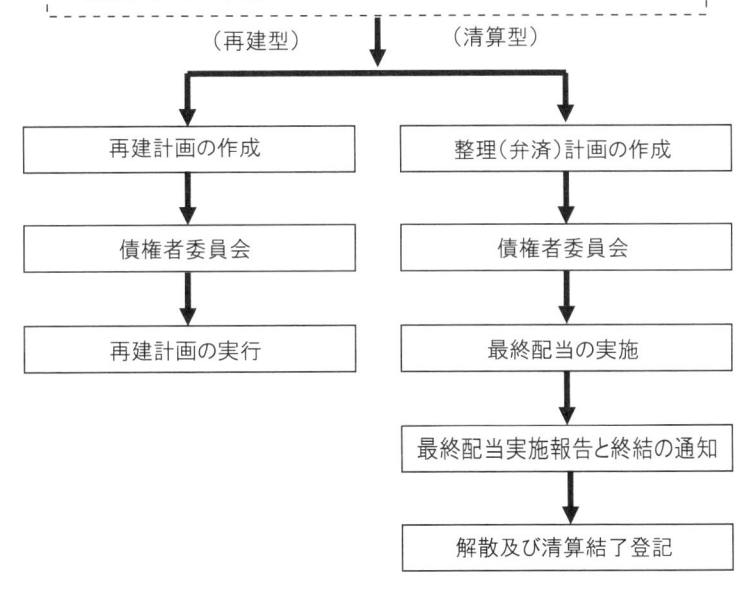

（再建型）	（清算型）
再建計画の作成	整理（弁済）計画の作成
債権者委員会	債権者委員会
再建計画の実行	最終配当の実施
	最終配当実施報告と終結の通知
	解散及び清算結了登記

第 7 　滞納処分と滞調法

　滞調法は、滞納者の財産（外国船舶や特定物引渡請求権等を除く）に対し、滞納処分による差押えと民事執行法等に基づく、強制執行、担保権に実行としての競売又は仮差押え（以下「強制執行等」という。）による二重差押え及び換価権、残余金の配当等の手続を定めています。

　不動産及び債権に対する滞調法の概要は、「表 7 － 1 　不動産に係る滞納処分と強制執行等との手続の調整に関する法律の概要」、「表 7 － 2 　不動産執行の概要図」及び「表 7 － 3 　金銭債権に係る滞納処分と強制執行等との手続の調整に関する法律の概要」のとおりです。

表 7 － 1　不動産に係る滞納処分と強制執行等との手続の調整に関する法律の概要

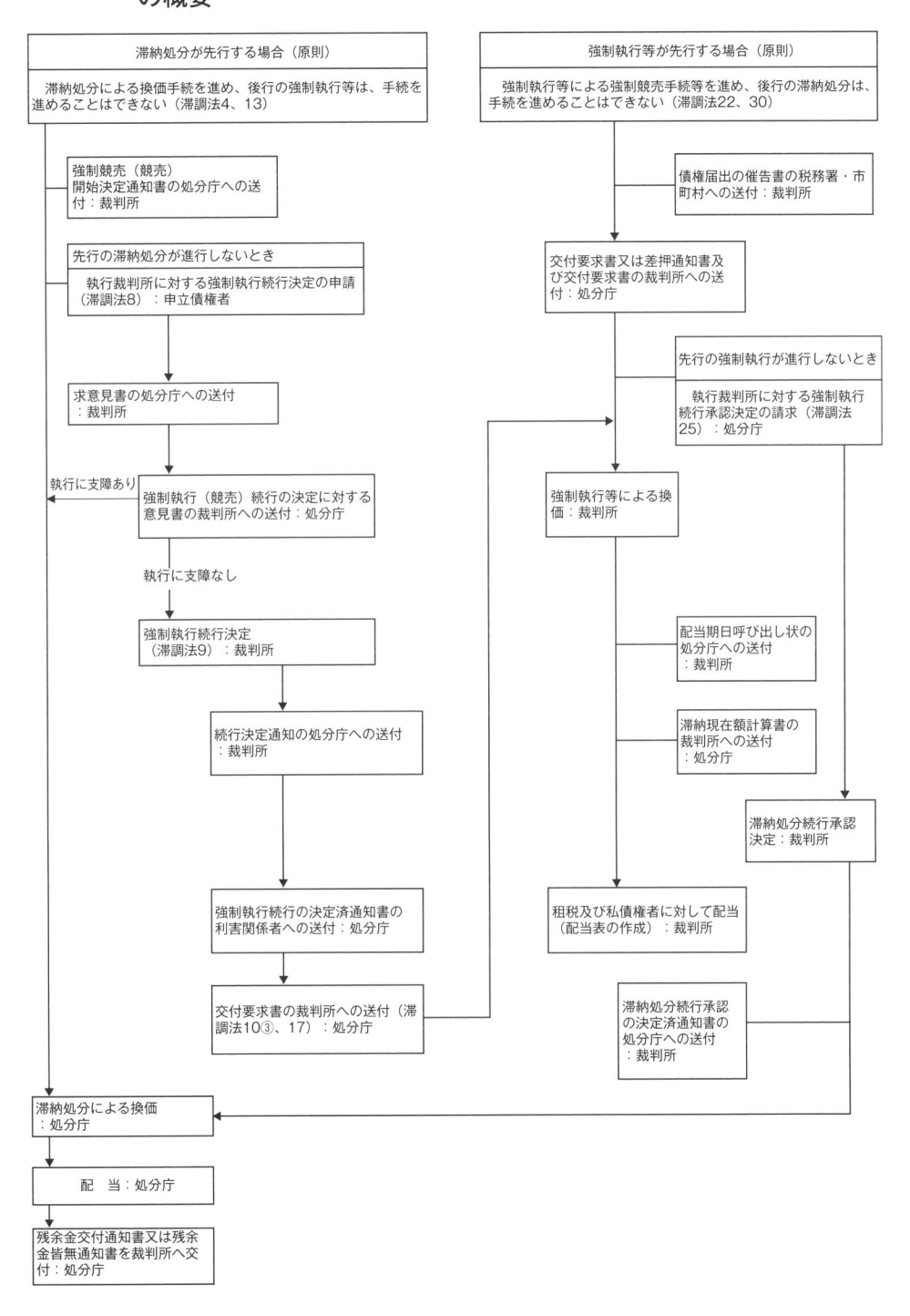

表7－2 不動産執行の概要図

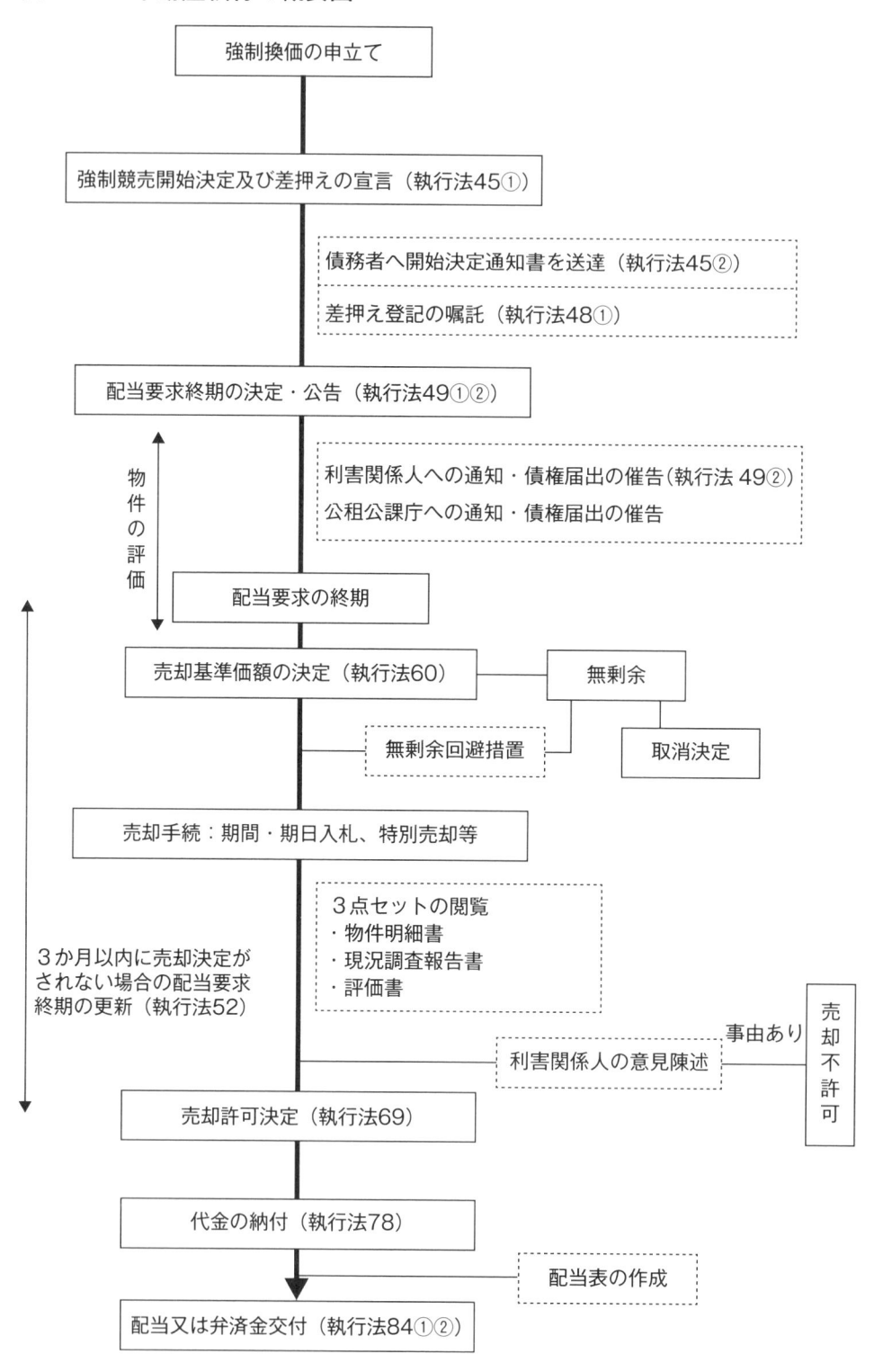

表7－3 金銭債権に係る滞納処分と強制執行等との手続の調整に関する法律の概要

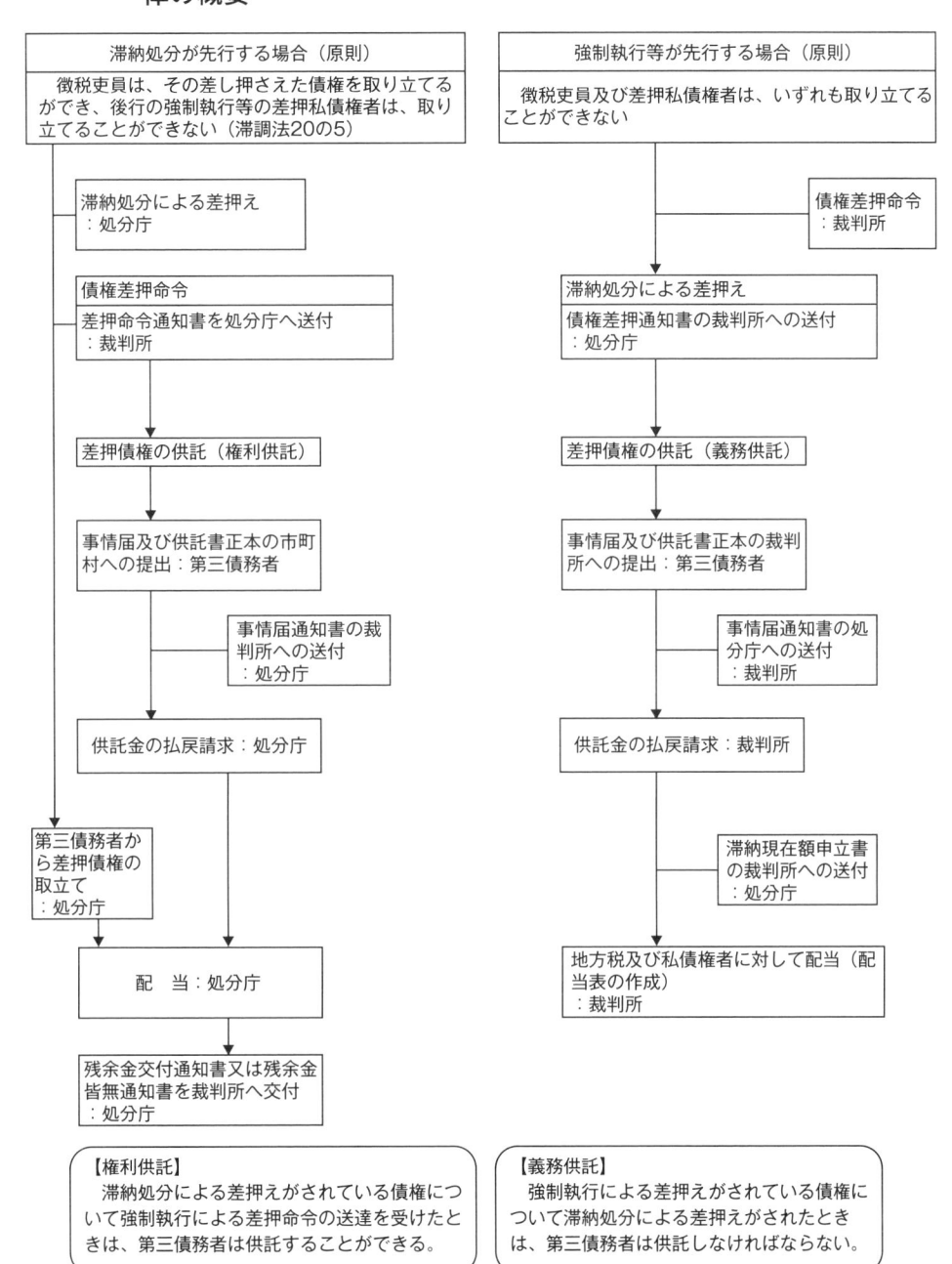

滞納処分が先行する場合（原則）
徴税吏員は、その差し押さえた債権を取り立てるができ、後行の強制執行等の差押私債権者は、取り立てることができない（滞調法20の5）

滞納処分による差押え
：処分庁

債権差押命令
差押命令通知書を処分庁へ送付
：裁判所

差押債権の供託（権利供託）

事情届及び供託書正本の市町村への提出：第三債務者

事情届通知書の裁判所への送付
：処分庁

供託金の払戻請求：処分庁

第三債務者から差押債権の取立て
：処分庁

配　当：処分庁

残余金交付通知書又は残余金皆無通知書を裁判所へ交付
：処分庁

強制執行等が先行する場合（原則）
徴税吏員及び差押私債権者は、いずれも取り立てることができない

債権差押命令
：裁判所

滞納処分による差押え
債権差押通知書の裁判所への送付
：処分庁

差押債権の供託（義務供託）

事情届及び供託書正本の裁判所への提出：第三債務者

事情届通知書の処分庁への送付
：裁判所

供託金の払戻請求：裁判所

滞納現在額申立書の裁判所への送付
：処分庁

地方税及び私債権者に対して配当（配当表の作成）
：裁判所

【権利供託】
　滞納処分による差押えがされている債権について強制執行による差押命令の送達を受けたときは、第三債務者は供託することができる。

【義務供託】
　強制執行による差押えがされている債権について滞納処分による差押えがされたときは、第三債務者は供託しなければならない。

第 8　主要な財産の差押表示例

　財産の差押えに当たっては、その財産の帰属認定を適正に行うとともに、財産の特定を的確に差押調書に表示しなければなりません。

　この表示例は、実務において帰属認定や財産の特定に留意すべき事項が多く内在していると思われる債権、第三債務者のある無体財産権及び動産について記載したものです。

　表示例のない財産の差押えに当たったは、その財産の種類や性質等を把握し、この表示例を準用するなどし、正確・的確に表示するように留意してください。

表8−1 主要な財産の差押表示例

		表示例	履行期限
1	普通預金	滞納者Sが、株式会社○銀行○支店に対して有する普通預金（口座番号×）○円の払戻請求権及び債権差押通知書到達日までの確定利息の支払請求権	即時
2	定期預金	滞納者Sが、株式会社○銀行○支店に対して有する下記預金及び債権差押通知書到達日までの確定利息の払戻請求権 記 1　預金の種類　　定期預金 2　口座番号　　　１２３４５６７ 3　金額　　　　　1,000,000円 4　満期日　　　　平成29年9月1日	満期日
3	定期積金	滞納者Sが、株式会社○銀行○支店に対して有する下記定期積金契約に基づく給付金の払戻請求権 記 1　契約年月日　　平成28年9月1日 2　口座番号　　　ＡＢ−4567 3　契約金額　　　1,000,000円 4　満期日　　　　平成29年8月31日	満期日
4	普通預金	滞納者Sが、株式会社○銀行○支店に対して有する平成29年9月1日現在の下記普通預金及び債権差押通知書到達日までの確定利息の払戻請求権 　ただし、滞納者の法定相続分（2分の1）に係る分 記 1　口座番号　　　１２３４５６７ 2　預金名義人　　○○（被相続人） 3　金額　　　　　1,000,000円	即時
	【ワンポイント①】 　　銀行預金等の第三債務者の表示は、銀行等の本店の所在地・名称とし、債権差押通知書は取扱店（支店等）へ送達する。		

5	郵便貯金	滞納者Sが、株式会社ゆうちょ銀行に対して有する下記通常貯金及び債権差押通知書到達日までの確定利子の払戻請求権 記 1　通帳記号番号　　１２３４-５６７８ 2　金額　　　　　50,000円	即時
	【ワンポイント②】 　　定額貯金又は定期貯金の履行期限は、据置期間経過日又は満期日とする。		

6	宅建業営業保証金	滞納者Sが、宅地建物取引業者営業保証金として供託した下記供託金の取戻請求権及び債権差押通知書到達日までの利息の支払請求権 記 1　供託年月日　　平成29年9月1日 2　供託番号　　　平成29年度（金）第○号 3　供託金額　　　10,000,000円	取戻公告後、6か月を経過した時
	【ワンポイント③】 　　各道府県の所轄課で調査し、登録簿を確認の上で、差し押さえる（第三債務者は、供託官となる。）。		

7	売掛金	滞納者Ｓが、株式会社○商事に対して有する売掛金（平成29年９月１日売却に係る○○製機械３台）1,080,000円（本体価格1,000,000円消費税相当額80,000円）の支払請求権	支払日（約定等の日）
8	運送代金	滞納者Ｓが、下記運送請負契約に基づき株式会社○電機商会に対して有する運送代金500,000円の支払請求権 記 　1　契約年月日　　　平成29年9月1日 　2　運送物　　　　　○電機社製冷蔵庫○台 　3　運送場所　　　　△市△番地 　　　　　　　　　　株式会社○△工場	契約による日
9	運送代金 （継続契約の場合）	滞納者Ｓが、株式会社○電機商会に対して有する平成29年７月１日から平成29年９月30日までの運送請負代金運送代金500,000円の支払請求権	契約による日
10	貸付金	滞納者Ｓが、株式会社○電機商会に対して有する下記貸付金現在額1,000,000円返還請求権及び債権差押通知書到達日までの約定利息の支払請求権 記 　1　貸付年月日　　　平成29年9月1日 　2　貸付元本額　　　2,000,000円 　3　約定利息　　　　年5％ 　4　遅延損害金　　　年10％ 　5　弁済期　　　　　平成30年3月31日	弁済期

【ワンポイント④】
　　履行期限は、弁済期の定めのない又は弁済期を経過している債権は「即時」、弁済期が停止条件での成就により定まる債権は「条件を成就した日」とする。

| 11 | 給料等 | 滞納者Ｓが、株式会社○電機商会に対して有する平成29年９月分以降の給料債権のうち、滞納額に満つるまで、各月下記の計算により算出した額の支払請求権
記
$A-\{B+C+D+E+(A-B-C-D-E)\times0.2\}$
＝差押債権額（1,000円未満切捨て）
　ただし、A＝総支給額
　　　　　B＝源泉所得税相当額（徴法76①1）
　　　　　C＝都道府県民税、市町村民税相当額（同項2）
　　　　　D＝社会保険料相当額（同項3）
　　　　　E＝差押禁止の基礎となる金額（同項4）
　　　　　　（100,000円＋45,000円×(滞納者と生計
　　　　　　を一にする親族数))
　　　　　※差押禁止額は、1,000円未満切上げ | 毎月の給料支給日 |

【ワンポイント⑤】
　　滞納者が、給料等の差押禁止額を超えた金額について差押えを承諾した場合には、その承諾した金額まで差し押さえることができる。

| 12 | 生命保険金
（経営者保険） | 滞納者㈱Ｓが、下記生命保険契約に基づく生命保険金、満期返戻金及び解約返戻金の支払請求権
記
　1　契約年月日　　　平成25年9月1日
　2　保険の種類　　　被保険者の死亡を保険事故とする
　　　　　　　　　　経営者保険
　3　証券番号　　　　１２－３４５６７
　4　保険金額　　　　10,000,000円
　5　保険契約者　　　㈱Ｓ
　6　被保険者　　　　Ａ
　7　受取人　　　　　㈱Ｓ | 保険契約約款の定めによる日 |

13	生命保険金	滞納者Sが、下記生命保険契約に基づく生命保険金、満期返戻金及び解約返戻金の支払請求権 記 1　契約年月日　　平成25年9月1日 2　保険の種類　　終身保険 3　証券番号　　　１２－３４５６７ 4　保険金額　　　10,000,000円 5　保険契約者　　S 6　被保険者　　　S 7　受取人　　　　S	保険契約約款の定めによる日

【ワンポイント⑥】
　1　表示方法については、保険会社、契約書等を確認してから、差し押さえる。
　2　実務上は、原則として解約返戻金の支払請求権を対象とする。
　　　なお、「介入権の行使」の制度があることに留意する。
　3　小規模企業共済契約に基づく共済掛金、中小企業倒産防止共済契約に基づく解約手当金については、差し押さえることができる。

14	家賃	滞納者Sが、下記不動産の賃貸借契約に基づき○○から受領すべき平成29年9月分以降の家賃の支払請求権 　ただし、上記滞納金額に満つるまで 記 不動産の表示　△市△町△番地 　　　家屋番号　△ 　　　木造瓦葺2階建　居宅 　　　1階150.00㎡　2階100.00㎡	契約による日
15	敷金	滞納者Sが、下記不動産の賃貸借契約に基づき、平成29年9月1日○○に差し入れた敷金の返還請求権 記 1　賃貸人　　　　○○ 2　賃借人　　　　S 3　不動産の表示　△市△町△番地 　　　家屋番号　△ 　　　木造瓦葺2階建　居宅 　　　1階150.00㎡　2階100.00㎡ 4　敷金額　　　　500,000円	不動産明渡しの時

【ワンポイント⑦】
　不動産明渡し時に、未納の家賃等があれば、敷金と相殺される。

16	供託金（金銭の取戻請求権）	滞納者Sの供託に係る下記供託金の取戻請求権 記 1　供託年月日　　平成29年4月10日 2　供託番号　　　平成29年度（金）第50号 3　供託金額　　　150,000円	即時

【ワンポイント⑧】
　供託者の相手方となる者が受け取る権利は、還付請求権である。

17	株券交付請求権	滞納者S所有に係る、○○株式会社発行の下記株式のうち1000株分の株券交付請求権 記 　1　発行会社　　　　　　　　○○株式会社 　2　額面株式1株の金額　　　500円 　3　発行する株式の総数　　　20,000㈱ 　4　発行済株式の総数　　　　10,000㈱ 　5　資本金の額　　　　　　　10,000,000円	即時

【ワンポイント⑨】
　　交付された株券は、有価証券として差し押さえる。

2　第三債務者等のある無体財産権

18	信用金庫の会員の持分	○○信用金庫に対する下記出資持分 記 　1　出資口数　　　100口 　2　出資金額　　　500,000円	

【ワンポイント⑩】
　　払戻の請求等は、信用金庫定款等を確認して行う。

3　動産

19	本邦通貨	本邦通貨 　壱万円紙幣　　　5枚　50,000円 　五千円紙幣　　10枚　50,000円 　千円紙幣　　　15枚　15,000円 　合計　　　　　　　　115,000円	

【ワンポイント⑪】
　　滞納者が納付に応じない場合に限る。
　　なお、金銭を差し押さえたときは、その限度において、滞納者から差押えに係る地方税を徴収したものとみなす。

20	書画	日本絵画　1点（額付）　　　　　　　　記 　描写物　○○○ 　作者名　E．ABCDと記載されたもの 　形　状　絵の大きさ　8号（45.5cm×33.3cm） 　　　　　額の大きさ　55.0cm×40.0cm	

【ワンポイント⑫】
　　搬出する場合は、「この財産は本日搬出した。」等の旨を併せて記載する。
　　なお、滞納者又は第三者に保管させたときは、封印、公示書等により、差押物件であることを明確にする。

第9 換価事務

1 換価に当たっての基本的な考え方

　差押財産の換価は、税務署長・地方団体の長が、差し押さえた滞納者の財産を売却し、その売却代金をもって地方税を徴収するものです（「表9－1 不動産の公売事務の概要」）。

　また、滞納者及びその財産の抵当権者などの権利・利益に法律上及び事実上の重大な影響を及ぼす効果を有していることから、対象事案の適切な選定、手続の適正性の確保及び高価有利な売却に努め、事務を適切に実施します。

2 換価の事前準備

⑴ 公売予告

　換価を実施しようとする滞納者に対して、原則として、「公売予告書」を送付し、自発的な納付を促すとともに、対象事案の選定を適切に行います。

⑵ 換価処分の適否

　換価事務担当者は、差押手続の適法性、差押財産の確認及び差押えに係る滞納国税・地方税の確認等法律的事項について、「換価処分適否検討表」等を作成して行います。

　また、差押財産が不動産の場合は、差押調書に記載されている表示財産の現存、不動産登記簿上の表示との符号について実地調査を行い確認します。

3 換価の手続

⑴ 換価処分の方法

　差押財産の換価は、差押財産のうち金銭、債権等以外のものを強制的に売却し、金銭に換える処分です。

　差押財産を換価するときは、原則として公売（入札又は競り売り）に付さなければなりません。

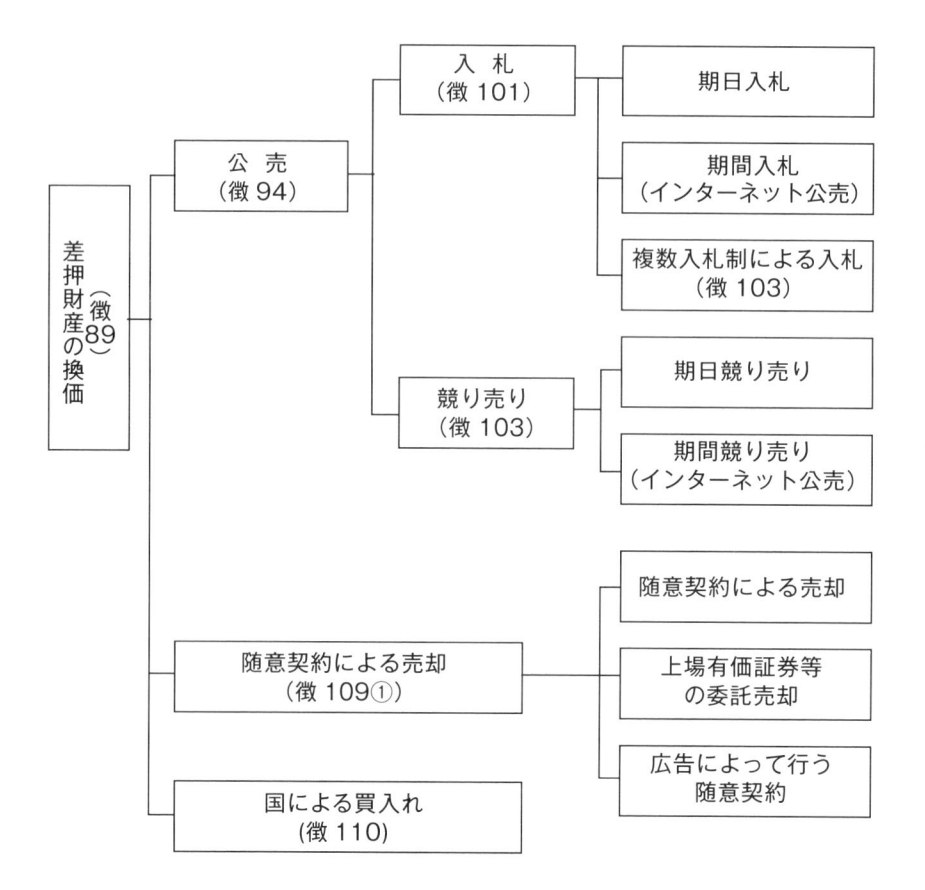

表 9 － 1 不動産の公売事務の概要

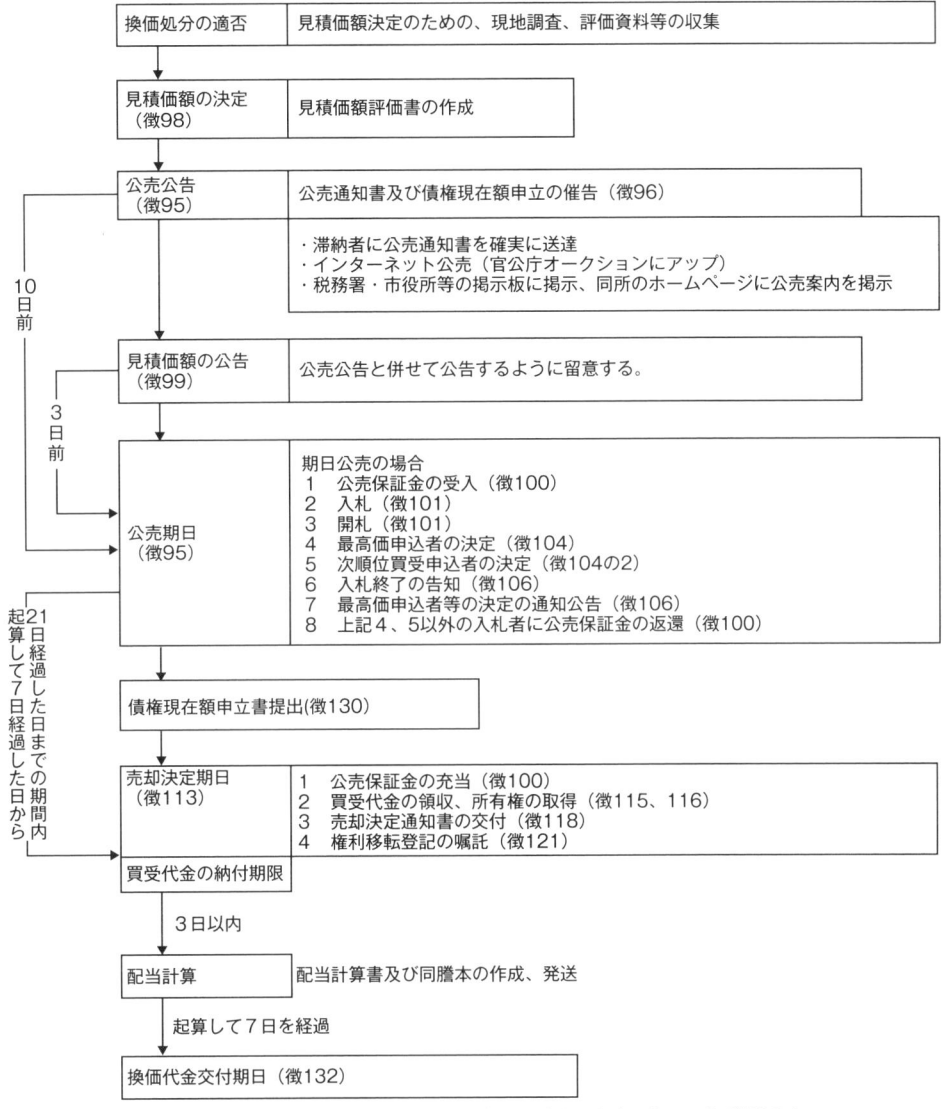

（注１）　売却決定期日等の日が、日曜日及び休日に当たるときにおいても延期されない。

（注２）　次順位買受申込者の要件は、最高価申込者の入札価額に次ぐ高い価額（見積価額以上で、か
つ、最高入札価額から公売保証金の額を控除した金額以上であるものに限る。）である。

（注３）　換価代金から配当を受けることができる債権が租税公課のみの場合には、換価代金の交付期
日を短縮することができる。

（注４）　売却決定の日までに、買受人が暴力団員等に該当しないことの調査の結果が明らかにならな
い場合は、売却決定の日時及び買受代金の納付の期限が変更される。

⑵　**公売の方法**

　ア　**入札による公売**

　　①　期日入札

　　　　期日入札は、1日のうちの入札日時内において入札書の提出を行わせた後、同日中に開札を行う入札方法です。

　　②　期間入札

　　　　期間入札は、2日以上連続した入札期間内において入札書の提出を行わせた後、開札日時に開札を行う入札方法です。

　　　　なお、入札方法は、インターネットを利用する方法もあります。

　イ　**競り売りによる公売**

　　①　期日競り売り

　　　　期日競り売りは、買受申込みをすることができる始期を定めて、1日のうちに順次買受申込みを行わせる方法です。

　　②　期間競り売り

　　　　期間競り売りは、2日以上連続した競り売り期間内において順次買受申込みを行わせる方法です。

　　③　買受申込みの方法

　　　　買受申込みの方法には、口頭、番号札等により直接行う方法又はインターネットを利用する方法があります。

　　④　買受申込価額の拘束

　　　　買受申込者は、より高額な買受申込みがあるまで、その買受申込価額に拘束されます。

⑶　**随意契約による売却の方法**

　随意契約とは、入札又は競り売りの方法によることなく、執行機関の長が買受人及び価額を決定して売却する契約をいいます。

　随意契約による売却の要件は、次のとおりです。

　ア　公売に付することが適当でないと認められる場合

　　①　法令の規定により、買受適格者が1人であるとき（あへん法第7条第1項の規定による国以外への譲渡禁止など）

② 法令の規定により、その財産の最高価額が定められているとき（公衆浴場入浴料など物価統制令等の規定に基づく財産の最高価額）

③ 公売に付することが公益上適当でないと認められるとき

   a 麻薬など譲渡の相手方が制限されている

   b 土地収用法等の規定に基づいて土地を収用できる者から差し押さえた土地を買い受けたい旨の申出があったとき（差押不動産が道路改良事業等の区域内にある場合を含む。）

イ 取引所の相場がある財産をその日の相場で売却するとき（上場株券、社債券、生糸、天然ゴム、金など）

ウ 買受希望者のない財産等

⑷ 個別換価又は一括換価の選定

差押財産は、原則として個々に換価するが、複数の不動産（滞納者を異にするものを含む。）について、次のいずれにも該当するときは、当該財産を一括換価することができます（徴89③）。

ア それぞれの財産が、客観的かつ経済的にみて有機的に結合された一体をなすと認められること

イ 高価有利に売却することができること

ウ 滞納者を異にする場合は、それぞれの滞納者の国税・地方税に配当があること

エ 不当とする事由（例えば、担保権者等に対する配当に支障を来すおそれがあること。）がないこと

オ 売却決定が同一の日であること

⑸ 公売の場所・公売実施日程の計画

公売は、原則として、公売財産の所在する市町村において行うこととするが、税務署長・地方団体の長が必要と認めるときは、他の場所で行うことができます（徴97）。

不動産の期日入札又は期間入札の方法による場合は、税務署・地方団体の庁舎内又はインターネット上のサイトにおいて行います。

　公売実施の日程の計画は、「第16　参考様式等39　公売事務のスケジュール」を参考に策定します。

4　公売公告

　公売公告は、次の事項を記載し、税務署・地方団体の掲示板等に掲示する方法のほか、インターネットを利用する方法等により公告します（徴法95）。

　不動産を公売する場合には、不動産の表示、図面、法令に基づく制限の有無などを記載した物件明細書を閲覧に供するために担当部署の窓口等に備え置くこととともに、買受勧奨に活用します。

　物件明細書は、例えば、「公売広報（期日入札）」、「公売のしおり（不動産の期日入札による公売用）」を利用します。

① 　公売財産の名称、数量、性質及び所在

② 　公売の方法

③ 　公売の日時及び場所

④ 　売却決定の日時及び場所

⑤ 　公売保証金の金額

⑥ 　買受代金の納付の期限

⑦ 　買受人の一定の資格その他の要件

⑧ 　配当を受ける権利の内容の申出

⑨ 　その他、公売に関し重要と認められる事項

　　　暴力団員等に該当しないこと等の陳述（徴99の２）、暴力団員等該当調査の嘱託（徴106の２）による売却決定の日時及び買受代金の納付期限の変更、暴力団員等の買受防止措置・最高価申込者の決定の取消し（徴108⑤）など

5　公売通知

⑴　公売通知書

　公売公告をしたときは、次に掲げる者に対して「公売通知書」によりその旨を通知します（徴96）。

① 　滞納者

② 公売財産につき交付要求をした者

③ 公売財産上に質権、抵当権、先取特権、留置権、地上権、賃借権及び配偶者居住権等を有する者のうち知れている者

④ 公売財産上に、永小作権、地役権、仮登記に係るに係る権利者等のうち知れている者

⑤ 仮差押債権者、滞調法の規定による二重差押えに係る差押債権者等のうち知れている者

(2) 債権現在額申立書の提出の催告

公売通知書による通知をするときは、公売財産の売却代金から配当を受けることができる者のうち知れている者に対して、「公売通知書兼債権申立催告書」に「債権現在額申立書」を同封し、これを売却決定をする日の前日までに提出すべき旨の催告を併せて行います。

第10　評価事務

1　差押財産の評価の基本的な考え方

　差押財産の公売は、滞納処分の最終段階における強制的な換価手続であり、その換価代金を国税・地方税に充当して滞納者の租税債権の消滅させることを目的として、また、滞納者その他の利害関係人の立場からも、できるだけ高価有利に換価する必要があります。

　公売する際には、見積価額を決定し、それを下回って売却することはできないこととしている見積価額の制度は、不当低廉な価格による公売を防止し、適正な価格による公売を保証しています。

(1)　公売財産評価の原則

　　ア　財産の所在する場所の環境、種類、規模、構造等、その財産の特性に応じて、①取引事例比較法、②収益還元法、③原価法等の評価方法を適切に用います。

　　イ　財産の市場性、収益性、費用性その他の財産の価格形成要因を適切に考慮して、その財産の時価に相当する価額（以下「基準価額」という。）を求めます。

　　　　時価とは、特定の者の主観的な価値ではなく、その財産を現実に売却する場合に想定される客観的な交換価値をいいます。

　　ウ　なお、その財産の種類、性質などにより、市場性が劣ること等による固有の減価（市場性減価）を適切に反映させることに留意します。

(2)　現況評価の原則

　公売財産の買受人は、当該公売財産の状況及び権利関係を公売時の現況で引き受けることになりますので、現況に基づいて公正に評価しなければなりません。

　公売財産の評価は、例えば、不動産の地目、地積、種類、構造、床面積等

は、現況と登記簿上の表示が異なる場合であっても、現況に基づいて行うことになります。

なお、公売公告は、地目、地積等は登記簿上の表示によることを記載することに留意します

農地の評価に当たっては、農業委員会等の意見を聴取するなどにより、公売財産の状況を的確に把握します。

(3) 評価の手順

ア 公売財産の評価に重要な資料となる、例えば、不動産登記事項証明書、土地又は建物の図面、写真、評価方法の適用に必要とされる現実の取引価格に関する資料等を収集します。

イ 次に、公売財産を実地に確認して、その存否・内容（地積、地目、種類、構造等）の物的な照合を行い、更に当該財産の評価に影響を及ぼす権利の存否・内容（借地権、借家権等の利用権、占有の状況等）の実態を把握します。

2 不動産の評価方法

(1) 取引事例比較法

取引事例比較法とは、公売財産の評価と比較するのに適当と認める取引事例を収集し、当該事例に係る取引価格の事情補正、時点修正を行い、更に地域要因、個別的要因を比較検討して、公売財産の試算価格を求める方法です。

ア 評価手順

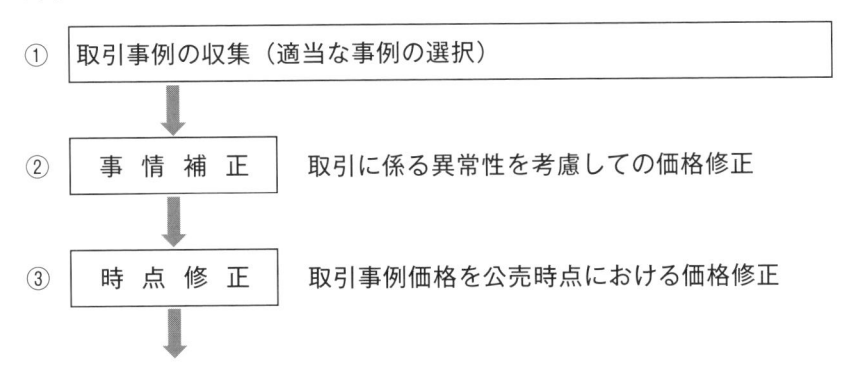

① 取引事例の収集（適当な事例の選択）

② 事情補正　取引に係る異常性を考慮しての価格修正

③ 時点修正　取引事例価格を公売時点における価格修正

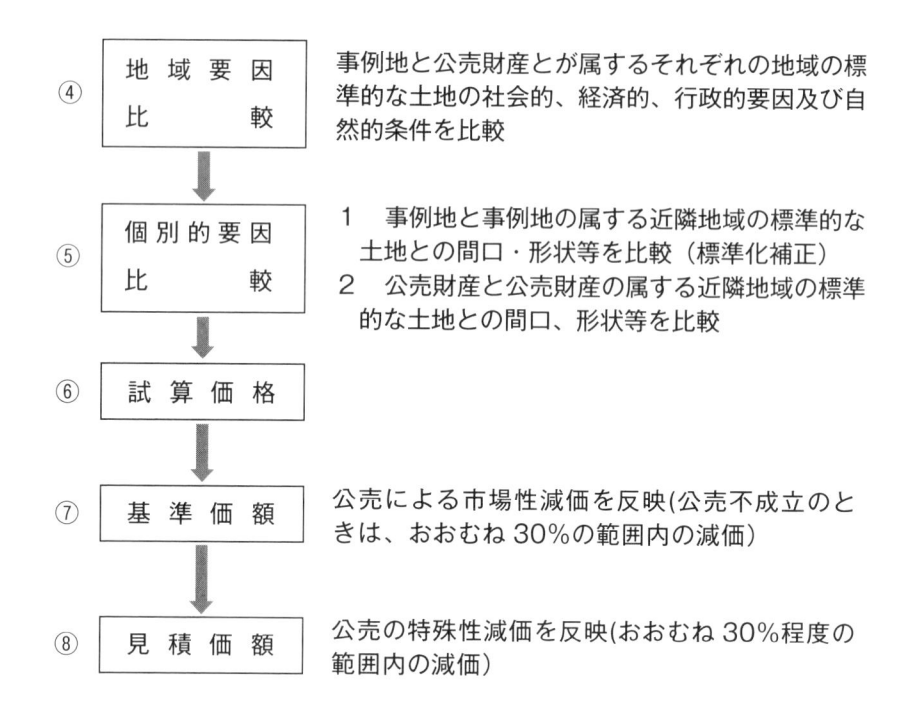

④	地域要因比較	事例地と公売財産とが属するそれぞれの地域の標準的な土地の社会的、経済的、行政的要因及び自然的条件を比較
⑤	個別的要因比較	1　事例地と事例地の属する近隣地域の標準的な土地との間口・形状等を比較（標準化補正） 2　公売財産と公売財産の属する近隣地域の標準的な土地との間口、形状等を比較
⑥	試算価格	
⑦	基準価額	公売による市場性減価を反映(公売不成立のときは、おおむね30％の範囲内の減価)
⑧	見積価額	公売の特殊性減価を反映(おおむね30％程度の範囲内の減価)

イ　具体的な比較方法

　　収集した取引事例につき、その取引に伴う事情補正、時点修正を行った後、「土地価格比準表（国土庁作成）」により、地域要因及び個別的要因の比較を行い調整します。

　　なお、土地価格比準表は、地域の用途的な種別と更にその地域的特性により、次のとおり分類されていますので留意してください。

表10－1　地域の区分

1	住宅地域	優良住宅地域
		標準住宅地域
		混在住宅地域
		農家集落地域
		別荘地域
2	商業地域	高度商業地域
		準高度商業地域
		普通商業地域
		近隣商業地域
		郊外路線商業地域
3	工業地域	大工業地域
		中小工業地域

4	宅地見込地地域	大・中規模開発地域
		小規模開発地域
5	林地地域	都市近郊林地地域
		農村林地地域
		林業本場林地地域
		山村奥地林地地域
6	農地地域	田地地域
		畑地地域

　地域要因及び個別的要因の比較については、「取引事例比較法による評価書」等を使用して行います。

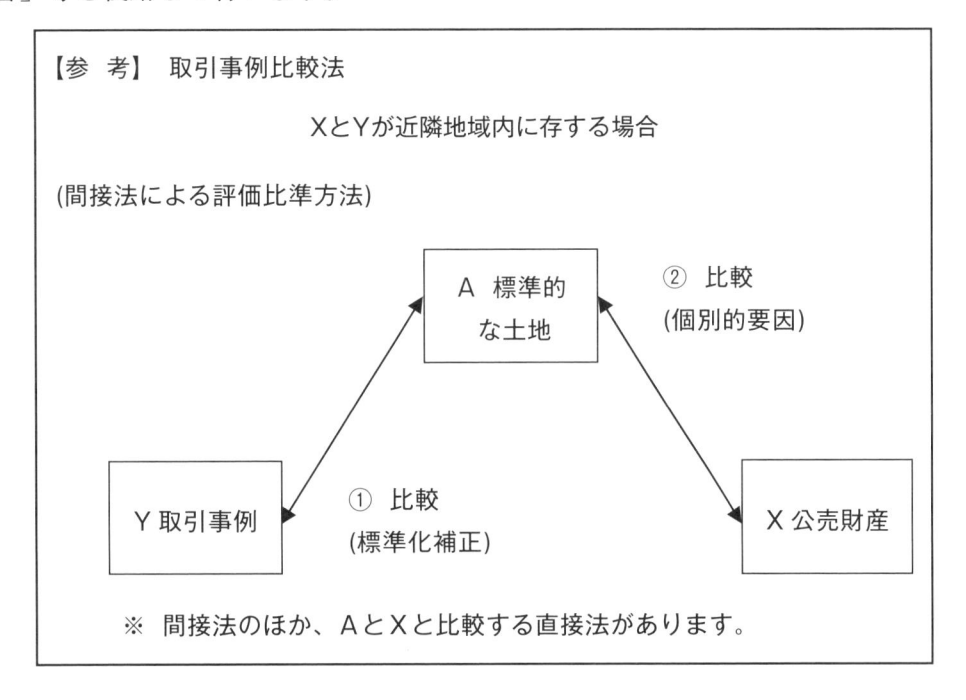

⑵　**原価法**

　原価法とは、公売財産を公売時点に新たに再調達することを想定した場合において必要とされる適正な原価の総額（再調達原価）を求め、この価額から、減価の要因に基づく減価額を控除して、公売財産の試算価格を求める方法です。

⑶　**収益還元法**

　収益還元法とは、公売財産に帰属する純収益を適正な還元利回りで還元し

て公売財産の試算価格を求める方法です。

3　見積価額の決定

⑴　公売の特殊性による減価

　公売には、通常の売買と異なることによる次の特有の不利な要因（特殊性）があることから、見積価額の決定に当たっては、基準価額のおおむね30％程度の範囲内で減価を行います。

　　ア　公売より強制的に売却されるため、買受希望者にとって心理的抵抗感があること

　　イ　買受人は、税務署長・地方団体の長に対して公売財産の種類又は品質に関する不適合について担保責任等を追及することができないこと（民562、568）。

　　ウ　税務署長・地方団体の長は、公売した不動産の引渡義務を負わないこと

　　エ　公売手続に違法等があった場合は一方的に売却決定が取り消されること

　　オ　公売の日時及び場所等の条件が一方的に決定されること

　　カ　公売財産に関する情報が限定されていること

　　キ　買受手続が通常の売買に比べて煩雑であり、また、買受代金を短期間に納付する必要があること

⑵　財産上の負担の調整

　買受人に承継される負担に係る金額（①区分所有建物に係る未納管理費、修繕積立金及び組合費、②農地に係る土地改良区の未納賦課金など）は、公売の特殊性の減価後に控除します。

⑶　見積価額評価書等の作成

　「見積価額評価書」は、評定根拠及び適正性を明らかにするために、売却区分番号を設定し作成します。

　一括換価する場合は、全ての財産を一体として一つの売却区分番号を設定

し、一体とした見積価額と各財産の見積価額を記載します。

　なお、各財産の所有者が異なる場合には、財産の表示欄に各所有者を表示します。

ア　見積価額評価書等の作成

　不動産については、「不動産総合評価書」を作成するとともに、①公売財産周辺地の概要図、②土地・建物の見取図、公図、③各評価方法による評価書等も作成します。

イ　見積価額の変更

　公売に付しても入札者等がない場合は、原則として再公売するものとします。

　この場合には、公売財産の市場性が劣ることを示していると認められるので、直前の基準価額のおおむね30％の範囲内で市場性減価を適切に減価した上で、見積価額を変更します。

4　見積価額の公告

　見積価額公告は、公売財産が不動産の場合には、公売の日から３日前の日までに公告しますが（徴99）、その方法及び場所等については、公売公告に準じて行います。

　公売公告をするときまでに見積価額が決定されている場合には、「公売公告兼見積価額公告」により、その見積価額を公売公告と同時に公告するものとします。

(1)　見積価額の通知

　公売公告と同時に見積価額を公告した場合には、公売通知書にその見積価額を併記して滞納者及び公売財産上権利者に通知します。

(2)　賃借権等の内容の公告

　公売財産上の不動産に賃借権又は地上権があるときは、併せてその存続期限、借賃若しくは地代その他これらの権利の内容を公告します。

第11　公売保証金・買受代金等

1　公売保証金の提供

　入札又は競り売りの方法により公売する場合には、①売却区分ごとの見積価額が50万円以下、②買受代金を売却決定の日に納付させるときを除き、入札者等に公売保証金を提供させます（徴100）。

　公売保証金は、公売財産の売却区分ごとの見積価額の100分の10以上の金額で、入札等に先立って、入札者等から提供させます。

　提供方法は、現金、銀行等の振出しの小切手等による方法によるが、インターネットを利用した公売の場合は、別途の定めによります。

2　買受代金への充当

　現金で納付する方法により提供された公売保証金は、買受人の意思表示により、買受代金に充てることができます。この場合における買受代金への納付の効果は、買受代金へ充てた公売保証金を控除した額の全額が納付があった時に生じます。

3　公売保証金の返還等

⑴　公売に係る国税・地方税への充当

　公売財産の買受人が買受代金をその納付の期限までに納付しないため、売却決定が取り消された場合は、公売に係る国税・地方税へ充てることができます（徴100③）。

⑵　公売保証金の提供者への返還

　最高価申込者の決定及び次順位買受申込者を定めた場合において、他の入札者等の提供した公売保証金及び国税・地方税の完納による売却決定が取り消されたときなどは、最高価申込者等の提供した公売保証金を、その提供した者に遅滞なく返還します（徴100⑥）。

　公売への参加、入札、最高価申込者の決定等を妨害した者のなど公売実施の適正化のための措置として、最高価申込者等の決定を取り消した場合において、その処分を受けた者が提供した公売保証金は国・地方団体に帰属させます（徴108）。

4　買受代金の領収

⑴　買受代金の納付の期限

　換価財産の買受代金の納付の期限は、売却決定の日（何時何分までと時刻を指定しても差支えない。）です（徴113）。

　公売財産が不動産等である場合には、公売期日等から起算して7日を経過した日（休日等に当たっても延期されない。）が売却決定の日となります。

　税務署長・地方団体の長は公売財産の価額が高額で、かつ、高価有利に公売することができると見込まれる場合など必要があると認めるときは、30日以内の範囲内で買受代金の納付の期限を延長することができます（徴法115）。

⑵　買受代金の納付

　買受人は、買受代金をその納付の期限までに現金（指定された銀行口座等への振込も可能）又は銀行振出の小切手等で納付しなければなりません（徴115③）。

　買受代金の納付後、権利移転手続のために必要な書類等を速やかに提出させます。

⑶　買受代金の納付の効果

　買受人が買受代金を全額納付した場合には、買受人はその時に換価財産を取得し、また、危険負担も同時に買受人に移転します（徴116）。

⑷　売却決定通知書の交付

　買受人が買受代金の全額を納付した場合には、その者に対して売却決定通知書を交付します（徴118）。

⑸　**買受代金を納付期限までに納付しなかった場合の処理**

　買受人が買受代金の納付の期限までに買受代金の全額を納付しないときは、速やかに売却決定を取り消します（徴115④）。

　この場合の売却決定の取消しに伴う処理は、5⑵によります。

5　売却決定の取消し

⑴　**売却決定を取り消すべき場合**

　次に掲げる場合には、直ちに売却決定を取り消します。

　ア　売却決定後買受人の買受代金の納付前において、換価財産に係る滞納国税・地方税の完納の事実が証明された場合（徴117）

　イ　買受人が買受代金を納付期限までに納付しない場合（徴115）

　ウ　買受人が不服申立てがあった場合の処分の制限等の規定により買受けを取り消した場合（徴114）

　エ　売却決定後に、公売への参加、入札、最高価申込者の決定等を妨害した者のなど公売実施の適正化の規定により最高価申込者等の決定を取り消した場合（徴108）

⑵　**取消しに伴う処理**

　売却決定を取り消す場合には、その財産の買受人、滞納者及び利害関係人のうち知れている者に対して売却決定取消通知書を作成し、その旨を通知します。

第12　公売手続

1　期日入札の方法による公売手続

⑴　入札書・陳述書の提出

入札者に各自封をした入札書で、公売公告により公告売却区分ごとに買受価額を申し出させます（徴101）。

公売財産が不動産の場合、公売財産の入札時に陳述書の提出がない者は公売財産を買い受けることができませんので留意してください。

⑵　最高価申込者の決定

入札書の提出を締め切った後、1人以上の入札者等の面前で入札書を開き、公売財産の売却区分ごとに、最高価申込者の決定を行います（徴104）。

なお、その者の氏名及び入札の価額を、口頭、掲示又はインターネットを利用する方法等により告知します。

公売財産が不動産等であるときは、不動産等の最高価申込者の決定等通知書により、滞納者及び利害関係人のうち知れている者に通知するとともに、不動産等の最高価申込者の決定等の公告により公告します。

⑶　次順位買受申込者の決定

次順位買受申込者制度は、①入札の方法による不動産等の公売であること、②公売の保証金の提供を要することとして行う公売である場合に適用されます（徴104の2）。

次順位買受申込者の決定は、入札価額が最高価申込者の入札価額に次ぐ高い価額（見積価額以上で、かつ、最高入札価額から公売保証金の額を控除した金額以上であるものに限る。）場合等であるときのみに行います。

最高価申込者の決定の決議に併せて、上記⑵に準じて、不動産等の次順位買受申込者の決定等の公告により決定します。

⑷ **売却決定**

売却決定は、最高価申込者の入札価額により、その者に原則として口頭で行います（徴113）。

次順位買受申込者に対する売却決定は、最高価申込者に第11の5⑴イ、ウ及びエに該当する処分又は行為があった場合に、売却決定を取消しをした日等に行い、次順位買受申込者への売却決定通知書等により、当該申込者、滞納者及び利害関係人に通知します。

2　期間入札の方法による公売手続

期間入札の方法による公売する場合の手続は、次の事項を除き、第12の1（期日入札の方法による公売手続）と同様です。

期間入札の場合の入札期間は、2日以上連続する相当と認める期間です。

郵送等により入札書を提出する場合は、入札者各自が、入札書と陳述書を入れて封をした入札書提出用封筒、公売保証金振込通知書、公売保証金充当申出書、資格証明、委任状、買受適格証明書等を送付用封筒に入れて封をして行います。

なお、入札書提出用封筒は、開封はせず、開札の日時まで金庫に保管するなど、その亡失等の防止に特に留意します。

3　再度入札

再度入札は、期日公売の方法により差押財産を公売する場合において、①入札者がないとき、②入札者はあったがその入札価額が見積価額に達しなかったときは、再度入札を実施する旨を告げて、直ちに再度入札をさせることができます（徴102）。

この場合には、公売保証金は先に提供した公売保証金を、また、見積価額は当初の見積価額によることになります。

4　再公売

再公売は、公売に付しても入札者がいないときなど公売が成立しない場合に、見積価額の変更、公売条件の変更及び公売公告期間の短縮等所要の手続

を了した上で行います。

5 買受人及び公売参加者の制限

(1) 買受人の制限

滞納者及び国税庁・国税局・税務署又は地方団体職員で国税又は地方税に関する事務に従事する職員は、換価の目的となった財産（滞納者は自己の財産）を直接か間接かを問わず買い受けることはできません（徴92）。

(2) 公売への参加制限

ア 次に掲げる行為者については、その事実があった後2か年間公売への参加を制限することができます（徴108）。

① 公売への参加等を妨害した者

② 不正に連合した者

③ 偽りの名義で買受申込みをした者

④ 正当な理由がなく買受代金を納付しない者

⑤ 故意に公売財産を損傷した者等

イ 公売制限に伴う処理は、次のとおりです。

① 最高価申込者等の決定の取消し等

② 公売保証金の国・地方団体へ帰属

③ 刑罰法規の適用

例えば、競争入札妨害（刑法96の3）、公務執行妨害及び職務強要（刑法95）などがあります。

(3) 公売不動産における暴力団員等の買受け防止措置（最高価申込者の決定の取消し）

公売不動産の最高価申込者（法人のときはその役員、自己の計算において入札させた者を含む。）が暴力団員に該当する者又は暴力団員でなくなった日から5年を経過しない者（以下「暴力団員等」といいます。）である場合には、最高価申込者とする決定を取り消すことができます。

6　換価の効果及び換価財産の権利移転の手続

⑴　換価の効果

　ア　承継取得

　　　換価は、滞納者と買受人との間に売買契約を成立させることであり、買受人の権利取得は原始取得ではなく、滞納者からの承継取得となります（徴89）。

　イ　担保権等の消滅

　　　買受人が買受代金の納付により換価財産を取得したときは、その換価財産上の質権、抵当権、先取特権、留意権、担保のための仮登記に係る権利及び担保のための仮登記に基づく本登記等でその財産の差押え後にされたものに係る権利は消滅します（徴124）。

　ウ　用益物権等の存続

　　　換価財産が不動産その他の登記を権利移転の対抗要件又は効力発生要件とする財産であって、その財産上に差押え登記前に第三者に対抗できる地上権その他の用益物権、買戻権、賃借権、配偶者居住権、仮登記（担保のための仮登記を除く。）がある場合には、その用益物権等は、換価によっても消滅しません（徴89）。

　　　ただし、第三者に対抗できる用益物権等であっても、これらの権利の設定前に換価によって消滅する質権、抵当権等がある場合には、その用益物権等も消滅します。

　エ　賃借権等の消滅

　　　差押え前に、換価財産上に上記のウに掲げる賃借権以外の賃借権、使用貸借権等の権利が設定されている場合においても、これらの権利は、買受人に対抗することはできないから消滅します。

　オ　土地の賃借権の存続

　　　換価により、建物の所有を目的とする賃借地上の建物の所有権を取得した買受人は、その土地の賃借権も取得する。

　カ　仮差押えの消滅

　　　換価財産上の仮差押えは、換価によって消滅します。

キ　差押え後の権利の消滅

　換価財産につき、差押え後に取得又は設定した所有権、担保権、用益物権等は、これらの権利を有していた者が当該換価財産の買受人に対してその権利を主張することができず、換価によって消滅します。

(2)　**権利移転及び危険負担の移転時期**

　ア　**権利移転の時期**

　　換価財産の権利移転の時期は、買受人が買受代金の全額を納付した時です（徴116①）。

　　なお、農地の所有権等の権利の移転については、農業委員会の許可の要件を満たさなければ権利移転の効果が生じません。

　イ　**危険負担の時期**

　　換価財産の換価に伴う危険負担の移転の時期は、買受代金の全額を納付した時です。

(3)　**不動産の権利移転手続**

　不動産登記法第115条（公売処分による登記）の規定を受ける不動産の権利移転手続は、次のとおりです。

　ア　**買受人による権利移転の登記の請求**

　　買受人が買受代金の全額を納付した場合には、その買受人に対して、直ちに売却決定通知書を交付するとともに、書面又は口頭により速やかに当該不動産の権利移転の登記の請求をさせます。

　イ　**住所証明書の提出**

　　上記のアの請求があったときは、買受人の住所を証するもの（個人は住民票の写し、法人は商業登記簿に係る登記事項証明書等）を提出させます。

　ウ　**登録免許税の負担**

　　上記のアの請求があったときは、登録免許税の額に相当する金額を国に納付させて、その領収証書を提出させる。ただし、登録免許税がの額が３万円以下であるときは、当該登録免許税の額に相当する収入印紙

（消印はさせない。）を提出せることとしても差し支えありません。

　　登録免許税の課税標準となる不動産の価額は、固定資産税課税台帳
（地341）に登録された当該不動産の価格に100分の100を乗じて計算した
金額であり、その金額に税率1,000分の20を乗じた金額が登録免許税です。

エ　移転登記の嘱託

　　買受人から上記のアの請求があったときは、登記嘱託書及び登記事項
証明書を作成し、次の書面等を添付の上で、その不動産の所在地を所轄
する登記所に登記の嘱託を行います。

　　登記嘱託書の送達等に要する費用は、買受人の負担とし、その費用相
当額の（郵便切手）を提出させます。

① 　住所証明書

② 　登録免許税の領収証書又は登録免許税の額に相当する収入印紙

③ 　配当計算書謄本（換価に伴い消滅する権利の登記の抹消の登記を嘱
　　託する場合）

　　なお、登記識別情報通知書（買受人からあらかじめ郵送を依頼された
とき）は登記後、登記所から登記完了証とともに発行されるので、受領
したときは、遅滞なく買受人に郵送等（費用相当額の郵便切手は提出さ
せる。）をします。

　　登記完了証は、登記の完了の事実を証明する機能を有する通知です。

カ　不動産の引渡し

　　居住者や占有者が、買受人からの換価された不動産の引渡しの請求に
応じない場合には、買受人は当該不動産の明渡しを求める民事訴訟を提
起し、その勝訴判決に基づいて引渡しを受けることになります。

7　換価代金等の処理

⑴　配当の原則

　差押財産の売却代金の配当の順位等は、第3の11（配当の方法）によるほ
か、次のとおりです。

(2) 抵当権の優先額の限度

国税・地方税に優先する根抵当権の被担保債権のうち、国税・地方税に優先する元本債権額は、原則として、その根抵当権者が差押え又は交付要求の通知を受けた時における元本債権額が限度です（徴18①）。

(3) 複数の財産を一括換価した場合

複数の差押財産を一括換価した場合には、各財産の所有者を異にするときや所有者が同一であっても各財産の権利関係が異なるなど、配当を行うに当たり各財産に対応する売却代金の額を定める必要があるときは、売却代金の総額を各財産の見積価額に応じて按分して得た額を各財産に対応する売却代金の額とします（徴128②）。

(4) 共同抵当がある場合

同一債権の担保として数個の財産上に抵当権の設定がある場合には、次のとおりです。

　ア　共同抵当の目的となっている財産の一部に後順位の抵当権がある場合で、その財産の全部を換価したときは、抵当権者に交付すべき金額は、各財産の売却価額に応じて、共同抵当によって担保される債権額を按分した金額です（民392①）。

　イ　共同抵当の目的となっている財産の一部を換価した場合には、その換価した財産に後順位の抵当権があるときでも、先順位の共同抵当権者に交付すべき金額は、その共同抵当によって担保される債権額の全額です。

(5) 抵当権の譲渡があった場合

抵当権の譲渡があった場合には、抵当権の譲渡等を受けた者が、その譲渡等を第三者に対抗するためには、付記登記をすることが必要です。

(6) 債権現在額の確認

提出された債権現在額申立書により、これを審査してその債権額を確認する。

　債権額を確認する必要があるときは、その必要と認められる範囲内で債権者及び滞納者に質問又は検査をすることができます（徴141）。

　換価財産上の抵当権等に係る権利の被担保債権で、国税・地方税に優先するものがあるときは、債権の内容及び現在額を証する書面等により、これを確認します。

　なお、国税・地方税に優先しない被担保債権は、その登記事項によりこれを確認しても差し支えないです。

(7)　配当すべき国税・地方税及び私債権の範囲

ア　配当すべき国税・地方税等の範囲

　　差押えに係る国税・地方税又は交付要求を受けた国税・地方税及び公課に配当すべき債権額の範囲は、本税、延滞税等のほか、これらに係る滞納処分費及び税務署長・地方団体の長が換価代金を受領した日までの延滞税等の合計額です。

イ　配当すべき私債権の範囲

　　抵当権の被担保債権は、元本のほか満期後特別な登記がない限り、利息その他の定期金の最後の2か年分又は債務不履行によって生じた損害金の最後の2か年分（利息と通算して2か年分を超えない範囲）もその被担保債権に含まれます（民375）。

(8)　根抵当権の被担保債権の範囲

　根抵当権により担保される債権額の範囲は、確定した元本並びに利息その他の定期金及び債務の不履行により生じた損害の賠償金を合わせてその極度額の範囲に限られます（民398の3①）。

(9)　担保のための仮登記に係る権利の被担保債権の範囲

　担保のための仮登記に係る権利の被担保債権の範囲は、(2)（抵当権の優先額の限度）と同様です。

⑽　利息等の範囲

　利息、違約金、損害賠償金等（以下「利息等」という。）の範囲は、次のとおりです。

　ア　利息等の計算期間の終期は、換価代金等の交付期日です。

　イ　利息等は、約定利率（利息制限法の制限がある。）によって計算します。
　　　なお、利息等につき別段の約定がないものであるときは、法定利率（年３％）によって計算します。

⑾　配当計算書の作成等

　換価代金等を配当しようとするときは、配当計算書を作成し、換価財産の買受代金の納付の日から３日以内に、滞納者及び債権現在額申立書を提出した者等に、配当計算書謄本を発送します（徴132①）。

⑿　換価代金等の交付

　ア　換価代金等の交付期日は、配当計算書謄本を発送した日から起算して７日を経過した日です。ただし、国税・地方税、交付要求に係る国税・地方税、公課を有する行政機関及び滞納者以外に配当手続に参加している者がいない場合には、上記の期間を短縮することができます。

　イ　換価代金等は、その交付期日において配当計算書に従って交付します。
　　　なお、払渡金額が５万円以上で、受取人が営利法人である場合など、営業に関するものであるときの領収証書には、所定の収入印紙をちょう付、消印させることに留意します。

⒀　延滞税等の計算の終期等

　換価代金等を国税・滞納地方税に充当する場合の延滞税等の計算の終期は、その売却代金を受領した日です。

　また、徴収の起因となった国税・地方税が複数ある場合は、順次に本税、附帯税に充て、本税と本税の相互間、又は附帯税と附帯税の相互間は、民法第488条第４項第２号及び第３号（同種の給付を目的とする数個の債務がある場合の充当）の規定に準じて処理するものとします。

第13 滞納整理における理由附記

1 経緯

平成23年度税制改正により、平成25年1月1日以降に行う国税に関する法律に基づく処分について、行政手続法（以下「行法」といいます。）第3条第1項（行政指導）を除き、他の国税に関する法律に別段の定めがない限り、同法第8条（申請により求められた許認可等を拒否する処分をする場合の理由の提示）及び14条（不利益処分をする場合の理由の提示）の規定が適用されることとなり、全てに理由を提示（理由附記）することが必要となりました。

2 理由附記の概要

⑴ 趣旨

処分の理由を附記する趣旨は、行政庁の①判断の慎重・合理性の担保、②恣意の抑制と、③処分の相手方の争訟提起の便宜を確保するためです。

⑵ 対象となる処分

イ 申請により求められた許認可等を拒否する処分（行法8条）（以下「拒否処分」という。）

拒否処分とは、申請によって求められた行政庁の許可、認可、登録拒否、不合格、申請の棄却、却下等（一部を拒否する処分も含まれる。）です。

ロ 不利益処分（行法14条）

不利益処分とは、行政庁が法令に基づき、明確に区分できる形で指定された個人又は法人に対して、直接に、義務を賦課し、又は権利を制限する処分（例えば、道路交通法の交通規制等の処分の対象者が特定できないものは除く。）です。

(3) 内容・程度等

イ　必要とされる理由の内容・程度は、いかなる事実関係（処分の性質）に基づき、いかなる法規（根拠法条）を適用した処分を十分理解し得る程度に記載します。

ロ　理由を附記せず又は不十分なまま行った処分は、手続上瑕疵のある処分として処分の取消事由となります。

ハ　理由の提示は、原則として書面（倒産事案など緊急の場合には、処分後相当の期間内に理由を提示）で行います。

3　理由附記の記載

(1)　理由附記が必要な書面

区分	様式等	要件・記載例等
差押え	・差押調書 ・差押調書謄本等 （動産、有価証券、債権等） ・差押書 （不動産、自動車等）	基本的には定型文 （繰上請求をした国税に係る差押え等及び帰属認定による差押えの場合を除く。） ①　滞納国税があること ②　督促状を発した日から起算して10日を経過した日までに滞納国税が完納されていないこと ③　差押えの対象となる財産が滞納者に帰属していること
その他	・交付要求通知書 ・参加差押通知書	基本的には定型文
	・納税（換価）の猶予不許可通知書等 ・滞納処分の停止取消通知書	申請を不許可、事実に該当しないと判定した事実関係を具体的に記載
		（記載例） 　あなた（貴社）は、滞納処分を執行することができる財産を有していることから、あなた（貴社）には国税徴収法第153条第1項第1号に該当する事実がないと認められます。 　また、同項第2号（滞納処分を執行することによってその生活を著しく窮迫させるおそれがあるとき）又は第3号（その所在及び滞納処分を執行することができる財産がともに不明であるとき）に該当する事実もないと認められることから、同法第154条第1項の規定により滞納処分の停止を取り消します。
	・公売通知書 （権利者あてを除く）	国税徴収法第96条に基づき公売を行う旨の記載
	・最高価申込者決定取消通遺書 ・売却決定取消通知書等	（記載例） 　下記のとおり、○年○月○日に実施した公売公告第○号の公売に係る最高価申込者の決定を取り消します。 　換価財産に係る国税の完納の事実がその財産の売却決定までに証明されたため、上記の決定を取り消します。

納税義務の拡張	・納付通知書 ・納付催告書 （第二次納税義務者等宛）	それぞれの処分ごとに、法律に定める要件について、事実関係を当てはめた上で、具体的な処分理由を記載 　徴収不足が要件となっている処分は、納税者の総財産が滞納国税に不足することの理由を記載（個々の財産やその価額は記載不要） 　財産の譲渡の時期が法定納期限との関係で問題となる処分は、個々の滞納国税の法定納期限を納付通知書等の適宜の余白に記載
		（記載例） 　納税者は、貴社に下記1の不動産を贈与し、○年○月○日（前記滞納国税の法定納期限の1年前の日以後に該当します。）に所有権移転登記を行いました。 　○年○月○日現在、納税者は当該滞納国税に充てるべき十分な財産を有しておらず、納税者の財産に滞納処分を執行してもなお当該滞納国税に不足すると認められ、また、その徴収不足が当該贈与に基因すると認められます。 　なお、貴社は、納税者（貴社の発行済株式総数の全てを保有）を判定の基礎として法人税法第2条第10号に規定する同族会社に該当することから、納税者の親族その他の特殊関係人に該当します（国税徴収法施行令第13条第1項第6号）。 　そのため、貴社は、国税徴収法第39条の規定により、下記2のとおり、上記の贈与（無償による譲渡）によって受けた利益（○○円）を限度として、前記滞納国税について第二次納税義務を負うことになります。 　下記1　（掲載略） 　下記2 　　受けた利益　　○○円 　　（譲受財産の価額○○円－登録免許税○円 　　　　　　　　　　　　－不動産取得税○円）
繰上請求等差押え	差押調書等	（記載例） 　国税通則法第38条第1項の規定による繰上請求に係る期限（○○年○月○日午後○時○分）までに完納されていないことから、国税徴収法第47条第1項第2号の規定により、あなた（貴社）の前記財産を差し押さえました（又は差し押さえます。）。
	繰上請求書等	（記載例） 　あなた（貴社）の財産について強制換価手続（○年○月○日○○地方裁判所強制競売開始決定（○年○月○日第○号））、あなた（貴社）の資力では前記国税等がその納期限までに完納されないと認められることから、国税通則法第38条第1項第1号の規定により納期限を繰り上げます。
帰属認定差押え	差押調書等	外観上第三者名義となっている財産については、徴収職員が当該財産を実質的に滞納者に帰属するとして認定して行うものであるから、その認定の具体的な理由を附記 　緊急性がある場合は、差押調書謄本等の適宜の余白に、「行政手続法第14条第1項ただし書に該当する処分の理由については後日通知します。」等を記載
		（記載例） 　前記の滞納国税等が督促状を発した日から起算して10日を経過した日までに完納されていないことから、当該国税等を徴収するため、国税徴収法第47条第1項第1号の規定により、貴社の前記財産を差し押さえました。 　なお、差押えに係る預金口座は、貴社の取締役である○○○名義となっていますが、当該預金口座の入出金は貴社の事業に係るものであること、預金通帳及び届出印は貴社の事務所内の経理担当の事務机の引出しに保管されていることから、当該預金に係る払戻請求権は貴社に帰属すると認められます。

(2) 理由附記を要しない書面

様式等	理由・記載例等
債権差押通知書	第三債務者にとって行政手続法に定める不利益処分に当たらない
財産差押通知書	質権者等に対して差押換えの機会を付与するための事実の通知
債権の取立て	事実行為
捜索	事実行為
公売広告	行政手続法に定める不利益処分に当たらない
見積価額公告	行政手続法に定める不利益処分に当たらない
不動産等の最高価申込者の決定等の公告、決定通知書（次順位買受申込者を含む。）	行政手続法に定める不利益処分に当たらない
売却決定通知書（買受人等宛）	行政手続法に定める不利益処分に当たらない
納付通知書を発した旨の通知書	あなたの滞納国税を第二次納税義務者から徴収するため、下記のとおり、納付通知書により告知したから通知します。

第14　徴収事務に関係する民法改正の主な項目

　民法の債権関係及び相続関係の規定は、取引の複雑・高度化、高齢化及び情報化社会の進展など社会・経済のおおきな変化に対応するために改正されました。

　徴収事務に影響を及ぼすと思われる主要な事項の概要を取りまとめましたので、今後の徴収事務の一助となれば幸いです。

1　消滅時効に関する改正

> **ポイント**　時効期間をシンプルに統一化

　現行民法では、職業別の短期消滅時効（民170 ～ 174）などは、ある債権にどの時効期間が適用されるか、複雑で分かりにくく、また1 ～ 3年という区分も合理性に乏しいものでした。

　この点を踏まえ、改正民法では、職業別の短期消滅時効及び商事時効を廃止して、権利を行使することができる時から10年という時効期間は維持しつつ、権利を行使することができることを知った時から5年（民166）という時効期間を追加しました。

　いずれか早い方の経過によって時効が完成することとなります。

表14－ 1　現状の時効期間

	起算点	時効期間	債権の具体例
原則	権利を行使することができる時から	10年	個人間の貸金債権など
職業別		1年	飲食料、宿泊料など
		2年	弁護士、公証人の報酬、小売商人等の売掛金など
		3年	医師、助産師の診察報酬など
商事		5年	商行為によって生じた債権

表14-2 改正法の時効期間

起算点	時効期間
権利を行使することができることを知った時から	5年
権利を行使することができる時から	10年

2 時効の中断・停止に関する改正

> **ポイント**　① 時効の中断事由はその効果に応じて、完成猶予事由、更新事由
>
> ② 時効の停止事由は完成猶予事由に整理

(1) 時効の中断とは、法定の中断事由があったときに、それまでに経過した時効期間がリセットされ、改めてゼロから起算されること、その事由が終了した時から新たに時効期間が進行することです。

(2) 時効の停止とは、時効が完成する際に、権利者が時効の中断をすることに障害がある場合に、その障害が消滅した後一定の期間が経過するまでの間時効の完成を猶予することです。

(3) 現行民法では、「中断」の制度が複雑で分かりにくいものでしたので、「停止」も併せて整理されました。

　各中断事由ごとにその効果に応じて、「時効の完成を猶予する部分」は完成猶予事由と、「新たな時効の進行（時効期間のリセット）の部分」は更新事由と振り分けられました。

　また、停止事由は完成猶予事由とすることとなりました。具体例は、次のとおりです。

　ア　督促

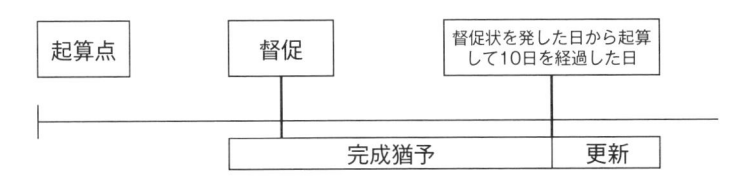

イ　差押え

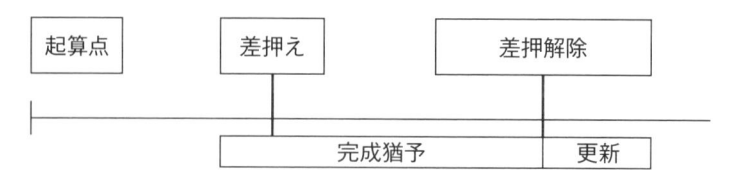

ウ　承認

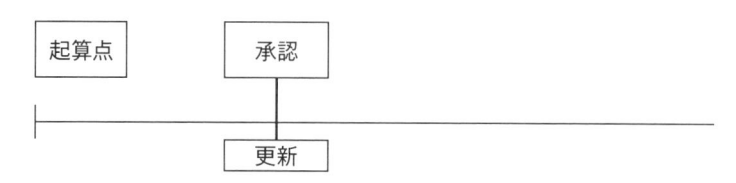

エ　催告

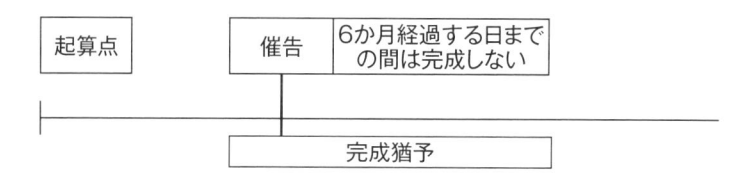

(4)　仮差押え、仮処分に関する見直し

　　現行民法では、仮差押え、仮処分は時効の中断事由とされていましたが、仮差押え、仮処分が終了した場合には、終了した時から6か月は完成猶予とされ、時効期間はリセットさせません（民149）。

3　債権譲渡に関する改正

> ポイント
> ①　譲渡制限特約に付されていても、債権譲渡の効力は妨げられない（ただし、預貯金債権は除外）
> ②　譲渡制限特約付の債権に対する債権差押えは可能
> ③　将来債権の譲渡が可能（明文化）
> ④　相殺の抗弁の拡大（明文化）

　　近時、債権譲渡（譲渡担保）による資金調達が、企業の資金調達方法として活用されるこが期待されていることから、資金調達の支障となっている点の除去及び債務者の保護の拡充などを踏まえて、判例法理の明文化を含まれ

改正されました。

　改正された条文のうち、徴収に関係する主な内容は、次のとおりです。

現行法			改正法	
1　譲渡性と譲渡禁止条約（民466）				
	1項	譲渡はできる		
	2項	特約で譲渡を禁止できる	2項	譲渡禁止の意思表示をしたときであっても、債権の譲渡はその効力を妨げられない。
	但し書	譲渡禁止特約は善意の第三者に対抗できない		
			3項	悪意、重過失の譲受人その他の第三者に対しては債務の履行を拒絶、譲渡人に対する弁済等をもって第三者に対抗できる。
			4項	悪意重過失の場合は、債務者に対して譲渡人に支払うよう相当期間を定めて催告しときは、譲受人に履行しなければなりません。
2　債務者の供託（民466の2）				
			1項	債務者は、債権の全額に相当する金銭を債務の履行地の供託所に供託することができる。
			3項	供託した金銭は譲受人に限り還付を請求できる。
3　譲渡人破産の場合の債務者の供託（民466の3）				
				譲渡人に破産手続が開始された場合は、譲受人は債務者に債権の全額に相当する金銭を債務の履行地の供託所に供託するよう請求できる。なお、供託した金銭は譲受人に限り還付を請求できる。
4　債権の差押え（民466の4）				
			1項	466条3項の規定は、譲渡制限の意思が表示された債権に対する強制執行をした差押債権者に対しては、適用しない。
5　預貯金債権の譲渡制限（民466の5）				
			1項	預貯金債権は466条2項の規定にかかわらず、悪意、重過失の譲受人その他の第三者に対抗できる。
			2項	前項の規定は、譲渡制限の意思が表示された預貯金債権に対する強制執行をした差押債権者に対しては、適用しない。
6　将来債権の譲渡性（民466の6）				
			1項	債権の譲渡は、その意思表示の時に現に発生していることを要しない。
			2項	譲渡後に発生した将来債権は、当然に譲受人が取得する。
7　債権の譲渡の対抗要件（民467）				
	1項	債権は譲渡（将来債権を含む）は、譲渡人が債務者に通知をし、又は債務者が承諾をしなければ、債務者その他の第三者に対抗することができない。		

8 　債権譲渡と相殺（民469）			
		1項	反対債権が債務者対抗要件具備時にすでに発生しているが限り、相殺適状も弁済期の先後も問わず相殺できる。
		2項	債務者対抗要件具備時にまだ発生していない債権であっても、債務者対抗要件具備時より前の原因に基づいた生じた債権（1号）、譲渡された債権と同一の契約に基づいて生じた債権は相殺できる（2号）。

4　連帯債務に関する改正

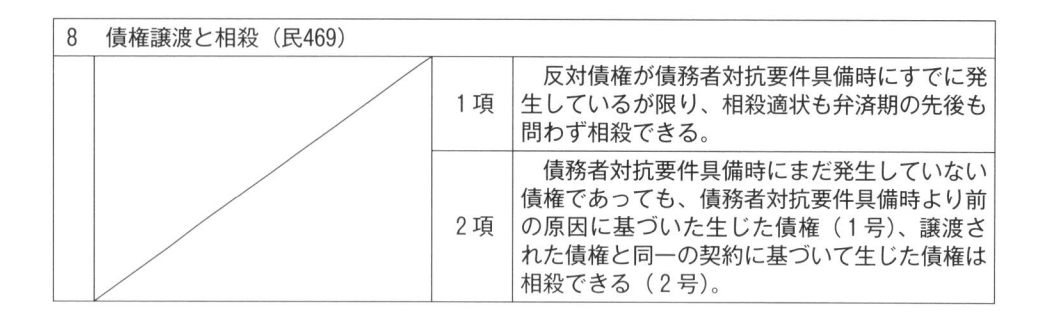

> **ポイント**　履行の請求は、絶対的効力から相対的効力化へ

　近時、連帯債務者間の人的関係・共同関係が希薄な場合も見受けられていることから、請求の絶対効により、他の連帯債務者が全く知らない間に、消滅時効が中断することや、履行遅滞に陥ることなどを考慮し、改正されました。

　改正された条文のうち、徴収に関係する主な内容は、次のとおりです。

現行法	改正法
1　履行の請求（民434）	
連帯債務者の一人に対する履行請求は、他の連帯債務者に対しても、その効力を生ずる。	削　除
2　相対的効力の原則（民440）	（民441）
434条（履行の請求）、435条（更改）、436条（相殺等）、437条（免除）、438条（混同）に規定する場合を除き、連帯債務者の一人について生じた事由は、他の連帯債務者には効力を生じない。	438条（更改）、439条1項（相殺等）、440条（混同）に規定する場合を除き、連帯債務者の一人について生じた事由は、他の連帯債務者には効力を生じない。
	ただし、債権者及び他の連帯債務者の一人が別段の意思を表示したとき、当該他の連帯債務者に対する効力は、その意思に従う。

5　相続に関する改正

> **ポイント**
> ①　配偶者の居住権の新設（2020年4月1日〜）
> ②　仮払い制度等の新設・要件の明確化
> ③　法定相続分を超える権利の承継は、対抗要件の具備

残された配偶者の生活に配慮する観点から配偶者の居住の権利の確保や、相続をめぐる紛争等を防止するため、多岐にわたる項目が改正されました。

(1) 配偶者居住権

配偶者居住権は、配偶者が相続開始時に居住していた被相続人所有の建物を対象として、終身又は一定期間、配偶者に建物の使用を認めることを内容とする法定の権利です。

配偶者居住権の価値評価は、①建物敷地の現在価値から、②負担付所有権の価値（配偶者居住権の負担が消滅した時点での建物敷地の価値）を控除して算定されます。

(2) 相続された預貯金債権の仮払い制度

相続された預貯金債権について、生活費や葬儀費用の支払、相続債務の弁済など資金需要に対応できるよう、遺産分割前にも払戻しが受けられる制度です。

この制度では、

ア　家庭裁判所の判断で、他の共同相続人の利益を害しない限り、仮払いが認められるもの

イ　相続人が単独で、遺産に属する預貯金債権のうち一定額の払戻が認められるもの

　　なお、払戻ができる一定額は、

　　相続開始時の預貯金債権の額（口座基準）×1/3×共同相続人の法定相続分となります。

(3) 法定相続分を超える部分の対抗要件

相続させる旨の遺言等により承継された財産については、登記なくして第三者に対抗することができるとされていた現行法の規律を見直し、法定相続分を超える部分の承継は、登記等の対抗要件を備えなければ第三者に対抗することができないこととされました。

表14－3 債権法改正に伴う徴収の主要項目の改正の概要（令和2年4月1日）

1 国税通則法基本通達関係

条文	通達番号	項 目	改正後	改正前
8	1	相対的効力の原則	連帯納付義務者の1人につき生じた履行による納付義務の消滅の効果は、他の連帯納付義務者にも及ぶが、それ以外の事由、例えば、次に掲げるもの効力は他の連帯納付義務者に及ばない（民411）。 ・ 差押え、督促又は納付等による時効の完成猶予及び更新 ・ 免除、時効又は滞納処分の停止による消滅	連帯納付義務者の1人につき生じた履行、請求、免除、時効消滅及び滞納処分の停止による消滅以外の事由、例えば、次に掲げるものの効力は、他の連帯納付義務者に及ばない。
8	2	連帯納税義務者の破産	全員又は数人若しくは1人について破産手続開始の決定があった場合には、それぞれの破産手続において、連帯納付義務に係る国税の全額につき交付要求することができる（破104①）。	新設
8	3	相続税又は贈与税の納付義務と相続税法34条の連帯納付責任の関係	⑴ 相続税又は贈与税の納税義務者がその相続税又は贈与税を履行したときは、その履行後の相続税又 は贈与税の額を超える連帯納付義務は消滅する。 また、連帯納付責任者が連帯納付責任に基づき相続税又は贈与税を履行したときは、その範囲内で相続税又は贈与税の納付義務は消滅する。	新設
8	3		⑶ 相続税又は贈与税に係る徴収権の時効の完成猶予及び更新の効果は連帯納付責任に及ぶ（民457①）。 なお、連帯納付責任に係る徴収権の時効の完成猶予及び更新の効果は、相続税又は贈与税の納税義務には及ばない（民458）。	新設
42	4	詐害行為取消権（財産権を目的とする行為）	取消権の対象となる行為は、財産権を目的とする行為である。 離婚に伴う財産分与、遺産分割協議、会社の新設分割、保険金受取人の変更も詐害行為となる。	新設
42	6	詐害行為後に成立した国税	詐害行為の前に納税義務が成立している国税は取消権の被保全債権となるが、納税義務の成立が高度の蓋然性をもって見込まれる場合も被保全債権となる。	国税の成立前に、その成立を予測しながら悪意でした法律行為は、その国税についても詐害行為になるものとする。

42	11	財産の返還請求権の差押え	取消権を行使する場合において、その取消しとともに財産の返還若しくはその価額の償還としての金銭の支払又は動産若しくは有価証券の引渡しを求めるときは、その取消しの判決の確定により納税者が将来取得すべき金銭の支払請求権又は動産若しくは有価証券の引渡請求権を差し押さえる。なお、詐害行為が取り消される前においては、その差押えに係る取立て等を行うことはできないことに留意する。	新設
50	7－2	納税者の履行状況に関する保証人への通知	保証に係る国税につき保証人から納税者の履行状況に関する情報の請求があったときは、その保証人に対し、遅滞なく、その国税の不履行の有無並びにその残額及びそのうち不履行となっているものの額を通知するものとする（民458の2）。	新設
52	3	担保財産の差押え	（注）差押え等による時効の完成猶予及び更新の効力は、差押え等をした旨が滞納者に通知された後でなければ生じない（民154）。	新設
52	3－2	個人の保証人に対する取消しの通知	延納、納税猶予又は徴収若しくは滞納処分に関する猶予を取り消したときは、その保証人に対し、猶予等を取り消した日から2月以内にその取消しを通知しなければ、民法第458条の3の規定により、その保証人から徴収できない延滞税の額が生じる場合があることに留意する。	新設
72		民法の規定の準用による時効の完成猶予及び更新		
	2	裁判上の請求	課税処分の取消訴訟に対する国の応訴行為も裁判上の請求に当たり、その訴訟に係る国税の徴収権の時効については、その取消訴訟が終了するまでの間は完成せず、その終了の時から新たに進行を始める（民147）。	新設
72	3	催告	催告書、差押予告通知書の送達等による納付の催告については、民法第150条（催告による時効の完成猶予）の規定が準用される。	新設 　納付のしょうよう等の催告については法第153条（催告）の規定が準用される（73－1）。
72	4	滞納処分	滞納処分による差押え、換価及び配当については、民法第148条（強制執行等による時効の完成猶予及び更新）の規定が準用される。	新設
72	5	捜索	差押えのため捜索をしたが、差し押さえるべき財産がないために差押えができなかった場合は、その捜索が終了した時に時効の更新の効力を生ずる。 　（注）この場合において、その捜索が第三者の住居等につきされたものであるときは、捜索による時効の更新の効力は、その捜索につき捜索調書の謄本等により納税者に対して通知した時に生じる（民148②）。	新設 　差押えのため捜索をしたが、差し押さえるべき財産がないために差押えができなかった場合は、その捜索に着手した時に時効中断の効力を生ずる（73－2）。

条文	通達番号	項目	改正後	改正前
72	6	承認	国税を納付する義務がある者が、期限後申告、修正申告、納期限の延長、納税の猶予又は換価の猶予の申請、延納の申請又は届出、納付の委託その他国税の納付義務の存在を認識していたと認められる行為をしたときは、これらの行為をした時から、これらの行為に係る部分の国税の徴収権の時効が新たに進行する。 （注）納税の猶予等に係る部分の国税の徴収権のについては、その猶予されている期間は進行せず、その期間が終了した時から進行する。すなわち、猶予期間が終了した時から５年間行使しないことによって、時効により消滅する（民152①）。	新設 　国税を納付する義務がある者が、期限後申告、修正申告、納期限の延長、納税の猶予又は換価の猶予の申請、延納の申請又は届出、納付の委託その他国税の納付義務の存在を認識していたと認められる行為をしたときは、これらの行為をした時に、これらの行為に係る部分の国税の徴収権の時効が中断する（73−3）。
72	7	一部納付	納税者による国税の額の一部の納付は、その旨の意思表示が認められる限り、その国税の承認があったものとする。	新設 　納税者による国税の額の一部の納付は、その旨の意思表示が認められる限り、その国税の承認があったものとする（73−4）。
73	3	時効の停止　納付により時効の更新の効力が生じる延滞税等	この条第６項の「納付されたとき」とは、納付すべき本税の全額が納付されたときをいい、同項の「その納付された部分の国税に係る延滞税又は利子税」とは、完納となった本税につき併せて納付すべき延滞税又は利子税の全額をいう。	新設

2　国税徴収法基本通達関係

条文	通達番号	項目	改正後	改正前
19	2	不動産保存の先取特権	納税者の債権者がその時効を完成猶予又は更新させるために要した費用等がある。	納税者の債権者がその時効を中断したときに要した費用等がある。
21	1	留置権の種類	物の契約不適合による損害賠償請求権（民295①）	物の瑕疵による損害賠償請求権
32	28	主たる納税者との関係時効の完成猶予及び更新	第二次納税義務者について生じた時効の完成猶予及び更新の効力は、主たる納税者には及ばないが、主たる納税者について生じた時効の完成猶予及び更新効力は及ぶものとする（民457①）。	第二次納税義務者について生じた時効の中断の効力は、主たる納税者には及ばないが、主たる納税者について生じた時効の中断の効力は及ぶものとする。
47	24−2	代位行使されている権利	他の債権者が滞納者に属する権利を代位行使して金銭の支払又は動産の引渡しを求めている場合（民第423条の３）であって、その支払又は引渡しがされるまでは、その権利に対して滞納処分をすることができる（民423の５）。	新設

47	55	差押えの効力 時効の完成 猶予及び更新	差押えに係る国税については、その差押えの時から次に掲げる区分に応じ、それぞれに定める時まで時効は完成せず、それぞれに定める時から新たに時効が進行する（民148）。	差押えに係る国税については、その差押えの効力を生じた時に時効が中断する。
			⑴　差押財産を換価した場合（債権取立ての場合を含む。） 　その換価に基づく配当が終了した時	新設
			⑵　差押財産が滅失した場合 　その滅失した時	新設
			⑶　差押えを解除した場合その解除をした時 （注）1　差押えが不適法を理由として取り消されたときは、その取消しから6月を経過するまでは時効は完成しないが、時効の更新の効力は生じない（民148条）。	新設
49	3	第三者の権利の保護	配偶者居住権	新設
56	16	有価証券 意義	削除	無記名債権
62	3	連帯債務者のある債権	なお、第三債務者の1人が滞納者に対して債権を有している場合には、その第三債務者の負担部分を限度として、他の第三債務者は履行を拒むことができることに留意する（民439②）	新設
62	13	譲渡制限の意思表示がされた債権の差押え	債権につき、当事者がその譲渡を禁止し、又は制限する旨の意思表示をした場合においても、当該債権を滞納処分により差し押さえることができる（民466の4①）。	指名債権につき、当事者間の特約によりその譲渡が禁止されている場合においても、当該債権を滞納処分により差し押さえることができる。
62	14	譲渡制限の意思表示がされた債権が譲渡された場合	譲渡制限の意思表示がされた債権（預貯金債権等を除く。）が譲渡された場合においては、譲受人が意思表示がされたことを知っていたとき又はその意思表示がされたことを知らなかったことについて重大な過失があるときは、第三債務者は譲受人に対する債務の履行を拒み、譲渡人に対して弁済することができるが、この場合であっても債権譲渡は有効であるから、譲渡人の債権としては差し押さえることはできない（民466③）。	譲渡禁止の特約のある債権が譲渡された場合においては、譲受人がその特約の存在を知っていたとき又はその特約の存在を知らなかったことについて重大な過失があるときは、その譲渡は無効であるから、譲渡人の債権として差し押さえることができる。
62	16	敷金	敷金とは、いかなる名目によるか問わず、賃料債務その他の賃貸借に基づいて生じる賃借人の賃貸人に対する金銭の給付を目的とする債務を担保する目的で、賃借人が賃貸人に交付する金銭である（民166条の2）。	敷金とは、賃料その他の賃貸借契約上の債務を担保する目的であらかじめ賃貸人に交付される金銭であり、その名称のいかんを問わない。

62	31	相殺の禁止	⑴　被差押債権及び反対債権（差押え前に取得した債権及び差押え前の原因に基づいて差押え後に取得した債権（差押えに 他人から取得した債権を除く。）に限る。）の弁済期がいずれも到来している場合には、第三債務者は相殺をもって差押債権者に対抗することができる（民505①、511）。	⑴　被差押債権及び反対債権の弁済期が差押え時以前に到来している場合並びにこの場合以外で被差押債権の弁済期以前に反対債権の弁済期が到来している。
			ただし、先に弁済期が到来した被差押債権につき第三債務者が履行しなかったことがその期間の長さなどからみて権利の濫用に当たるときは、この限りでない。	
			（注）1　反対債権の弁済期のみ到来している場合であっても、第三債務者は、被差押債権に係る期限の利益を放棄して、相殺をもって差押債権者に対抗できる。	新設
			2　被差押債権の弁済期のみが到来している場合であっても、滞納者と第三債務者との間において、差押え前に、期限の利益の喪失の特約又は債務不履行があった場合等一定の条件の下に第三債務者が相殺の予約完結権を行使できる旨の特約がされているときは、第三債務者は、当該特約に基づく相殺をもって差押債権者に対抗することができる。	新設
62	36	差押えの効力 時効の完成猶予及び更新	債権の差押えは、通則法第72条第3項において準用する民法第148条の規定により、その差押えに係る国税の時効の完成猶予及び更新の事由となる。 　また、債権の差押えは、被差押債権については催告としての効力を有するから、債権差押え後6月を経過するまでは、被差押債権の時効は完成しない（民150①）。	債権の差押えは、通則法第72条第3項において準用する民法第147条第2項の規定により、その差押えに係る国税については時効の中断の効力を有する。また、債権の差押えについては、時効中断の効力を生ぜず、催告としての効力を有するから、債権差押え後6月内に裁判上の請求その他の行為をすれば、その催告による時効中断の効力がある。
			（注）　債権の消滅時効は、原則として、権利を行使できることを知った時から5年と権利を行使ができる時から10年のいずれか早い時に完成するが（民166条①）、これらよりも短い時効期間の定めがあることに留意する（商法586、手形法70条等）。	（注）　時効期間は一般の債権が10年、商事の債権が5年であるが、短期消滅時効の定めがあることに留意する。

64	8	有価証券質のある場合の差押手続	（注）　債権を質権の目的とする場合において、質権者に対して債権証書又は証券を交付しなければ効力を生じないときがあることに留意する（民520の7、520の17等）。	新設
67	9－2	差し押さえた債権の取り立て履行時間	被差押債権の履行に当たっては、法令又は慣習により取引時間の定めがあるときは、その取引時間内に限り、履行請求をすることができる（民484②）。 　なお、取引時間外に被差押債権の履行があったときも、それが弁済期日内であれば、正当な弁済の提供があったものとして取り扱う。	新設
82	8	交付要求の効果	⑶　交付要求による時効の完成猶予及び更新の効力は、滞納者に交付要求をした旨を通知した後でなければ生じない。	⑶　交付要求は、時効中断の効力を有する。
89	9	換価の効果用益物権等の存続	配偶者居住権	追加
96	1	質権者等に対する公売の通知	配偶者居住権	追加
98	3	見積価額の決定	⑵ロ　公売財産の買受人は、公売財産の種類又は品質に関する不適合についての担保責任等を追及することができず（民126、568）。	⑵ロ　公売財産の買受人は、瑕疵担保責任（民570）を追及することができず。
129	19	配当の原則徴収の順位	なお、徴収の起因となった国税が複数ある場合は、順次に本税、附帯税に充て、本税と本税の相互間、又は附帯税と附帯税の相互間は、民法第488条第4項第2号及び第3号（同種の給付を目的とする数個の債務がある場合の充当）の規定に準じて処理するものとする。	なお、徴収の起因となった国税が複数ある場合は、民法第489条第2号及び第3号（法定充当）の規定に準じて処理するものとする。
142	11	捜索の権限及び方法時効の完成猶予及び更新	差押えのため捜索をしたが、差し押さえるべき財産がないために差押えができなかった場合は、その捜索が終了した時に時効の更新の効力が生ずる（民148②）。 　この場合において、その捜索が第三者の住居等につきされたものであるときは、捜索による時効の更新の効力は、その捜索につき捜索調書の謄本等により滞納者に対して通知した時に生ずる（民154）。	差押えのため捜索をしたが、差し押さえるべき財産がないために差押えができなかった場合は、その捜索に着手した時に時効中断の効力が生ずる。 　この場合において、その捜索が第三者の住居等を捜を捜索調書の謄本等により滞納者に対して通知しなければ、時効中断の効力は生じない。
151	12	申請による換価の猶予の要件等猶予の効果	（注）　法第151条の2第1項に規定する換価の猶予の申請については、民法第152条第1項（承認による時効の更新）の規定が準用される。	新設

第15　態様区分別ケーススタディ・50例題

　国税と地方税の徴収事務で体験した事例等を参考とした50例題を態様区分別に紹介して、その例題の概要・解決等のポイントを記載しました。

　態様区分別の例題は、１財産調査関係は８例題、２差押え関係は８例題、３納税義務の承継関係は１例題、４第二次納税義務等関係は18例題、５納税の猶予等は２例題、６換価・評価関係は13例題の50例題となっています。

　また、税理士業務の参考となる事例は20例題（例題番号の欄に「※」を表記しています。）となっています。

例題の目次

1　財産調査関係（8例題）

2　差押え関係（8例題）

1 財産調査関係 （8例題）

1	申出に順応した納付指導

（事例の概要）
1 滞納者Ⅹは、アパートを新築したときから、この固定資産税は、実母が所有する土地を売却して納税する旨を申し出るのみで、納税意志が欠如していたため長期化が懸念されていた。
2 申出に対応するために、売却までの間は実母の土地を担保提供させて換価の猶予を行うことと処分方針を決め、その担保予定の土地とアパートの現地調査、担保権の債権額の調査、評価等手続に着手するとともに預金の調査も行った。
3 その結果、アパート収入では管理費等の経費、Aからの借入金の返済の支払で分割納付するための資金が不足することが推測でき、また、アパートに登記されたAの抵当権が法定納期限等で滞納に劣後していることを確認した。
3 Ⅹに対して、作成した想定問答をもとに換価の猶予の手続等を説明し納付相談を行った。また、仮に換価の猶予の措置を講じた場合においても分割納付が不履行となったときは、アパート収入等が差押対象となること、現在の収支状況では分割納付が困難な状況が推察されることなどを納付指導した。
4 後日、Ⅹから借入による納付申出があり、Aの協力を得て借入金で完納（500万円）した。今後発生する市県民税ほか全ての徴収金は振替納税の手続を了した。

【ワンポイント】
1 申出を想定した納税緩和措置等の準備
2 私債権との優先関係

関係法令：徴16条、徴151条

2	長期分割者に収支状況をもとに的確な納付指導

（事例の概要）
1 滞納者Ⅹは、貸店舗に係る固定資産税の滞納を約10年の間、毎月定額納付を続けているが、完納の目途は不透明であったので、納付額の適正・妥当な金額を算定するための調査を行った。
2 所得税の確定申告決算書の内容及び銀行調査を行い月別の収支状況等を把握した。
　この結果により、納付金額の増額要請など早期完納に向けた納付計画の検討を指導した。
3 後日、Ⅹから銀行借入による納付申出があり、納付実績を勘案し事実上の換価の猶予相当と判断、延滞金の一部免除を前提に借入金により全額納付（1,700万円）させた。
　その後は、Ⅹは期限内納付を継続している。

【ワンポイント】
1 分割納付の実績と評価
2 収入、経費等の課税資料と銀行口座取引状況による納付能力

関係法令：徴141条、徴151条、通63条

3	実情に応じた的確な納付指導

（事例の概要）

1　滞納法人Ｘは、少額納付を繰り返していたので滞納額が累増したため、差押予告を発した上で大手メーカーＡに取引の照会を行った。

2　Ｘは、照会を受けたＡから取引解除の通告を受け、照会に対して抗議し、今後の納税には応じられない姿勢をとった。

3　その後、ＸのＡをはじめ多くの取引先等が災害等発生の地域内にあり事業に支障をきたしていることが想定されたため、納税を静観していたところ、Ｘから資金繰りが窮迫したため、銀行からの借入を検討しているが、滞納があることが障害となるので、今後の納付方法についての相談があった。

4　これを受けて、罹災による事業資金の借入を行う場合は、過年度の滞納分は直ちに納付し、滞納は当期に発生したものだけにする必要があること、その滞納分は約束手形を委託する方法による納付を指導し、また、納税証明書の発行と借入先の銀行の担当者からの問合せに対応することとした。

その結果、Ｘは銀行から借入することができ資金手当と納税を完了した。

【ワンポイント】

1　取引先照会の事業に与える影響力（差押予告等の処分実績の記録）

2　相手の状況の的確な把握と対処

関係法令：徴141条、通55条、通123条

4	長期滞留事案の処分状況等の見直し

（事例の概要）

1　滞納者は夫とその妻で、両者の共有である居住用不動産につき、夫の持分のみを差し押さえていたが長期間経過していたため、不動産の共有持分の差押えは実効性が乏しいことから、妻の持分及び給与の差押予告を通告した。

2　夫から、分割で納付していることを事由に追加で差し押えることに対して当初は抗議を受けたが、高額滞納で完納には長期間を要するため、差押えを前提に納付指導したところ、妻と実母の滞納を含め、銀行借入による全額納付の申出があり、完納させた。

【ワンポイント】

1　不動産差押えは全所有権を対象

2　他の財産の差押えの検討

関係法令：徴141条

5	課税資料で家族名義の財産を発見・全額納付

（事例の概要）
1　滞納者Ｘ（不動産業）は、固定資産税（2,000万円）を毎月150千円納付し、また、不動産と宅建保証金を差押えしているが、完納までに長期間を要すると危惧されていた。
2　直近の所得税の確定申告の課税内容を確認したところ、年金収入のほか、高額な事業収入（利益約9000万円、棚卸資産1億円）を把握し、また、固定資産の課税状況によると過去3年間でＸ、妻Ａ及び長男Ｂが多数の不動産を購入（約2億円）していることが判明した。
3　Ｘに来庁を依頼し、営業状況、今後の納付計画やＡ及びＢが不動産を取得した経緯、代金の支払状況等を予め作成した想定問答をもとに説明、状況を聴取した。
4　棚卸資産の売却等により短期間で完納できない場合は、Ａ及びＢに対して無償譲渡等の第二次納税義務賦課のための所要の調査を開始することを示唆した。
5　その後、Ｘから、借入の上、納付する申出があったので、平成18年3月頃に多額な負債を抱え休業状態となり、平成23年に競売開始決定がされ破綻していること、一部の財産の差押えをしていること及び平成19年9月より毎月定額を納付していること（滞納分以外の固定資産税等の税は全て期限内納付）などから、事実上の換価の猶予相当と認めて分割納付期間中の延滞金は一部免除し、全額納付させた。

【ワンポイント】
1　確定申告書・収支内訳書の念査
2　家族を含む財産の所有状況の調査、追及

関係法令：徴141条、地法15条の9①

6	関係者の課税調査で財産の差押予告

（事例の概要）
1　滞納法人Ｘと代表者、親族（3名）の関係者の合計滞納額は14百万円（延滞金を含む）で毎月300千円を納付していたが、新規滞納の発生があり、完納までの長期化が懸念されていた。
2　Ｘの直近の法人税決算書を確認したところ、売上1億5千万円、当期利益（7百万円）を上げ業績が好況な法人であり、また代表者等に対する貸付金（13百万円）、役員報酬（10百万円）が計上され、また滞納している親族がＸに対して年間賃貸料収入（2百万円）があることなどを把握した。
3　代表者に来庁を依頼し、予め作成しておいた想定問答をもとにＸの営業状況及び親族間の債権債務を説明し状況を聴取した。
4　聴取の結果、Ｘ及び代表者等に対して遊休資産の売却、事業主保険の解約等を含めた今後の納付計画の呈示を指示、不履行の場合は個々の滞納者に応じた債権差押えの実施を通告した。
5　この結果、生命保険金等の解約により納税させた。

【ワンポイント】
1　決算資料による滞納法人の業績の検討
2　代表者等の関係者との債権債務の把握
3　処分経過と今後の方針の再検討

関係法令：徴141条、徴151条

7 ※	業績等を把握した納付指導

（事例の概要）

1　滞納法人Ｘ（機械製造業）は、代表者Ａを含め約800万円を滞納し、また随時新たに滞納が発生するため月額30万円を納付しているが長期化が危惧されていた。

2　法人税の決算書の内容を確認したところ、当期利益1,200万円を上げ、資本金も3,000万円の増資をしていた。法務局へ臨場して増資の登記の申請書類等を確認すると、ＡがＸに対して有していた債権3,000万円の現物出資による増資となっていた。

3　決算書にはＡからの借入金の計上がなかったことから、Ａに来庁を依頼し作成した想定問答をもとにして、増資の経緯、借入金の使途等を聴取した。併せてＡほかに資金繰りの再検討、納付計画の提示を求めた。

4　その後は、新規課税額を含む新たな納付計画で短期完納に向けて納付を継続している。

【ワンポイント】

1　決算書等の課税資料の確認
2　法務局で登記申請の添付書類等の確認

関係法令：徴141条

8 ※	徹底した財産調査と捜索

（事例の概要）

1　滞納者Ｘは、全国各地に多数の賃貸用の土地、マンション等を所有していた父の死亡により、高額な納税額の相続税の申告をし、相続財産の大半が不動産（9割超）であったため、延納申請とともに物納申請（土地90筆）を行った。しかし、物納申請は土地の所在地を特定するための補完調査等に相当な期間を要していた。

2　Ｘは、物納申請の補完調査等に応じていたが、申請物件の一部を譲渡したり、賃貸マンションを順次売却して延納分及び所得税の納付に充てていたが滞納が累増した。

3　そこで、銀行調査を重点的に行ったところ、Ａ銀行の債務を返済するために土地を譲渡し、その際にコンサルタントＢを介在させて、二重契約による譲渡収入の圧縮や仮装売買による多額の譲渡損失の計上等を画策している疑いが生じた。

4　このため、居宅及び関係箇所の捜索を実施、貸付金と株券（約4億円）を差し押さえた。

5　その2か月後、課税部と合同の大規模なＰＴで譲渡所得及び資金の流出先等を解明するための調査等を行った。この結果、Ｘ及びＢ等に対して仮装隠蔽等の事実に基づく所得税等の更正処分がされた。

6　更に3か月後、Ｘは不動産を売却して滞納（10億円）を全額納付し、その後、物納申請は補完調査等が進展し順次物納を許可、収納させた。

【ワンポイント】

1　課税資料の整理（相続財産の明細）
　　物納申請財産と他の財産の区分と不動産収入の明細
2　銀行での質問検査権
3　捜索等の着手時期の判断、課税調査との連携調査（滞納者と第三者の関係の解明等）

関係法令：徴141条、徴142条、通74の2、相続税法41条、42条

2 差押え関係（8例題）

9	継続債権の長期間の差押え

（事例の概要）

1 滞納者Xは、家族で大工用器具等の製造を行っているが、不定期の少額納付だけで具体的な納付計画も提示しないなど非協力であった。

2 このため、銀行調査を行った結果、大手の量販店Aに商品を毎月納入していることを把握した。そこで、売掛金差押予告（納入先名称を記載）を発した。

3 しかし、納付や何ら連絡等がないので、Aに臨場して売掛金の差押えを実施、取立等について協力を依頼した。

4 継続債権として、約2年6か月間取立て（400万円）を行い、延滞金は充足差押えにより一部を免除し完結させた。

【ワンポイント】

1 確実な売掛金差押予告

2 債権差押えの取引先の決定

関係法令：徴62条、通63条

10	綿密な預金調査で請負代金を差押え

（事例の概要）

1 滞納法人Xは、倉庫に課税されている固定資産税を取得時から滞納し、納税に誠意を見せていなかったので、債権差押えのために銀行取引口座を調査したがメインの取引先㈱Aからの振込はなく表面上では売上等の把握はできなかった。しかし、更に調査を進め、借入金の返済口座等を確認した結果、Xは請負代金の全額をA振出の小切手で受け取り、即時にB銀行で割引し、現金を入金していたことが判明した。

2 Aに臨場して、Xとの取引状況等の確認、運送請負代金の差押えなどの協力を依頼し、継続債権として差し押さえた。

3 その結果、約10か月で債権（5百万円）を取り立て完結させた。

【ワンポイント】

1 納税誠意の欠如者に対する対応、差押えを前提とした銀行調査

2 第三債務者の選定、協力依頼

関係法令：徴62条、徴141条

11	遠隔地の不動産の差押え

（事例の概要）

1　滞納者Xは、C県C市に居住し、当市の管内に広大な山林を所有しているが、固定資産税は一度も納付していない。この山林は山間部に存し、市場性は認められない。

2　C市に固定資産を照会、不動産登記簿謄本を調査したところ、居宅等がC地方裁判所で強制競売が開始されていることが判明した。

3　既に配当要求期限が過ぎていたが直ちに交付要求を行うとともに、裁判所に交付要求が遅延した事情、民事執行法の法令上の隘路を説明したが配当権利者から除外されてしまった。

4　そこで、C市にXが所有する不動産を全て差し押さえた。その後、全額（200万円）が納付され完結となった。

【ワンポイント】

1　市外に居住している滞納者の財産調査
2　換価を前提とした財産差押え

関係法令：徴68条、徴82条、執行法49条

12	遺産分割協議成立前に預金差押え

（事例の概要）

1　Xの相続税は妻Y及び子2人の法定相続分により申告されたが、Xらは遺産分割協議が成立するまで間は納税を待ってもらいたい旨の申出をするのみで、長期間滞留していた。

2　そこで、相続財産を調査すると、外貨建てのX名義の定期預金Aを発見したので、直ちに法定相続分で差し押さえ、翌日取立てを完了したが、その後にXから遺産分割協議が成立していたとの申出があった。

3　配当を実施する前であったことから、残余金は遺産分割協議で定期預金Aを取得することなっていたYに交付した。

【ワンポイント】

1　有効な相続財産の早期発見
2　換価代金等の交付

関係法令：徴62条、徴129条、民909条

13	家賃の差押えと強制執行による差押えが競合

（事例の概要）
1　滞納法人Xの所有する賃貸用のA店舗とB店舗の家賃を差し押さえた後に、Tを申立人とする物上代位を目的物とした債権差押命令が発せられた。
2　裁判所の事件記録及び目的物の現地を確認したところ、A店舗はTの抵当権の物上代位の目的物であること、また、B店舗は物上代位の目的物ではないことが判明した。
3　A店舗については、債権差押命令と差押えとが競合した場合の優先関係は、根抵当権の設定と差押地方税の法定納期限等との先後によることから、Tの債権が優先していたため、裁判所の第1回目の配当後に差押えを解除した。なお、債務者Cに対して家賃債務の供託手続を指導した。
4　また、B店の家賃差押えは、裁判所に状況等を伝えた上で差押地方税が優先することから取立てを継続している。

【ワンポイント】
1　物上代位の目的物の債権差押命令と債権差押えの競合
2　事件記録等の申立内容と目的物の確認

関係法令：徴8条、徴62条、徴15条、徴62条、滞調20条の6

14※	有限会社の社員の持分の差押え

（事例の概要）
1　滞納者Xが㈲A（代表者はX）に対して有する給与を差し押さえたが、その後に、Xの給与が大幅に減額され、差押えの実効性が失われていた。
2　そこで、減額された給与相当額の資金の流用先等を調査するために、Aの法人決算書の内容を確認すると銀行借入金の返済に充てられていたことが判明した。
3　これにより、Aは純資産が増加し、有限会社の社員の持分の出資金200万円（資本金は300万円）の差押えの実益が認められると判断し、Aを第三債務者等とする無体財産権等として差し押さえた。
4　Xの持分の払戻請求見込額は、Aの純資産から1口当たりの価額により算定すると1600万円（純資産の価額2400万円）となった。なお、見込額は請求する時の直近のAの法人税の決算書（貸借対照表）等をもとに算定した。
5　Aに対して差押通知書を送達したところ、Aほかから差押えの内容と今後の手続等の問合せがあり、的確に指導して全額を納付させた。
6　他の徴収方途として、徴収法35条に規定する同族会社の第二次納税義務賦課等が検討される。

【ワンポイント】
1　給与差押え後の給与減額への対応
2　社員の持分の評価と徴収手続

関係法令：徴62条、徴74条

15※	業種に対応した債権差押え
	（事例の概要） 1　滞納者X（飲食業）は、経理担当者Aに事業資金及び所得税等の申告・納税等の全てを一任していたが、所得税等は無申告、国税等の税金が多額に未納であること、店舗の捜索を受けていたこと及び売上の約6割を占めるクレジット債権が差し押さえられていること、またAが売上金の一部の横領等している事実を確認し、Xほかは債権差押えの解除と今後の納税等の相談の申出をした。 2　しかし、XはAに納税を含む全権事項を委任していた事実から解除申出は拒否し、クレジット債権の取立ての継続等を通告するとともに、具体的な納付計画、所得税等の申告を指導した。 3　その後、銀行からの借入金により全額を納付した。また、地方税等の多額な滞納も完結となった。
	【ワンポイント】 1　業種に応じた有効な債権差押え 2　店舗の捜索（立会人等）
	関係法令：徴66条、徴68条、徴141条、徴142条、徴144条、通63条

16	譲渡禁止特約付債権の差押え・譲渡無効の主張
	（事例の概要） 1　滞納法人Xは、A社に対して有する工事請負代金を金融業者Bに債権譲渡したが、この債権は譲渡禁止特約付債権であることから従来と同様な手続で差し押さえた。 2　Bに対して譲渡の無効を主張して提訴、Bは、国（第三者）は無効を主張できないと判事した最高裁判決（平成21年3月27日）を理由に応訴した。 3　第三債務者A社に対して、Bに債権が譲渡された当時の経過・状況等の質問てん末書の作成の協力を依頼するなど訴訟の準備を行った。更に、国が敗訴した場合には、従来の取扱いに大きな影響を与えることから、法務省担当部署との協議を重ねた。 4　当初は国が敗訴すると危惧され裁判所の判断の動向が注視されたが、判決は前述の最高裁判決の射程外とされ国が勝訴（東京地裁確定）した。
	【ワンポイント】 1　第三債務者への協力依頼 2　質問・検査による的確な質問てん末書の作成 3　譲渡禁止特約付債権の譲渡（現民法では、譲渡禁止の意思表示をしたときであっても債権の譲渡はその効力を妨げられないと規定されている。）
	関係法令：徴62条、徴141条、民466条

3 納税義務の承継関係（1例題）

17※	被相続人の連帯納付義務の追及
	（事例の概要） 1　滞納者Xは、約10年間同居していた亡Aの相続税調査の関連で調査を受け、Aから生活援助資金の受贈があったとして指摘され贈与税の期限後申告を行った。 2　Xは、納税資金が確保できないと申出ていたため、居住用不動産を差し押さえた。なお、Xは公売予告を受けた後に差押処分に対する審査請求を行ったが棄却されている。 3　Xの財産調査を行った結果、受贈資金は全て生活費等に費消され、唯一の財産は居住用不動産のみであったことから、滞納処分の停止相当と思料されていた。 4　また、亡Aは贈与した金銭の額を限度にXの贈与税の連帯納付を負うこととなるので亡Aの相続人Bほかに面接した。 5　Bほかは、Xとは無関係であり納付する意思はないと非協力であったが、後日、相続発生以前に連帯納付義務が具体的に確定していればAの債務控除として対応できたとの申立を行い、連帯納付額を債務控除して仮計算した場合の相続税額と申告済みの税額との差額に相当する金額を納付した。滞納残額は、滞納処分の執行を停止した。
	【ワンポイント】 1　相続、贈与の課税調査の把握 2　連帯納付の義務の射程範囲
	関係法令：徴153条、相続税法13条、相続税法21条、相続税法34条

4 第二次納税義務等関係（18例題）

18	割引債の取得資金に第二次納税義務
	（事例の概要） 1　滞納者Xは、都内で主に中小零細企業を相手につなぎ資金を融資する貸金業を営んでいたが、突然、廃業してS県内に転居、その居宅は公売に付され、その後はアパートで生活し滞納処分を執行できる財産がない状況となっていた。 2　貸金業は課税内容からすると廃業当時も利益を出していたと推察され、公表外の財産を所有していると想定されたことから、妻、同棲者、子供及び孫の親族等関係者を対象に、店舗の所在地、住居の近隣の金融機関を重点に多面的な調査を行った。 　　その結果、Xの子1人がA銀行で割引債を換金していたことを発見し、これを端緒に調査を継続して7億円の割引債を購入していたことが判明した。 3　調査と並行して、Xのアパートの捜索を複数回実施したが、生活感が希薄であったことから、Xを追求したところ、近隣の都内の同棲者Y宅で生活をしていることが判明、Y宅の捜索を実施した。 4　割引債を所持していたY及び子供2人に対して割引債の取得資金の贈与に無償譲渡等の第二次納税義務を賦課（限度額合計4億円）して全額履行をさせた。
	【ワンポイント】 1　課税資料の再念査 2　親族等関係者の居宅等の的確な捜索 3　財産調査対象の範囲の検討
	関係法令：徴39条

19	売上除外した資金に第二次納税義務

（事例の概要）

1　滞納法人Ｘ（人材派遣業）は、調査で売上除外に対して課税され、その後廃業し滞納となった。Ｘの廃業の事由が、従業員の就労違反等であったことから、課税資料を念査し、代表者Ｙを含む関係者の銀行預金等の資金の移動状況等を調査した。

2　その結果、Ｙに対する居住用マンション取得資金の贈与、代表者妻Ｚへの口座送金が判明し、資金のシフトと対象行為の繋がりを特定し、Ｙには取得資金、Ｚには現金の贈与に無償譲渡等の第二次納税義務（限度額合計34百万円）を賦課した。

3　Ｙは、マンション及び所有していた土地を売却し、全額を履行した。

【ワンポイント】

1　課税内容と廃業事由の確認

2　銀行預金等の資金シフトの整理（返金等の確認）

関係法令：徴39条

20	小切手の裏書等による資金贈与に第二次納税義務

（事例の概要）

1　滞納者Ｘは、取引先から工事代金として受け取った小切手を長男Ｙらに裏書させて現金化（15百万円）し、また、Ａ銀行に振り込まれた金銭をＹの義母Ｚ名義の口座に入金（９百円）させていた。

2　過去７年間のＡ銀行のＸ名義の預金の入出金状況等を調査し、同時にＺが経営する飲食店の営業状況及びＹ名義の居住用不動産（抵当権等の設定登記がない。）の購入資金等も調査した。

3　この結果、Ｙ及びＺに対する資金贈与に無償譲渡等の第二次納税義務（限度額合計24百万円）を賦課した。その後、Ｙらは不服申立てをしたが、納付期限に全額を履行した。

【ワンポイント】

1　預金の取引状況を時系列に整理

2　小切手の裏書等の調査

3　対象者の営業状況等資力の調査

関係法令：徴39条、通75条

21	居宅の外観調査で取得費に第二次納税義務

（事例の概要）

1　滞納者Ｘ（飲食業）は、課税調査で多額な追徴課税が発生し、その後法人を設立し、法人からの役員報酬で分納していたが、延滞税のみになると納付額が少額となり、完納までに長期化が懸念されていた。

2　Ｘの居住用不動産は妻Ｙ名義で新築し全額をＡ銀行から借入（3,000万円）している申出があったが、現地調査すると高級感のある住宅であり、取得費に疑義を抱き、土地と建物の価額の調査を行った。

3　その結果、借入金は建物の建築費等のみであり、土地の購入資金2,000万円はＸが生命保険金の一部で支払っていることが判明した。

4　Ｘに土地の取得資金の聴取調査したところ、その経緯が明確となったので、Ｙに対する資金贈与に無償譲渡等の第二次納税義務を賦課した。後日、借入金により全額（1,700万円）納付された。

【ワンポイント】

1　事前調査（住宅の外観、銀行、土地の所有者等）
2　資金源泉（生命保険金）の確認

関係法令：徴39条、徴141条

22※	家族のマンション取得費に第二次納税義務

（事例の概要）

1　滞納法人Ｘ（遊興業）は、廃業後の売上除外に対する課税で代表査Ｙが既に遊行費などに費消し財産はなく徴収が困難の状況にあった。

2　課税資料を基に、Ｙの家族、父母・兄弟姉妹を対象に財産調査及び貸金庫を含めた銀行調査を徹底的に行った。その結果、Ｘの売上金が実母Ａと姉Ｂの共有名義の自宅マンションの取得費用の一部に費消されていることが判明したので、Ａ及びＢに対する資金贈与に無償譲渡等の第二次納税義務を賦課（限度額合計7,000万円）した。

3　Ａ及びＢから納付通知書の期限に全額が履行された。

【ワンポイント】

1　関係者の所有財産、収入状況等の調査
2　貸金庫を含めた銀行調査

関係法令：徴39条、徴141条

23※	遺産分割協議による法定相続分を超える取得財産に第二次納税義

（事例の概要）

1　滞納者Xは、高齢で事業も引退、収入は年金のみで納付資力が認められない状況にあったので、生活状況等の現状の確認調査を行った。その際に、Xほかは、Xの妻の死亡（7月）による相続財産等に関する質問には非協力であった。

2　このため、相続税の申告期限（翌年5月）に課税内容を調査したところ、X及び子AとBが相続し、遺産分割協議を終え、相続財産の2分の1（1億円）をAが、4分の1（5千万円）をXとBがそれぞれ取得していたことが判明した。

2　このことから、Aに対して法定相続分を超える部分（5千万円）は遺産分割協議により利益を受けたとして、無償譲渡等の二次納税義務（限度額5千万円）を賦課した。

3　Aは、第二次納税義務の限度額を履行した後、遺産分割協議は第二次納税義務の対象行為に該当しないと主張して最高裁まで係争したが、第二次納税義務は適法と判断（H21年12月10日）された。なお、この判例を受けて、遺産分割協議は徴収法基本通達の第三者に与える処分に追加された。

【ワンポイント】

1　親族等の情報の入手、相続税申告後、相続財産の早期調査
2　早期の第二次納税義務の賦課
3　滞納残高の滞納処分の停止

関係法令：徴39条、徴141、徴153条、徴186条、民424条

24※	事業拡大のための資金贈与に第二次納税義務

（事例の概要）

1　滞納法人Xの代表者Yは、事業拡大を目的として同業種法人Aの株式を取得するために、この取得資金（約120百万円）をXから贈与を受けた。

2　その後、Yは法人Bを新設立するとともに、XはAの設備を取得、同時に取得価額でBに売却、その後X及びAを廃業させた。

3　X、A及びBの経理は、Cが一括で事務処理していたことから、会計帳簿上は適正のように見せていたが、S銀行の調査の結果、現金等資金の移動が一切ないことが判明した。

4　株式及び設備等の取得の全容を解明するために、X及びBに対して課税部と合同でPTにより調査等を行った。

5　この結果、Y及びBに対する資金贈与、設備の贈与に無償譲渡等の二次納税義務（限度額合計180百万円）を賦課した。

6　履行されないため、S銀行のB名義の定期預金を差し押さえ、その後にSに貸付金との相殺の意思を確認していたところ、翌日、全額が履行された。

【ワンポイント】

1　グループ内の法人の事業の実態確認
2　銀行取引と会計帳簿の適合性の確認
3　第三者に対する捜索の適法性の保持

関係法令：徴141条、徴142条、通72の2条、民511条

25※	貸付金の債務免除に第二次納税義務賦課

（事例の概要）

1　滞納者Xは、会社経営とともに数多くの賃貸用マンション等を所有していたが、建物の老朽化等により家賃収入が減少したため、全ての賃貸用マンションを売却し、譲渡収入は債務の返済に充てた旨を申出するのみで滞納となっていた。

2　譲渡は2年間で総額16億円、賃貸マンション8棟と多数であったが、それぞれの譲渡価額、抵当権等設定状況を調査した。その結果、㈱S（代表者はXの子Y）のメイン銀行からの借入金（50百万円）の担保物件が譲渡され、その代金で全額一括返済されていることが判明した。

3　そこで、㈱Sに対して、Xからの借入金の残高等の照会を行ったところ、同法人は売上金から既に完済したとの申出があった。

4　更に、㈱Sの帳簿等をYほかの立会のもと、質問・検査したところ、Xへの返済資金を会計処理するために決算期末に大手の法人に対する仮装した売上80百万円を計上していたことが判明した。

4　その結果、㈱Sに対する貸付金の債務免除に無償譲渡等の第二次納税義務（限度額50百万円）を賦課した。

【ワンポイント】

1　譲渡物件の担保権等財産関係の調査

2　質問検査に対する答弁、質問てん末の作成

関係法令：徴39条、141条、徴188条、民644条

26※	引継資産の贈与等に第二次納税義務

（事例の概要）

1　滞納者Xは、課税調査で多額な追徴課税を受け、調査後に法人Aを設立、Xには差押えができる財産はなく、滞納の長期化が懸念されていた。

2　Xほかに対して設立資料の提供等を依頼し、関係帳簿を念査した結果、①Aに移行するまでの期間（20日間）の売上のうち、Xが前払した経費に対応する部分の売上金は資金贈与、②設立時のBS上の資産勘定（14百万円）と負債勘定（7百万円）との差額に相当する資産の価額は低額譲渡として、Aに対する資金贈与等に無償譲渡等の第二次納税義務を賦課（限度額8百万円）し、全額を履行させた。

【ワンポイント】

1　法人成りと徴収方途

2　設立時のBS等資料の収集

関係法令：徴39条

27※	第二会社への事業引継の資金等に第二次税義務

（事例の概要）

1　滞納法人Ｘ（人材派遣業）は、課税調査後に第二会社Ａを設立し事業を引き継いだため、滞納となっていた。

2　廃業事由が、従業員の就労等であったこと、派遣業界では、従業員の賃金は前払いが一般的であることから、事業引継ぎ直後のＡの売上入金とＸの支払が終えている従業員の賃金に着目し、事業引継ぎ関係の調査を行った。

3　Ｘ及びＡの取引先が多数であったことから、大口の取引先を抽出し、課税資料の解明、人材派遣期間など対象金額及び行為の特定を行い、Ａに対する支払済みの賃金相当額の資金贈与に無償譲渡等の第二次納税義務（限度額20百万円）を賦課した。

　その後、Ａの代表者が、借入し全額を履行した。

【ワンポイント】

1　業種別特性の考慮

2　廃業、事業引継ぎなど事業実態の把握

3　対象行為の効果的な特定

関係法令：徴39条

28※	第二会社に振り込まれた請負代金に第二次納税義務

（事例の概要）

1　滞納法人Ｘは、大手運送会社Ａの専属下請けを主に営業していたが、他の取引先に対する債権の不良化の発生等が原因で資金繰りに困窮していた。

2　風評を入手、臨場したが既に第二会社Ｙで同種の事業を開始していたので、直ちにＡに請求書などの取引状況やＹの設立経緯等を調査、その結果、振り込まれた請負代金はＸに帰属することが判明した。

3　更に、Ｘの代表者を質問検査すると、事業を継続するために、Ｙを設立しＸの債権をＡ他の取引先に対してＹ名義の銀行預金への振込を依頼していたことを把握した。

4　このため、Ｙに対するＡから振り込まれた請負代金の相当額の資金贈与に無償譲渡等の第二次次納税義務（限度額11百万円）を賦課、Ｘからの納税（９百万）で完結させた。

【ワンポイント】

1　早期着手

2　取引状況、第二会社の設立の経緯等の早期把握

関係法令：徴39条

| 29※ | 追徴課税された認定賞与に第二次納税義務 |

（事例の概要）
1 滞納法人X（自動車等の輸出業）は、課税調査でXの売上金の一部が代表者Y（外国人）及び妻Zの共有名義の自宅購入資金等に費消された金額を両名に対する認定賞与として課税されたが、この課税に対する不服申立てを事由に納税に応じる姿勢はなかった。
2 課税内容をもとに銀行調査に着手、自宅購入資金の移動状況や対象行為の特定のため、預金口座の裏付調査を行った。
3 この結果、Xの資金が両名名義の住宅購入費用に支払われている事実を把握したことから、両名に対する取得資金の贈与に無償譲渡等の第二次納税義務を賦課（限度額合計60百万円）した。
4 Yは、母国に一時帰国、再入国の際に入管法違反で強制退去されていたので、Zに納付通知書を送達、自宅の不動産を差し押さえ、直ちに、不動産の評価を依頼し、公売に着手した。

【ワンポイント】
1 課税内容の確認
2 認定賞与で課税された売上金の使途の調査
3 第二次納税義務賦課、差押え、公売着手等の処分の継続性

関係法令：徴39条

| 30※ | 脱税した金銭の贈与に第二次納税義務 |

（事例の概要）
1 滞納法人Xは、大手法人の試作品の研究等を請負っていたが、多額な架空仕入を計上し法人税法違反で代表者Yは懲役（執行猶予付）の刑が確定している。
2 裁判が係属している状況下に、課税内容をもとに脱税した金銭の流出先の銀行調査及び多種多様な取得財産の現地調査や購入状況等の裏付確認を行った。
その結果、Y名義の多数の不動産、株券、多数の高級外国車及びYの実母Z名義の預金を発見した。
3 このことにより、Y及びZに対する不動産等の購入資金や預金資金の贈与に無償譲渡等の第二次納税義務（限度額はYは4億円、Zは1億円）を賦課した。
その後、Xが全額納付（2億円）した。

【ワンポイント】
1 課税内容の念査
2 多種・多額の脱税した金員の使途調査及び現地、反面調査

関係法令：徴39条

| 31※ | 自宅ビルの譲渡代金の債務免除に第二次納税義務 |

（事例の概要）

1　滞納者Ｘ（飲食業）は、課税調査で多額の滞納が発生したが、事業の実態が不明で徴収が懸念されていた。

2　Ｘの居所兼貸店舗ビルＡの不動産登記簿によると、Ｘが申告書を提出した日の9日前にＢ不動産からＹ社（Ｘの妻がＺが代表者）に譲渡（40百万円）されていたので、この譲渡の状況や経緯等の調査を行うこととした。

3　Ｙ社は譲渡の直前に資本金9百万円で設立されていたため、Ｙ社の資本金の出捐関係、ビルＡの取得代金の支払状況等及びＢ不動産の入金状況等を銀行調査し、この結果をもとにＺ及びＢ不動産ほかに質問検査を行った。

4　Ｚは、当初、資本金及び取得代金は自己資金であるとの申出をしていたが、資本金はＸの知人が預金に入金していること、ビルＡの取得代金はＸが既にＢ不動産に支払っていることを示唆したところ、Ｘの指示に従って全ての手続を行ったことを認めた。

5　この結果、Ｙ社に対する譲渡代金の債務免除に無償譲渡等の第二次納税義務（限度額40百万円）を賦課した。

【ワンポイント】

1　滞納発生と財産移動の時期

2　銀行調査の結果をもとに質問検査

関係法令：徴39条、徴141条

| 32※ | 売掛金の関係法人への譲渡を免脱罪で告発 |

（事例の概要）

1　滞納法人Ｘ（運送業）は、民事再生法の適用を受け、本税は納付計画により分割で納付したが、延滞税のみとなると履行しない状況となっていた。

2　Ｘの売上金等の資金が関係者に流出している風聞を入手、直ちにPTによる事務所の捜索及び多数の取引先等関係者の同時調査に着手した。取引先を調査している担当者から、代表者Ｙが荷主に運送代金をＡ社（Ｙの子Ｚが代表者）に債権譲渡したのでＡ名義の銀行口座に振り込むよう依頼していた情報の連絡があり、事務所の捜索担当がPCを復元し、「Ｘ・Ａ一本化統合計画書」のデータを入手した。

3　譲渡された債権の帰属や譲渡の経緯等について、荷主等の運送請負者の認識、運送請負契約の継続性の有無、契約の変更や損害賠償が生じた際の変更・請求先を確認し、また、会社統合計画書の作成の際に相談した内容等を確認した。

　　この結果、Ｘに帰属していた債権40百万円を隠し差押えを免れたとして国税徴収法第187条に基づき告発した。

4　Ｙと経理担当Ｂは逮捕、両名は懲役（執行猶予付）の刑が確定した。

【ワンポイント】

1　取引先の情報の収集、債権調査

2　捜索・調査の連携

3　免脱の犯意

関係法令：徴141条、徴142条、徴187条

| 33 | 売掛金の代表者名義口座振込みを免脱罪で告発 |

（事例の概要）
1　滞納法人X（農産物運搬業）は、、少額納付を繰り返すのみで、滞納が累増していたため、売上の多い時期に運送代金を定期的に差し押さえていた。
2　メインの取引先は、差押処分を受けると滞納者との取引が停止せざるを得ないこととになり、新たな業者の確保が困難となることなどから調査には非協力であった。
3　PTでX本社の捜索、取引先に対する債権差押えに着手、その際に取引先の調査でXから売掛金を代表者Yの個人名義預金口座への振込を依頼する文書を入手した。
4　Xの債権（140百万円）をYの個人名義の預金に入金させ、差押えを免れたとして国税徴収法第187条に基づき告発し、Yの懲役刑が確定した。

【ワンポイント】
1　取引先の情報の収集、債権調査
2　免脱の犯意

関係法令：徴141条、徴142条、徴187条

| 34※ | 詐欺破産・免脱罪で告発 |

（事例の概要）
1　滞納法人X（小売業）は、事業拡大の失敗で資金繰りが悪化し消費税等を滞納していた。破産手続開始前にX所有の不動産、在庫商品、現金等をZに対して、低額、無償で譲渡したとして、破産法違反（詐欺破産）及び財産の無償譲渡等が国税徴収法違反（滞納処分免脱罪）であり、Xの代表者Y、Zほかを告発した。
2　Y及びZは、財産を見掛け上減らし、税を徴収する国や債権者に不利益を与えたとして両名に懲役刑が確定した。

【ワンポイント】
1　破産手続と滞納処分（財産調査）
2　無償譲渡等を滞納処分免脱罪の告発

関係法令：徴39条、徴187条、破30条、破265条

35※	法人所有不動産の代物弁済を詐害行為取消訴訟

（事例の概要）

1　滞納法人Ｘ（出版業）は、売上の約８割を占める主要な事業を約４億円で譲渡し、その３か月後に解散した。

2　代表者Ｙの退職金の一部（50百万円）の支払として、Ｘの唯一の不動産がＹに代物弁済による所有権の移転登記がされていたため、Ｙほかに対して、事業譲渡によるＸの今後の課税見込みや代物弁済の経緯、状況等を聴取した。

3　代物弁済は、ＸとＹが通謀した詐害行為に当たるとして訴訟を前提に、譲渡代金の使途の調査を徹底的に行った。

4　この調査で、Ｘが無資力であったと認められたことから、詐害行為取消訴訟（処分禁止の仮処分命令申立も同時）を提起した。なお、当該不動産には、既に抵当権（35百万円）が登記されていたことから現物返還に代えて価額賠償（６百万円）を求めた。

4　Ｙから仮処分開放金が供託され、また、ＸとＹは訴えを認諾したことから国が勝訴した。

【ワンポイント】

1　代物弁済の事情、詐害行為の要件等の調査

2　譲渡代金の使途、銀行預金の綿密な調査

関係法令：徴141条、民424条

5　納税の猶予等（２例題）

36	子供名義の居宅の担保徴取と換価の猶予

（事例の概要）

1　滞納者Ｘは、不定期な少額納付を繰り返すのみで滞納額が累増していた。

2　世帯員全員の収入状況等を調査、収入は合計で約13,000千円であること、また、平成26年にリホームした居宅が子Ｙの名義となっていた。

3　しかし、同人は収入が少なかったので、Ｘにリホーム費用支払など事情等を聴取した。その結果、Ｘが費用等を全て支出しているが、将来のことを踏まえＹ名義としていたことが判明した。

4　これにより、Ｘへの登記名義の変更や資金贈与による二次納税義務の賦課ができる状況となったが、贈与税等の税の発生や登記費用等による金銭的な負担や事務の簡素化等を考慮して、Ｘから居宅を担保として提供を受け、換価の猶予を行った。

【ワンポイント】

1　家族の収入等の調査から実質的な所有者の把握

2　滞納処分の手続の効果的・容易化

関係法令：徴39条、徴141条、徴151条

37	国税と情報を共有化し換価の猶予

（事例の概要）
1　滞納者 X は、過去の課税に不満を持ち続け、質問等に非協力的な態度であり、か
つ、少額な金額の納付に止まっていた。
2　銀行調査を定期的に行い運送業務請負の収入金額を把握していたところ、所得税
の 5 年間分の期限後申告書が提出され市県民税等の滞納額が更に累増した。
　　この申告書を念査すると扶養控除の漏れを見つけたので、X 及び国税の担当者に
連絡した。
3　その後、X は国税の納付について換価の猶予を申請し、その写しを持参、国税を
含めた納税計画を明示したことから、職権による換価の猶予を行い分割納付を始
めさせた。

【ワンポイント】
1　課税資料の内容項目の念査
2　情報の共有化、的確な納付指導による信頼

関係法令：徴151条、徴151の 2 条

6　換価・評価関係（13例題）

38	計画的な納税義務承継と差押え・公売

（事例の概要）
1　滞納者 X は死亡、居住用の不動産は空家となり、この固定資産税が滞納となって
いた。
2　相続人の子 A ほか 4 人に対して納付催告を再三行っても、納付や連絡がないこと
から、不動産の現地調査、納税義務の承継、差押え、公売を計画的に実施するこ
とを決定した。
3　納税義務承継の 1 か月後に差押予告、その 1 か月後に差押え、即時に公売公告
（見積価額500万円）・インターネット公売の手続を進めた。
3　公売公告の前日に、A が全額納付（100万円）した。

【ワンポイント】
1　完結に向けた処分方針の決定
2　継続した滞納処分

関係法令：通 5 条、徴68条、徴95条、徴98条

39	公売財産の的確な選定

（事例の概要）

1　滞納者Xは、実母が死亡した以後は一人暮らしで、通知、連絡依頼や質問等には一切答弁することはなく納税に応じていなかった。また、Xの収入は少額の年金のみで、預金等他の財産を発見できない高額滞納事案であった。

2　公売実施に当たり、Xは高齢者であったことから、生活に極力影響が少ないと思われる不動産を選定するために、全ての財産の現地確認、権利関係を調査した。

3　差押財産の中から、賃貸料がA銀行の借入金（担保権設定はない。）の返済に継続的に充てられている駐車場を公売対象に選定し、インターネット公売に付した。

3　公売は不成立となったため、引き続き、近隣者、不動産業者等に買受勧奨を行い、再度、期日公売を実施し、換価代金をもって完結（600万円）させた。
　　なお、公売通知書等関係書類の送達は、全て差置送達の方法により行った。

【ワンポイント】

1　滞納者の実情、滞納額及び市場性等を考慮した公売財産の選定

2　適正な書類送達

関係法令：徴94条、徴98条、通12条

40	宅地及び未登記の物置を同日公売

（事例の概要）

1　公売財産は、家庭菜園として利用されていた宅地で、その土地に物置（未登記）が存していたが、見積評価の決定は最有効利用を宅地と判断し、物置の取壊し費用を減価して算定した。

2　インターネット公売は、入札がなく不成立となったため、近隣者等への買受勧奨を行った。その際に、公売成立後において物置の所有権が障害とならないように事前に対応する必要性があると認められた。

3　このため、物置は固定資産税が賦課されておらず、簡易に据置きされている状態であることから動産として差し押さえた。

4　宅地の期日公売の日時に合わせて物置の公売も実施、宅地及び物置の公売は双方とも成立した。滞納は完納となり、残余金で娘婿の滞納も自主納付され完納となった。

【ワンポイント】

1　土地の公売で物置が障害等となるおそれが生じている場合の対応

2　不動産と動産の同日の公売

関係法令：徴56条、徴94条、徴98条

41	時期を逸しない公売の実施

（事例の概要）

1　滞納者Ｘは、固定資産税の長期・超高額滞納者であるが、課税原因の建物は老朽化し、かつ、優先担保権が存しているため換価できない状況であった。

2　国税がＮ市に所有している不動産を差し押さえている情報を入手、直ちに現地調査、参加差押えを実施した。その後、代表者Ａから差押換えの申出があったが、その物件の現地を確認して申出を退けた。

3　その後、国税の公売手続が開始されたが、入札期日の直前に完納・差押解除となった。同時期にＡから３か月後までに全額納付する申出がされた。

4　納付予定日を経過したので、その翌月にインターネット公売の手続を開始したところ、入札期間中に全額納付（1,600万円）した。

【ワンポイント】

1　差押換えの申出への対応

2　公売実施の時期の判断

関係法令：徴79条、徴94条

42	競売事件対象地の隣接土地等の公売

（事例の概要）

1　滞納法人Ｘは、廃業し、工場及び土地は競売に付され配当はなかった。また、事前に競売事件記録書と固定資産税課税台帳とを照合してみると、競売物件と市道を挟んで駐車場として使用していた土地Ａ、接面道路の一部として使用され市場性が認められない残地Ｂ及び廃墟化し地代未払いで地主から取壊しの催告を受けている換価価値が認められない倉庫Ｃが残余財産であること判明した。

2　競売成立を待って直ちに、Ａの公売手続を開始し、公売公告後に競売の落札者に買受の勧奨を行った。同人から今後の工場等の使用する際に不測の事態の発生を回避したいのでＢとＣも併せ買受の希望があった。

3　そこで、Ｂ及びＣを直ちに差し押さえ、Ａと同時に期日公売を実施（1,300千円）した。

【ワンポイント】

1　競売事件記録の確認、残余財産の調査

2　競売落札者への買受勧奨、需要の確認

関係法令：徴94条、徴98条

43	公売財産の的確な選定と相続財産管理人の選任

（事例の概要）

1　滞納者Xは、亡父Aから相続した不動産の相続登記をしないまま死亡し、子B、妻など全ての推定相続人の相続放棄申述が受理され、Xの固有の財産と併せて相続財産法人が成立した。

2　相続財産は、農地、宅地（荒地）及び空地Y（一部分は賃貸用駐車場）であり、これらの財産のうち換価に容易な財産を特定するために、現地調査を行い概算の評価額を算出した。また、Xの債権者C他に債権額及び競売等手続の申立等の見通しを調査した。

3　担保権の設定登記のない空地Yの土地を公売することに決定した。

　その後に、Cは他の財産の競売等手続の申立のために相続財産管理人選任申立てを行った。

4　Cから相続財産管理人Dの選任の情報を受け、Dに面接して相続登記など早期公売の実施に向けた協力を依頼した。

3　その後、インターネット公売を実施したが、Yは宅地の利用としては地積が広大（約800㎡）で、かつ、間口狭小の状況等が要因で不成立となった。

　このため、隣接の土地所有者等に買受勧奨を再三行い、公売不成立から5か月後に再公売（230万円）を成立させた。

【ワンポイント】

1　相続放棄申述、相続事情等の把握、相続財産管理人選任申立

2　換価に容易な相続財産の調査

3　積極的な買受勧奨

関係法令：徴94条、徴98条、民951条、民952条

44	差押えの直前に所有権移転仮登記のある不動産の公売

（事例の概要）

1　滞納者Xは、高齢、低額な年金収入者であり、納付困難な状況であった。

2　唯一の財産は、約20年前に差し押さえた宅地及び倉庫であったが、差押えの直前に、不動産業Aのために代物弁済による所有権移転仮登記が登記されていたため、長期間滞留となっていた。

3　公売手続の着手等を伝えるためにAの子Bに面接し、登記した当時の事情等を聴取した。

　その結果、Aの父の死亡により当時の経緯の確信は得られなかったが、Bから差押物件は空家であったので管理・修繕等の保守をしているとの申立てがあり、総合的に勘案し、担保のための仮登記ではないと判断した。

4　当該物件に係る固定資産税が滞納の一部であることから、Bに差押財産価額の相当額（100万円）を納付させて差押解除し、残額は滞納処分の執行を停止した。

【ワンポイント】

1　滞納処分上の問題点（仮登記）の解明

2　滞納処分の停止のための補完調査

関係法令：徴23条、徴79条、徴153条

45※	納付責任の追及と未分割財産を差押え・公売

（事例の概要）

1　滞納者Ｘは、遺産分割協議の不成立を事由に法定相続分に係る相続税は納税できないと申出するのみで、長期間滞留（Ｘ以外の相続人は納税している。）していた。

2　Ｘに面接し、分割協議の決着の見通し等を聴取したが、早期納税は困難と判断したことから、引き続き、同人の立会いで相続財産の現地確認を行い、その中でも市場性が最もあると思われる物件を公売対象に選定した。

3　対象の相続物件の差押え及び公売の着手を通告し、その後、納税済みの相続人に対する納付責任の通知、督促状を発付し、法定相続分で相続による所有権移転を代位登記して差し押さえた。

　　登記後直ちに公売手続に着手した。差押えから約半年後に公売を実施して完結させた。

【ワンポイント】

1　相続の争いの実情の把握と処分方針を見据えた財産の選択

2　納付責任の追及

関係法令：通5③、徴68条

46	公売不成立の財産の再評価

（事例の概要）

1　約30年前に建築されたＫ県内のリゾートホテルであり、公売当時は第二の人生プランの候補地に最適と風評され全国的に報道されたが公売は成立しなかった。

2　その4年後、公売不成立の要因を確認するために現地を調査したところ、建物の敷地は多数の所有者の共有土地であること、建物の廃墟化が進んでいること、水道等ライフラインの不備、交通手段が不便であることなどから、この状況を不動産鑑定士に伝て評価額の見直しを依頼した。

3　その結果、建物の最有効使用は、広告塔用の建造物と判定されたので、換価価値が認められないことから、差押えを解除した。

【ワンポイント】

1　現地確認と適正な再評価

2　最有効使用の判定

関係法令：徴79条、徴98条

47	高価な財産の見積価額の再決定

（事例の概要）

1　約25年前に建築された大型リゾートマンションの最上階の豪華な一室で、新築後間もなく競売に付されたが約20年間空家であった。

2　管理組合、地元不動産業者等で需要等を調査したが、他の部屋に比べ専有面積が広大で固定資産税など維持費用が高額で、また未納管理費等が多額であったことから、市場性は認められなかった。

3　管理組合から、公売の買受人に対して未納管理費等の債権は放棄するとの申出があったが、公売財産は承継取得となるので未納管理費等は買受人に引継ぎはとなることを伝えた。

4　算定した見積価額は、リフォーム費用及び未納管理費等を下回ることが明らかとなり公売に実益がないと判断し、差押えを解除した。

【ワンポイント】

1　競売等で落札されなかった事由の解明

2　利用するための原状回復費用等の見積

関係法令：徴79条、徴89条、徴98条

48	特定困難な差押財産の換価の見極め

（事例の概要）

1　滞納者Xは死亡、滞納の固定資産税を徴収すべく課税物件Aを公売するために現地調査を行ったところ、不動産登記簿の地積と公図の地積が著しく相違（開差500㎡）し、かつ、公図上では約30年前にXが近隣所有者Bに売買した土地との中間地に位置し、Bの敷地の一部として利用されていることなどが判明した。

2　課税物件Aについては、国税による差押え及び抵当権者Cのための競売開始決定は、いずれも対象財産の特定が困難とする事由で公売、競売は実施されずに、平成14年に差押解除、平成16年に抵当権抹消の登記がされている。

3　相続人は年金収入のみであり、他に滞納処分を執行できる財産がないことから、滞納処分の執行を停止した。

【ワンポイント】

1　公売財産の特定、現地確認、登記簿、図面など把握

2　周辺地域の固定資産税課税状況の調査

関係法令：徴79条、徴94条、徴98条

49	相続未登記の不動産の換価の可否

（事例の概要）

1　滞納者Xは、亡父の遺産分割調停で取得した土地を相続による所有権移転登記を放置したまま10年後に死亡した。

2　Xの相続人である妻、子及び兄弟姉妹5名は相続放棄を申述し受理されている。しかし、その状況を知らなかった妹AはXの納税義務を承継している。

3　遺産分割調停は、主にXと兄Bの間での争いで約7年間かかっているなど、兄弟姉妹の繋がりも親密な関係ではなくAが疎外されていたと思料される。

4　相続財産は、現地調査の結果、無道路地の宅地で、かつ、第三者所有（破産手続が終了している者）の未登記の倉庫が存していたことなどから換価価値は認められないと判断した。なお、Aは老齢（80歳）で少額の年金収入のみであり、滞納処分を執行できる財産がないと認められるので滞納処分の執行を停止した。

【ワンポイント】

1　相続関係の把握（妻、第1順位相続人及び同順位相続人の相続放棄）
2　相続財産の換価の可否

関係法令：徴79条、徴94条、徴98条、徴153条

50※	物納申請取下げによる残余財産の換価の可否

（事例の概要）

1　滞納者Xは、相続税の物納を申請した財産が管理処分不適当と認められるのとの指導を受けて、Xほかはその申請を取り下げ、延納申請に変更した。その後、相続税の延納の計画に沿った納税資金を確保するために、相続財産を順次売却したが、延納分の滞納が累増したため、居宅用不動産等を差し押さえた。

2　Xは、納付指導等に対しては物納から延納に変更となったことに対する不満等を一方的に申し出るのみで非協力的な態度であった。

3　延納申請から約15年間を経過し、その間、相続財産を売却した代金で納付したが完納できずに、相続財産も差し押さえている居宅用不動産のみとなった。

4　そこで、Xと面接する前に、管理処分不適当とされた土地の現況調査、課税財産価額等の申告内容の確認を行った。その結果、居宅用不動産以外の相続財産は全て売却し納税に充てたが、土地価格が相続後に著しく下落したため、本税及び附帯税の全額に満たしていないことを把握した。

5　公売対象の居宅用不動産は、差押財産の価額相当額を納付させて差押えを解除、滞納残額は滞納処分の執行を停止した。

【ワンポイント】

1　課税内容の調査
2　申出事項の確認
3　財産の処分状況と納付事績

関係法令：徴153条、相続税法44条

第16　参考様式等

1 聴取書・質問てん末書

聴取書・質問てん末書		
1 申述者	住　　　所	○○市○町○丁目○番○
	氏　　　名	○　○　○　○　　　　　（年齢　　歳）
2 聴取者	所　　　属	○○市収納課
	官職氏名	徴税吏員 ○　○　○　○
（筆記者）	所　　　属	○○市収納課
	官職氏名	徴税吏員 ○　○　○　○
3 聴取の日時		平成○年○月○日　　午後○時○分〜 　　　　　　　　　　午後○時○分
4 聴取の場所		株式会社○○　一階応接室
5 聴取の手続		聴取者・筆記者は、申述者の任意申述を録取し、申述者は、これに誤りがないことを確認して署名した。
6 申述者の署名		○　○　○　○
7 その他		

168

1 聴取書・質問てん末書

問　1	
答	
問　2	
答	
問　3	
答	
問　4	
答	
問　5	
答	
問　6	
答	
問　7	
答	
問　8	
答	
問　9	
答	
問　10	
答	

2　収支状況書（簡易番）

令和　　年　　月　　日

住　　所		氏　　名	

最近の収入及び支出の見込金額（月額）

収　入	事業の売上等			千円
元請け先（取引先）		入金日	入金額	入金方法
氏　　名 住　　所		月　　日	千円	・　現金 ・　振込 （　　銀行　　支店）
		月　　日	千円	・　現金 ・　振込 （　　銀行　　支店）
氏　　名 住　　所		月　　日	千円	・　現金 ・　振込 （　　銀行　　支店）
		月　　日	千円	・　現金 ・　振込 （　　銀行　　支店）

支　出	事業用の諸経費	千円	・　材料仕入れ　　　　千円 ・　人件費　　　　　　千円 ・　諸経費　　　　　　千円
	借入金返済	千円	・　借入先 （　　　　　　）　　千円 （　　　　　　）　　千円
	生活費	千円	・　食費　　　　　　　　　千円 ・　通信費（電話等）　　　千円 ・　光熱費　　　　　　　　千円 ・　その他　　　　　　　　千円
	その他	千円	・　　　　　　　　　　千円 ・　　　　　　　　　　千円
	合計		千円

3 車両照会書（軽自動車用）

第　　　号
令和　年　月　日

軽自動車検査協会
　　○○主管事務所長　殿

市長

車 両 照 会 に つ い て

標記について、次のとおり根拠法令を添付のうえ照会するので、回答方願います。

照 会 車 両	車両番号又は車台番号	
照会根拠法令等 ※自治体の条例を含む ※根拠法令等のコピーを併せて提出してください。 ※受託機関にあっては、受委託契約書のコピーを併せて提出してください。 ※返信用の封筒と切手(簡易書留380円)	※　次のいずれかの□にレ点を付してください。 ■照会根拠法令があります（個人情報保護法 23 条 1 項 1 号に該当）。 　　　【法令名及び該当条項： 　　　　<u>地方税法第 20 条の 11、国税徴収法第 146 条の 2</u>】 □法令で定める事務の遂行のために必要です。本人の同意を得ることより当該事務遂行に支障を及ぼす恐れがあります。（個人情報保護法 23 条 1 項 4 号に該当）。 　　　【法令名及び該当条項： 　　　　＿＿＿＿＿＿＿＿＿＿＿＿＿＿＿】 ※　照会対象者が特定されている、又は根拠法令上特定の者に対する調査等権限を有する場合は、必ず照会対象者の氏名を記載してください。 　　　【氏　　　名：＿＿＿＿＿＿＿＿＿＿＿＿】	
照会事項	※ 該当する□にレ点を付してください。 　□　使用者の氏名・住所 　□　使用者及び所有者の住所・氏名 　□　その他（　　　　　　　　　　　　　　　　　　）	

担当者所属＿＿＿＿＿＿＿＿

担当者氏名＿＿＿＿＿＿＿＿

連 絡 先＿＿＿＿＿＿＿＿

4　捜索調書

捜　索　調　書

平成　　年　　月　　日

〇〇市収納課
徴税吏員　〇〇　〇〇　　㊞

　下記の滞納金額につき滞納処分のため、下記のとおり捜索しましたので、地方税法（国税徴収法第１４６条第１項）の規定により、この調書を作ります。

滞納者	住所	〇〇市〇町〇丁目〇番〇
	氏名	〇〇株式会社

滞納金額	年度 年分	科目 税目	納期限 期　別	未納額	督促料	延滞金	合計	備考
	29	固定資産税・ 都市計画税	H29. 4. 30	円 1,000,000	円 100	法律による金額 要　　円	円	
						〃		
						〃		
						〃		

捜索した場所又は物	〇〇市〇町〇丁目〇番〇〇〇株式会社の事務所、倉庫
捜索した日時	平成　年　月　日　午前 　　　　　　　　　後　時　分から午前 　　　　　　　　　　　　後　時　分まで
備　　　　考	差し押さえる財産の発見はできなかった。

（立会人の署名）

連絡先	〇〇市役所〇〇課　担当　　　　　　　　電話　　（　　　）

5　不動産差押書

<table>
<tr><td colspan="9" align="center">差　押　書</td></tr>
<tr><td colspan="5"></td><td colspan="4">第　　　号</td></tr>
<tr><td colspan="5">滞納者
　○○市○町○丁目○番○
　　　○○株式会社　　殿</td><td colspan="4">平成　　年　　月　　日

　　　　○○市長
　　　　　　○○　○○　　㊞</td></tr>
<tr><td colspan="9">　下記の滞納金額を徴収するため、地方税法（国税徴収法第４７条）の規定により下記の財産を差し押さえます。</td></tr>
</table>

滞納者	住所	○○市○町○丁目○番○						
	氏名	○○株式会社						

滞納金額	年度 年分	科目 税目	納期限 期　別	未納額	督促料	延滞金	合計	備考
	29	固定資産税・ 都市計画税	H29. 4. 30	1,000,000　円	100　円	法律による金額 要　　円	円	
						〃		
						〃		
						〃		

差押財産	土地の表示 　所在　○○市○町○丁目 　地番　○番 　地目　宅地 　地積　150. 00㎡ 建物の表示 　所在　○○市○町○丁目○番地 　家屋番号　○番 　種類　居宅 　構造　木造瓦葺平屋建 　床面積　100. 00㎡

連絡先	○○市役所○○課　担当　　　　　　　　　電話　　（　　）

6　登記嘱託書（差押え）

登 記 嘱 託 書

登 記 の 目 的　　　　差押

原　　　因　　　　平成 年 月 日　○○市差押

権　利　者　　　　○○市

義　務　者　　　　○○市○町○丁目○－○
　　　　　　　　　　○○株式会社

添　付　書　類　　　　登記原因証明情報

□登記完了証の交付を希望する

平成 年 月 日　　　○○地方法務局○○支局　御中

嘱　託　者　　　　○○市長　○○○○

　　　　　　　　　　　　連絡先の電話番号　　　（　　）
　　　　　　　　　　　　担当職氏名　徴税吏員

登 録 免 許 税　　　　登録免許税法第５条第１１号

不 動 産 の 表 示　　　別紙のとおり

別紙
［ 土地の表示 ］
不動産番号
所　　在　○○市○町○丁目
地　　番　○番
地　　目　宅地
地　　積　１５０．００㎡

［ 建物の表示 ］
不動産番号
所　　在　○○市○町○丁目○番地
家屋番号　○番
種　　類　居宅
構　　造　木造瓦葺平屋建
床 面 積　１００．００㎡

以　下　余　白

7 登記原因証明情報（差押え）

登 記 原 因 証 明 書

1 当事者及び不動産の表示
　（1）　当事者　権利者　　○○市
　　　　　　　　義務者　　○○市○町○丁目○－○
　　　　　　　　　　　　　○○株式会社
　（2）不動産の表示
　　　　別紙のとおり
2 登記の原因となる事実または法律行為
　　　○○市長は、平成　年　月　日滞納市税等を徴収するため、国税徴収法第４７条の規定により、1の（2）の不動産について差し押さえた。

　　　上記のとおり証明します。

　　　平成　年　月　日

　　　　　　　　　　　　○○市長　　○○○○

8　動産差押書

<table>
<tr><td colspan="9" align="center">差　押　調　書</td></tr>
<tr><td colspan="9">第　　　号
平成　　年　　月　　日</td></tr>
<tr><td colspan="9">○○市長
○○　○○　㊞</td></tr>
<tr><td colspan="9">　下記の滞納金額を徴収するため、地方税法（国税徴収法第５４条）の規定により下記の財産を差し押さえましたので、この調書を作ります。</td></tr>
<tr><td rowspan="2">滞納者</td><td>住所</td><td colspan="7">○○市○町○丁目○番○</td></tr>
<tr><td>氏名</td><td colspan="7">○○株式会社</td></tr>
<tr><td rowspan="5">滞納金額</td><td>年度
年分</td><td>科目
税目</td><td>納期限
期　別</td><td>未納額</td><td>督促料</td><td>延滞金</td><td>合計</td><td>備考</td></tr>
<tr><td>29</td><td>固定資産税・
都市計画税</td><td>H29. 4. 30</td><td>1,000,000　円</td><td>100　円</td><td>法律による金額
要　　円</td><td>円</td><td></td></tr>
<tr><td></td><td></td><td></td><td></td><td></td><td>〃</td><td></td><td></td></tr>
<tr><td></td><td></td><td></td><td></td><td></td><td>〃</td><td></td><td></td></tr>
<tr><td></td><td></td><td></td><td></td><td></td><td>〃</td><td></td><td></td></tr>
<tr><td>差押財産</td><td colspan="8">日本絵画　１点（額付）
　描 写 物　○○○
　作 者 名　Ｅ．ＡＢＣＤと記載されたもの
　形　　状　絵の大きさ　８号（45．5ｃｍ×33．3ｃｍ）
　　　　　　額の大きさ　55．0ｃｍ×40．0ｃｍ
　この財産は本日搬出した。</td></tr>
<tr><td>連絡先</td><td colspan="8">○○市役所○○課　担当　　　　　　　　電話　　（　　）</td></tr>
</table>

9 債権差押通知書

<table>
<tr><td colspan="9" align="center">債 権 差 押 通 知 書</td></tr>
</table>

第三債務者　　　　　　　　　　　　　　　　　　　第　　　号

〇〇市〇町〇丁目〇番　　　　　　　　平成　　年　　月　　日
　　株式会社〇銀行〇支店　殿

　　　　　　　　　　　　　　　　　〇〇市長
　　　　　　　　　　　　　　　　　　　　〇〇　〇〇　　㊞

　下記の滞納金額を徴収するため、地方税法（国税徴収法第６２条）の規定により下記の債権を差し押さえます。
　差押債権は、下記の履行期限までに〇〇市に支払ってください。
　なお、この通知を受けた後は、債権者に支払っても無効です。

| 滞納者 | 住所 | 〇〇市〇町〇丁目〇番〇 | | | | | | |
| | 氏名 | 〇〇株式会社 | | | | | | |

滞納金額	年度年分	科目税目	納期限期別	未納額	督促料	延滞金	合計	備考
	29	固定資産税・都市計画税	H29. 4. 30	円 1,000,000	円 100	法律による金額 要　　円	円	
						〃		
						〃		
						〃		

差押債権	滞納者〇〇株式会社が、株式会社〇銀行〇支店に対して有する普通預金（口座番号×）〇円払戻請求権及び債権差押通知書到達日までの確定利息の支払請求権

履行期限	即時

10　出資金差押通知書

<table>
<tr><td colspan="9" align="center">差　押　通　知　書</td></tr>
<tr><td colspan="5"></td><td colspan="4">第　　　号</td></tr>
<tr><td colspan="5">第三債務者
○○市○町○丁目○番
　　○○信用金庫　　殿</td><td colspan="4">平成　　年　　月　　日

　　　　○○市長
　　　　　○○　○○　　㊞</td></tr>
<tr><td colspan="9">　下記の滞納金額を徴収するため、地方税法（国税徴収法第７３条）の規定により下記の債権を差し押さえます。</td></tr>
</table>

<table>
<tr><td rowspan="2">滞納者</td><td>住所</td><td colspan="7">○○市○町○丁目○番○</td></tr>
<tr><td>氏名</td><td colspan="7">○○株式会社</td></tr>
<tr><td rowspan="5">滞納金額</td><td>年度
年分</td><td>科目
税目</td><td>納期限
期　別</td><td>未納額</td><td>督促料</td><td>延滞金</td><td>合計</td><td>備考</td></tr>
<tr><td>29</td><td>固定資産税・
都市計画税</td><td>H29. 4. 30</td><td>円
1,000,000</td><td>円
100</td><td>法律による金額
要　　円</td><td>円</td><td></td></tr>
<tr><td></td><td></td><td></td><td></td><td></td><td>〃</td><td></td><td></td></tr>
<tr><td></td><td></td><td></td><td></td><td></td><td>〃</td><td></td><td></td></tr>
<tr><td></td><td></td><td></td><td></td><td></td><td>〃</td><td></td><td></td></tr>
<tr><td>差押財産</td><td colspan="8">○○信用金庫に対する下記出資持分
　　　　記
　1　出資口数　　　１００口
　2　出資金額　　　５００，０００円</td></tr>
</table>

11 担保権設定等財産の差押通知書

<table>
<tr><td colspan="9" align="center">担保権設定等財産の差押通知書</td></tr>
</table>

担保権設定等財産の差押通知書

第　　号

平成　年　月　日

権利者
　○○市○町○丁目○番○
　　株式会社○○銀行
　（取扱店　○支店）　殿

　　　　　　　　　○○市長

　　　　　　　　　　○○　○○　　㊞

下記の滞納金額を徴収するため、地方税法の規定により下記の財産を差し押さえました。
地方税法（国税徴収法第５５条）の規定により通知します。

滞納者	住所	○○市○町○丁目○番○						
	氏名	○○株式会社						

滞納金額	年度年分	科目税目	納期限期別	未納額	督促料	延滞金	合計	備考
	29	固定資産税・都市計画税	H29. 4. 30	1,000,000 円	100 円	法律による金額 要 円	円	
						〃		
						〃		
						〃		

差押財産	土地の表示 　所在　○○市○町○丁目 　地番　○番 　地目　宅地 　地積　150. 00㎡ 建物の表示 　所在　○○市○町○丁目○番地 　家屋番号　○番 　種類　居宅 　構造　木造瓦葺平屋建 　床面積　100. 00㎡

差 押 年 月 日	平成　　年　　　月　　　日

連絡先	○○市役所○○課　担当　　　　　　　　　電話　　（　　）

12　交付要求書

事件番号	平成〇年(ケ)第　〇〇　号

交　付　要　求　書

第　　　号

平成　　年　　月　　日

　　　〇〇地方裁判所民事第〇部　　殿

〇〇市長

〇〇　〇〇　　㊞

　下記の滞納金額を徴収するため、地方税法（国税徴収法第82条）の規定により交付要求します。

滞納者	住所	〇〇市〇町〇丁目〇番〇						
	氏名	〇〇株式会社						

	年度年分	科目税目	納期限期　別	未納額	督促料	延滞金	法定納期限等	備考
滞納金額	29	固定資産税・都市計画税	H29.4.30	円1,000,000	円100	法律による金額要　　円		
						〃		
						〃		
						〃		

交付要求に係る財産又は事件名	〇〇地方裁判所　不動産競売事件事件番号　平成〇年（ケ）第〇〇号		
	執行機関名	〇〇地方裁判所第〇部	差押年月日　平成　　年　　月　　日
連絡先	〇〇市役所〇〇課　担当　　　　　　　　　電話　（　　）		

13 参加差押財産換価催告書

<table>
<tr><td colspan="3" style="text-align:center">参加差押財産換価催告書</td></tr>
<tr><td colspan="3">　　　　　　　　　　　　　　　　　　　　平成　　年　　月　　日

　執行機関名　　　　様

　　　　　　　　　　　　　　　　　　　○○市長

　当市で参加差押えをした下記の財産について、地方税法（国税徴収法第８７条第３項）の規定により通知します。

　　　　　　　　　　　　　　　　記</td></tr>
<tr><td rowspan="2">滞納者</td><td>住　　所
（所在地）</td><td></td></tr>
<tr><td>氏　　名
（名　称）</td><td></td></tr>
<tr><td>参加差押不動産

（名称、性質及び所在、数量）</td><td colspan="2"></td></tr>
<tr><td></td><td>参加差押年月日</td><td></td></tr>
<tr><td>摘　要</td><td colspan="2">　自主納付による完納が見込めないことから、参加差押財産の換価による配当を受ける必要があるため。</td></tr>
</table>

　連絡先　　　○○市　　　　　課　担当　　　　　　電話
（注）1　この催告書は、国税徴収法第 87 条第３項の規定により、参加差押をした市長が、差押をした行政機関等に対してすみやかに換価するよう催告する場合に使用すること。
　　　2　「摘要」欄には、この催告をすることを必要とする理由等を記載すること。

14　換価執行に関する求意見書

<table>
<tr><td colspan="3" align="center">換価執行に関する求意見書</td></tr>
<tr><td colspan="3">

差押執行機関名　　　様　　　　　　　　　　　　　　　年　　月　　日

　　　　　　　　　　　　　　　　　　　　　　　　○○市長

　当市が参加差押えをした下記の財産について、当市が換価の執行をすることに対する貴庁の意見（国税徴収法第89条の2第2項）を求めます。
　なお、貴庁の意見は、別添「換価執行に関する意見」により、
　　　　　年　　月　　日までに回答してください。
　また、貴庁の差押えに対して参加差押え又は交付要求をしている当市以外の行政機関等の名称等も併せて回答してください。

記
</td></tr>
<tr><td rowspan="2">滞納者</td><td>住　　所
（所在地）</td><td></td></tr>
<tr><td>氏　　名
（名　称）</td><td></td></tr>
<tr><td rowspan="2">参加差押不動産
（名称、数量</td><td>性質及び所在</td><td></td></tr>
<tr><td>貴庁の差押年月日</td><td>年　　月　　日</td></tr>
<tr><td>備　考</td><td colspan="2"></td></tr>
</table>

連絡先　　　○○市　　　　課　担当　　　　　電話

15 換価執行に関する意見

<table>
<tr><td colspan="6" align="center">換価執行に関する意見</td></tr>
<tr><td colspan="6">　　　　　　　　　　　　　　　　　　　　　　　　　　年　　月　　日

　参加執行機関名　　　　様

　　　　　　　　　　　　　　回答者　所在
　　　　　　　　　　　　　　　　　　名称

　　　　年　　月　　　日付で意見を求められた換価執行について下記のとおり回
答します。

　　　　　　　　　　　　　　　記</td></tr>
<tr><td rowspan="2">滞納者</td><td>住　　所
（所在地）</td><td colspan="4"></td></tr>
<tr><td>氏　　名
（名　称）</td><td colspan="4"></td></tr>
<tr><td colspan="2" align="center">回　　　答</td><td colspan="4">同意　・　不同意</td></tr>
<tr><td rowspan="3">不同意の理由</td><td colspan="5">□　当庁において速やかに換価するため</td></tr>
<tr><td colspan="5">□　既に他の行政機関等による換価執行に同意しているため</td></tr>
<tr><td colspan="5">□　その他（　　　　　　　　　　　　　　　　　　　　　　　　）</td></tr>
<tr><td rowspan="5">他の参加差押等</td><td>行政機関の名称</td><td>区　　分</td><td>受理年月日</td><td>法定納期限等</td><td>未納額</td></tr>
<tr><td></td><td>参加・交付</td><td></td><td></td><td></td></tr>
<tr><td></td><td>参加・交付</td><td></td><td></td><td></td></tr>
<tr><td></td><td>参加・交付</td><td></td><td></td><td></td></tr>
<tr><td></td><td>参加・交付</td><td></td><td></td><td></td></tr>
<tr><td align="center">備

考</td><td colspan="5">（注1）「区分」欄の「参加」は参加差押え、「交付」は交付要求を表記しています。
（注2）「法定納期限等」欄には、最も早い年月日を記載してください。</td></tr>
</table>

　連絡先　　　　　　　　担当　　　　　　　　電話

16　換価執行決定告知書

<table>
<tr><td colspan="7" align="center">換価執行決定告知書</td></tr>
<tr><td colspan="7">

換価同意行政機関等　　様　　　　　　　　　　　　平成　　年　　月　　日

　　　　　　　　　　　　　　　　　　　　　　　○○市長

　滞納地方税等を徴収するため、地方税法（国税徴収法第89条の2第1項）の規定により、下記について、当市において換価の執行をすることを決定したので、同条第3項の規定により告知します。

記
</td></tr>
<tr><td rowspan="2">滞納者</td><td>住　所
（所在地）</td><td colspan="5"></td></tr>
<tr><td>氏　名
（名　称）</td><td colspan="5"></td></tr>
<tr><td rowspan="5">滞納地方税等</td><td>年度</td><td>納期限</td><td>未納額</td><td>督促料</td><td>延滞金</td><td>滞納処分費</td><td>法定納期限等</td></tr>
<tr><td></td><td></td><td></td><td></td><td></td><td></td><td></td></tr>
<tr><td></td><td></td><td></td><td></td><td></td><td></td><td></td></tr>
<tr><td></td><td></td><td></td><td></td><td></td><td></td><td></td></tr>
<tr><td></td><td></td><td></td><td></td><td></td><td></td><td></td></tr>
<tr><td rowspan="4">特定参加差押不財産</td><td colspan="7"></td></tr>
<tr><td colspan="7"></td></tr>
<tr><td colspan="7"></td></tr>
<tr><td colspan="7"></td></tr>
<tr><td colspan="2">貴庁の差押年月日</td><td colspan="2">　年　　月　　日</td><td colspan="2">貴庁の同意年月日</td><td>　年　　月　　日</td></tr>
<tr><td>備　考</td><td colspan="7"></td></tr>
</table>

連絡先　　　○○市　　　　　　　課　担当　　　　　　　　電話

17 換価執行決定通知書（滞納者用）

<table>
<tr><td colspan="7" align="center">換価執行決定通知書</td></tr>
<tr><td colspan="7">
平成　　年　　月　　日

　滞納者　　　　　　様

　　　　　　　　　　　　　　　　　○○市長

　滞納地方税等を徴収するため、地方税法（国税徴収法第 89 条の 2 第 1 項）の規定により、下記について、差押えをした行政機関等の同意を得て、当市において換価の執行をすることを決定したので、同条 4 第項の規定により通知します。
　なお、今後、特定参加差押不動産を公売することを予定しています。

記
</td></tr>
</table>

| 滞納者 | 住　　所
（所在地） | | | | | |
| | 氏　　名
（名　称） | | | | | |

滞納地方税等	年度	納期限	未納額	督促料	延滞金	滞納処分費	法定納期限等

特定参加差押不財産	

差押えをした行政機関等	
差　押　年　月　日	年　　月　　日　┃同意年月日　┃　　年　　月　　日

備考	

連絡先　　　　○○市　　　　課　担当　　　　　　電話

18　換価執行決定通知書（行政機関等用）

換価執行決定通知書

平成　　年　　月　　日

行政機関等　　　　　様

○○市長

　滞納地方税等を徴収するため、地方税法（国税徴収法第89条の2第1項）の規定により、下記について、差押えをした行政機関等の同意を得て、当市において換価の執行をすることを決定したので、同条4第項の規定により通知します。

　なお、今後、新たな参加差押え又は交付要求を行う場合は、当市に対して行ってください。

記

滞納者	住　　　所 (所在地)	
	氏　　　名 (名　称)	

滞納地方税等	年度	納期限	未納額	督促料	延滞金	滞納処分費	法定納期限等

特定参加差押不財産	

差押えをした行政機関等	

差押年月日	年　　月　　日	同意年月日	年　　月　　日

備考	

連絡先　　　　○○市　　　　　　課　担当　　　　　　　電話

19　登記原因証明情報（特定参加差押財産の所有権移転登記）

登 記 原 因 証 明 書

1　当事者及び不動産
（1）当事者　　権利者

　　　　　　　　義務者

（2）不動産の表示

（3）抹消の対象となる登記

2　　登記の原因となる事実または法律行為
（1）○○市長　　　　　は、国税徴収法第８９条の２の規定に基づき、
　　　　　年　　月　　日、　上記の１の（2）の不動産について換価執行決定
　　を行った。
（2）○○市長　　　　　は、国税徴収法第１１３条の規定に基づき
　　　　　年　　月　　日、上記の１の（2）の不動産について権利者に対して
　　売却決定を行った。
（3）　買受人は、国税徴収法第１１５条の規定に基づき、　　年　　月　　日、
　　　買受代金を納付した。

　　　上記のとおり証明します。

　　　　平成　　年　　月　　日

　　　　　　　　　　　　　　　　○○市長

20　換価執行決定取消通知書

<table>
<tr><td colspan="3" align="center">換価執行決定取消通知書</td></tr>
<tr><td colspan="3">

平成　　年　　月　　日

換価同意行政機関等　　　様

　　　　　　　　　　　　　　　　　　　○○市長

　地方税法（国税徴収法第89条の３）の規定により、下記について、換価執行決定を取り消したので、同条第３項の規定により通知します。

記
</td></tr>
<tr><td rowspan="2">滞納者</td><td>住　　所
（所在地）</td><td></td></tr>
<tr><td>氏　　名
（名　称）</td><td></td></tr>
<tr><td rowspan="4">特定参加差押不動産</td><td></td><td></td></tr>
<tr><td></td><td></td></tr>
<tr><td></td><td></td></tr>
<tr><td></td><td></td></tr>
<tr><td colspan="2">換価執行決定年月日</td><td>年　　月　　日</td></tr>
<tr><td colspan="2">備　考</td><td></td></tr>
</table>

連絡先　　　○○市　　　　　課　担当　　　　　　電話

21 配当計算書

<table>
<tr><td colspan="4" align="center">配 当 計 算 書</td></tr>
</table>

配 当 計 算 書

第　　号

平成　年　月　日

滞納者

○○市○町○丁目○番○

　　○○株式会社　　殿

○○市長

○○　○○　㊞

　下記受入欄に記載の換価代金等については、下記の交付期日において支払欄又は残余金欄
に記載のとおり配当又は交付することになりましたので、地方税法（国税徴収法第131条）の規定
により、この計算書を作成します

滞納者	住　　所	○○市○町○丁目○番○				
	氏　　名	○○株式会社				
受入		換価財産等の名称・数量・性質及び所在				

受入

土地の表示
　所在　○○市○町○丁目
　地番　○番
　地目　宅地
　地積　150.00㎡
建物の表示
　所在　○○市○町○丁目○番地
　家屋番号　○番
　種類　居宅
　構造　木造瓦葺平屋建
　床面積　100.00㎡〔土地の表示〕

以下余白

金　　額	○, ○○○, ○○○円

支払	債権者の住所（所在地）及び氏名	市長が確認した債権額	配当順位	配当金額	備考
	○○市○町○丁目○番 　　○○市長	○, ○○○, ○○○円	1	○, ○○○, ○○○円	差押分

残余金（　　　　　　　　　　　　へ交付）	○, ○○○, ○○○円

換価代金等の交付	期　　日	場　　所
	平成　年　月　日　午前　時	○○市○○課
連絡先	○○市役所○○課　担当	電話　　（　　）

22　相続による納税義務承継通知書

相続による納税義務承継通知書

第　　　号
平成　年　月　日

承継人
〇〇市〇町〇丁目〇番〇
　〇〇　〇〇　殿

〇〇市長
〇〇　〇〇　㊞

　下記被相続人が納付すべき下記の滞納金については、相続があったため、あなたは、下記滞納金のうちその相続分に対応する滞納金を納付しなければならないことになりましたので納付してください。

　（承継人が複数の場合）
　なお、他の相続人が承継した被相続人の滞納金を納付されないときは、あなたは、相続分に対応する滞納金のほか、相続により得られた財産の価額を限度として、その滞納金を納付しなければなりませんからご承知ください。

| 被相続人 | 住所 | 〇〇市〇町〇丁目〇番〇 | | | | | | |
| | 氏名 | 〇〇　〇〇 | | | | | | |

被相続人の納付すべき滞納金	年度年分	科目税目	納期限期別	未納額	督促料	延滞金	合計	備考
	29	固定資産税・都市計画税	H29．4．30	1,000,000 円	100 円	法律による金額要　円	円	
						〃		
						〃		
						〃		

備考	現在までに〇〇市において判明した相続分によりますと、あなたの相続分に対応する滞納金は、次のとおりとなります。 　本税　　〇〇〇，〇〇〇円 　督促料　　　　〇〇円 　延滞金　法律による金額

連絡先	〇〇市役所〇〇課　担当　　　　　　　　　　電話　（　　　）

190

23 第二次納税義務の検討表

第二次納税義務の検討表（無償譲渡等）

事案の概要	

項目	調査事項	調査結果	
成立要件	1　法定納期限の1年前の日後に無償譲渡等の処分をしたか。	(1)　法定納期限	年　　月　　日
		(2)　法定納期限の1年前の日	年　　月　　日
		(3)　無償譲渡等の処分の時期	年　　月　　日
	2　無償譲渡等の処分があるか。 ・譲渡 ・債務免除 ・第三者に利益を与える処分 （低額譲渡の判定）	(1)　処分の内容 　（調査方法）・契約書・公簿・財務関係書 　　　　　　・その他（　　　　　　　）	
		(2)　通常の時価 　（評価方法）・取引実例・取得価格 　　　　　　・その他（　　　　　　　）	円
		(3)　譲渡等した場合の財産等の対価 　（対価の内容）	円
		(4)　低額譲渡の判定	・　該当 ・　非該当
	3　徴収不足が無償譲渡等の処分に基因するか。	(1)　無償譲渡等の処分後に徴収金の総額を徴収できる財産を取得した事実	
			・　無　　・　有
	4　徴収不足であるか。	(1)　主たる納税者の財産	円
		(2)　主たる納税者の徴収金（別紙目録）	円

第二次納税義務を負う者	特殊関係者か第三者か。	(1) 特殊関係の判定　　　　　　　　　・　特殊関係者 　　　　　　　　　　　　　　　　　・　第三者 　　（関係の内容） 　　（調査方法）・住民票等・賦課関係資料 　　　　　　　　・その他（　　　　　　　　） (2) 住所 　　氏名	
責任の限度額	1　親族その他の特殊関係者の場合（無償譲渡等に係る財産の成立時における受けた利益の額） ‥‥‥‥‥‥‥‥‥‥‥‥ 2　第三者の責任の場合 　　（無償譲渡等に係る財産の納付通知書による告知をする時における受けた利益の額）	(1) 受けた金銭の額 　　物の通常の時価 　　免除に係る債権の時価	円
		(1) 受けた金銭の額 　　物の通常の時価 　　免除に係る債権の時価 　　受けた物が現存しないとき（残存時価＋得た利益－要した費用）	円
		(2) 対価 　　（内容　　　　　　　）	▲　　円
		(3) 費用（契約に要した費用等）	▲　　円
		(4) 特別の費用（譲り受けたことを直接の理由とする費用等）	▲　　円
		(5) 責任の限度 　　（なお、1の場合は、(4)の特別の費用は除きます。）	円
		(注) 2の場合の受けた利益は、1の場合の受けた利益を上限とします。	

24 納付通知書

納 付 通 知 書

第　　　号

第二次納税義務者
○○市○町○丁目○番○
　　　○○　○○　　殿

平成　　年　　月　　日

○○市長
○○　○○　　㊞

　あなたは、下記法律の規定により、下記納税者の滞納金につき、下記金額の第二次納税義務を負うことになりましたので、納付の期限までに納付してください。

納税者	住所	○○市○町○丁目○番○						
	氏名	○○　○○						

	年度年分	科目税目	納期限期　別	未納額	督促料	延滞金	合計	備考
滞納金	29	固定資産税・都市計画税	H29. 4. 30	円 1,000,000	円 100	法律による金額 要　　円	円	
						〃		
						〃		
						〃		

上記の税者者滞納金につき、あなたが第二次納税義務として納付すべき金額	円

納 付 の 期 限	年　　月　　日	納 付 場 所	○○銀行、○○信用金庫 ○○市役所

あなたがこの第二次納税義務を課されることの根拠となる法律の規定	地 方 税 法 第　　　条

連絡先	○○市役所○○課　担当　　　　　電話　　（　　）

（注）国税は、いかなる事実関係に基づき、いかなる法規を適用して処分がなされたかを
　　明らかにするために、理由附記をしています。

25　換価の猶予申請書

<table>
<tr><td colspan="7" align="center">換価の猶予申請書</td></tr>
<tr><td colspan="7" align="right">令和元年　　月　　日</td></tr>
</table>

（宛先）　　市長

申請者	住(居)所 又は所在地	
	氏名又は名称	
	個人番号又 は法人番号	

　地方税法第15条の6第1項及び第15条の6の2第1項の規定により、次のとおり換価の猶予を申請します。

	年度	期別	納期限	税目	税額	督促 手数料	加算 金額	延滞 金額	滞納 処分費	計
納付すべき税等				別紙のとおり		円	円	円	円	円
納付すべき税等のうち、換価の猶予を受けようとする金額										

一時に納付することにより事業の継続又は生活の維持が困難となる事情	

納付計画	年　月　日	金　額	年　月　日	金　額	年　月　日	金　額
		円		円		円

猶予期間	令和元年　　月　　　日から　　　　年　　　月　　　日まで　　12月間		
担保	□ 有 □ 無	担保財産の詳細又は提供できない特別の理由	担保徴取基準額以下、担保提供できる財産ない。

26 換価猶予（許可）通知書

<table>
<tr><td colspan="4" align="center">換 価 猶 予（許 可)通 知 書</td></tr>
<tr><td colspan="4">第　　　号
平 成　年　月　日</td></tr>
<tr><td colspan="4">納税者

　　　　　　市長</td></tr>
<tr><td colspan="4">　下記のとおり換価の猶予をしますので、地方税法第１５条５の２第３項の規定により通知します。</td></tr>
</table>

滞納者	住　所	
	氏　名	

猶予金額	内訳は別紙に記載

猶予期間	平成　　年　　月　　日から平成　　年　　月　　日

該当条項	□	地方税法第15条の5（職権による猶予） 　（　　　　　　　　　　　　　　　　　　　　　　　　　）
	□	地方税法第15条の6（申請による猶予） 　（　　　　　　　　　　　　　　　　　　　　　　　　　）

担保	□	不動産（　・土地　・建物　）所有者（・本人　・提供者：　　　　）
	□	納税保証人（住所等　　　　　　　　　氏名等　　　　　　　　　）
	□	その他（　　　　　　　　　　　　　　　　　　　　　　　　　）
	□	不徴取（　・基準による　　・特別な事情による　　）

納付計画	分割納付予定日	分割納付額（円）	分割納付予定日	分割納付額（円）
	年　月　日		年　月　日	
	年　月　日		年　月　日	
	年　月　日		年　月　日	
	年　月　日		年　月　日	
	年　月　日		年　月　日	
	年　月　日		年　月　日	

備考	分割納付額をその納付予定日までに履行しないとき、猶予に係る徴収金以外に徴収金を滞納したときなどは、猶予が取り消しされる場合があります。

連絡先	市役所　　　　　　　　担当者　　　　　　　TEL

27　換価の猶予（期間の延長）申請書

<table>
<tr><td colspan="11" align="center">換価の猶予(期間の延長)申請書</td></tr>
<tr><td colspan="11" align="right">年　月　日</td></tr>
<tr><td colspan="3">（宛先）　　市長</td><td colspan="8"></td></tr>
<tr><td colspan="2" rowspan="3">申請者</td><td colspan="2">住(居)所
又は所在地</td><td colspan="7"></td></tr>
<tr><td colspan="2">氏名又は名称</td><td colspan="7"></td></tr>
<tr><td colspan="2">法人番号</td><td colspan="7"></td></tr>
</table>

　年　月　日付第　　号で換価の猶予の通知を受けた税額等のうち、次の部分については当初の計画どおり納付(納入)することができないので、地方税法第15条の５第３項の規定により換価の猶予(期間の延長)を申請します。

換価の猶予期間延長申請税額	年度	期別	納期限	税目	税額	督促手数料	加算金額	延滞金額	滞納処分費	計
						円	円	円	円	円

猶予期間内に猶予を受けた金額を納付することができない理由	

納付計画	年 月 日	金　額	年 月 日	金　額	年 月 日	金　額
		円		円		円

延長期間	年　月　日から　　年　月　日まで　　月間

担保	□ 有 □ 無	担保財産の詳細又は提供できない特別の理由	

担　保　提　供　書

平成　年　月　日

担保提供者（納税者）

住所（所在）

氏名（名称）

市長　殿

換価の猶予に係る下記税金の担保として、次の物件を提供します。

猶予税目								
年度	税目	納期限	未納額	督促料	延滞金	滞納処分費	額	備考
			（円）	（円）	法律による金額（円）	法律による金額（円）		
		・・					〃	
		・・			〃	〃	〃	
		・・			〃	〃	〃	
		・・			〃	〃	〃	

担保物件の表示

住所（所在）

氏名（名称）

換価の猶予に係る上記税金の納税担保として、上記物件の提供を承諾します。

平成　年　月　日

担保物件の所有者

住所（所在）

氏名（名称）

添付書類	抵当権設定登記承諾書（印鑑証明書を含む。）

29　抵当権設立登記承諾書

抵 当 権 設 定 登 記 承 諾 書

原　　　　　因　　平成　年　月　日換価の猶予にかかる市税（地方税に関する法律の定めに
　　　　　　　　　よる延滞金を含む。）について平成　年　月　日抵当権設定契約

債　権　額　　金　　　　　　　　　　　円

延　滞　金　の　額　　地方税法所要の額

債　務　者

　　　　　　　　　下記物件に上記の抵当権設定の登記をすることを承諾します。

平成　年　月　日

　　　設　定　者

　　　　　　　　　　　　　　　　　　　　　　　　　　　　印

　　　　市長　殿

不 動 産 の 表 示

　　　別紙目録のとおり

30　登記嘱託書（換価の猶予）

<h1 style="text-align:center">登　記　嘱　託　書</h1>

登記の目的　　抵当権設定

原　　因　　平成　　年　　月　　日換価の猶予にかかる市税（地方税に関する法律
　　　　　　　に定める延滞金を含む。）について平成　　年　　月　　日抵当権設定
　　　　　　　契約

債　権　額　　金　　　　　　　　　　円

延滞金の額　　地方税法所要の額

債　務　者

抵　当　権　者

設　定　者

添　付　書　類　　登記原因証明情報　抵当権設定登記承諾書　印鑑証明書

■登記完了証の交付を希望する

平成　　年　　月　　日　　　　地方法務局　　　支局　御中

　　　　　嘱託者　　　　　市長

　　　　　　　　連絡先の電話番号
　　　　　　　　担当職氏名　　　市徴税吏員

登録免許税　　登録免許税法第４条第１号

不動産の表示
　　別紙のとおり

31　登記原因証明情報（換価の猶予）

登 記 原 因 証 明 書

1　登記申請情報の要領
（1）登記の目的　抵当権設定
（2）登記原因　平成　　年　　月　　日換価の猶予にかかる市税（地方税に関する法律に定める延滞金を含む。）について平成　　年　　月　　日抵当権設定契約
（3）債権額　金　　　　　　　　　円
（4）延滞金の額　地方税法所要の額

2　当事者及び不動産の表示
（1）当事者　債務者

　　　　　　　　抵当権者
　　　　　　　　設定者

（2）不動産の表示

　　　　別紙のとおり

3　登記の原因となる事実または法律行為
　　　　市長は、平成　　年　　月　　日、地方税法第１５条の５の規定により、滞納市税を徴収するため、２（２）の不動産に抵当権を設定する。

　　　　上記のとおり証明します。

　　　　平成　　年　月　日

　　　　　　　　　　　　　　　　　市長

32 換価の猶予財産収支状況書

財 産 収 支 状 況 書

平成 29 年 1 月 日

1 住所・氏名等

住 所 所在地	○○市○町○丁目○○	氏 名 名 称	○○ ○○

2 現在納付可能資金額

現金及び預貯金等	預貯金等 の種類	預貯金等の額	納付可能金額	納 付 に 充 て ら れ な い 事 情	
現　　金		100,000円	50,000円	□ 運転資金　■ 生活費　□ その他	
預　　金	普通	120,000円	100,000円	□ 運転資金　■ 生活費　□ その他	
		円	円	□ 運転資金　□ 生活費　□ その他	
		円	円	□ 運転資金　□ 生活費　□ その他	

現在納付可能資金額（A）	150,000円	※（A）は、申請書の③「現在納付可能資金額」欄へ転記

3 今後の平均的な収入及び支出の見込金額（月額）

区	分	見 込 金 額
収入	売上、給与、報酬	円
	その他（　アパート収入　）	1,100,000 円
		円
①	収 入 合 計	1,100,000 円
支出	仕入	円
	給与、役員給与	円
	家賃等	円
	諸経費	円
	借入返済	800,000 円
		円
		円
	生活費(扶養親族　　人)	200,000 円
②	支 出 合 計	1,000,000 円
③	納 付 可 能 基 準 額 （　①　－　②　）	100,000 円

4 分割納付計画（B） ※分割納付金額は、3の③の欄を基に記載し、申請書⑤「納付計画」欄へ転記

月	分割納付金額	備考
2月	100,000 円	土地(農地)売却により完納するが、その間は
3月	100,000 円	分割納付する。
4月	100,000 円	
5月	100,000 円	
6月	100,000 円	
7月	100,000 円	
8月	100,000 円	
9月	100,000 円	
10月	100,000 円	
11月	100,000 円	
12月	100,000 円	
1月	5,000,000 円	

【備考】
換価の猶予の担保として、売買予定の農地(田)を提供する。

5 財産等の状況

(1) 売掛金・貸付金等の状況

売 掛 先 等 の 名 称 ・ 住 所	売 掛 金 等 の 額	回収予定日	種 類	回 収 方 法
なし	円	平成 ・・		
	円	平成 ・・		
	円	平成 ・・		

(2) その他の財産の状況

不動産等	宅地○筆○○○○㎡、畑○筆○○○○㎡、 アパート○棟、建物(居宅等)○棟ほか	国債・株式等	
車　両	自家用車	その他 (保険 等)	

(3) 借入金・買掛金の状況

借 入 先 等 の 名 称	借入金等の金額	月 額 返 済 額	返済終了(支払) 年月	追加借入 の可否	担 保 提 供 財 産 等
○○農協	200,000,000 円	800,000 円	平成 56 年 3 月	可 ・ 否	居宅、アパート○棟、その地の敷地等○筆
	円	円	平成 年 月	可 ・ 否	

33　滞納処分の停止調書１号

滞納処分の停止調査書（１号該当）No. 1

【停止要件の判断基準】

1号該当（財産がない）

（1）差押え等があり配当が見込まれない
（2）差押え、換価・取立が終了後、徴収不能
（3）差押債権の取立てに10年以上
（4）取立訴訟提起不可

調　査　者		調査年月日	平成　　年　　月　　日
滞　納　者		業　種(屋号)	

停止事由概要	地方税法第15条の7第1項第1号

滞納者の状況	家族構成	続柄	氏　　　名	年齢	職業・勤務先、収入状況等	備考
		本人				

(注)1 滞納者が、法人の場合は、代表者の家族を記載する。
(注)2 「備考」欄は、生活保護法の適用、病気等の特殊な事情を簡記する。

		地目種類	筆数棟数	固定資産税評価額	抵当権等の設定状況	配当見込	動産	
財産の状況	土地						預貯金	
							生命保険	
	建物						その他	

	種類	金額（千円）	債権者氏名	国税等／滞納	税目等	金額（千円）
負債						

参考事項	

(注)　事業継続又は継続して納税義務が発生すると見込まれる地方税等の場合は、
　　　次頁の滞納処分の停止調査書（1号該当）No. 2も作成する。

滞納処分の停止調査書（1号該当）No. 2

（5）事業継続又は継続して納税義務が発生すると見込まれる
　　地方税等の場合

| ① 納税誠意
　ア　判定日前の3年間の納税額≧期間中に到来した地方税等の相当額 | 直近3年間の、滞納分に係る納付額及び他の納付額の合計額
（　　　　千円） | 直近3年間に納期限が到来した地方税等の合計額
（　　千円） |
| イ　新たな滞納発生のおそれがない。 | 期限内納付の指導 | 　年　月　日 |

| ② 事業の継続困難
　事業用財産（現金、売掛金、機械等）の差押え等により、直ちに事業の継続が困難にするおそれがある。 | 現金、売掛金等を差し押さえ、換価・取立した場合の徴収可能額
（　　　　千円）
（A） | （A）の金額の滞納額に占める割合
（　　　　%） |

| ③ 完納に長期間
　月平均支払可能資金額で分割納付を継続した場合に10年程度を要する。 | 月平均納付可能額
（　　　　千円）
（B） | 滞納額÷（B）
÷12
（　年　月） |

④ 資力回復が困難
　判定日前の直前の年分、前年分及び前々年分の3年間の、売上高、所得金額の推移、負債の返済状況等勘案する。

（単位：千円）

	2年前	1年前	直前
売上・収入			
所得金額			
売掛金等			
預貯金			
買掛金等			
借金			

34　滞納処分の停止調査書２号

滞納処分の停止調査書（２号該当）

【停止要件の判断基準】

２号該当（生活の窮迫：個人に限る）

> （1）生活保護法の適用（給与差押禁止金額）の程度で生計を維持している。
> （2）収入が僅少で安定性がないため、生計維持が困難である。

調　査　者						調査年月日	平成　年　月　日	
滞　納　者			（　　歳）	業　種(屋号)				

停止事由概要	地方税法第15条の7第1項第2号

滞納者の状況	家族構成	続柄	氏　　名	年齢	職業・勤務先、収入状況等			備考
		本人						
		生活保護法の適用　　　有　　　無			月平均収入見込額		千円	
		生計を一にする親族等の月平均収入見込額					千円	
		(注)　「備考」は、健康状態、病名等を記載する。						

	財産の状況		地目種類	筆数棟数	固定資産税評価額	抵当権等の設定状況	配当見込	動産	
		土地						預貯金	
								生命保険	
		建物						その他	

	負債	種類	金額（千円）	債権者氏名	国税等滞納等	税目等	金額（千円）

参考事項	

> （3）居住用財産が生計維持に必要最低限である場合

（単位：千円）

	①	老齢、病気又は負傷等の事実があり、収入が僅少で、今後3年程度では資力の回復が見込まれない。

	2年	1年前	直前
売上・収入			
所得金額			
売掛金等			
預貯金			
買掛金等			
借金			

② 立地条件、財産価額等によると、社会通念上必要最低限のものと認められる。

・交通、接道等環境状況
（　　　　　　　　　　）

③ 換価後に、同居が不可能であり、かつ、新たな生活根拠（アパート等）の賃借に要する費用等を有していないと認められる。

・引越費用概算
（　　　千円）
・1年間の家賃相当額
（　　　千円）

④ 参加差押え等がないこと。

・参加差押え等（　有　・　無　）

滞納処分の停止調査書（３号該当）

【停止要件の判断基準】

３号該当（住居所及び財産が不明）

> 滞納者の住所又は居所及び財産がともに不明な場合に限り、適用される。

調　査　者		調査年月日	平成　年　月　日
滞　納　者		業　種(屋号)	

停止事由概要	地方税法第15条の７第1項第3号

所在調査		調査先	調査日	調査結果
	登録・登記	住民票、戸籍、商業登記簿等	年　月　日	
	住所・所在地等	現地、近隣等	年　月　日	
	関係者等	親族、勤務先	年　月　日	

滞納者の状況	家族構成	続柄	氏　　名	年齢	職業・勤務先、収入状況等		備考
		本人					
	(注)滞納者が、法人の場合は、代表者の家族を記載する。						

	財産の状況		地目種類	筆数棟数	固定資産税評価額	抵当権等の設定状況	配当見込	動産	
		土地						預貯金	
								生命保険	
		建物						その他	
	負債	種類	金額（千円）		債権者氏名	国税等滞納	税目等		金額(千円)

参考事項	

205

36　滞納処分の停止適否チェック表

滞納処分の停止適否チェック表

			作成年月日	令和　年　月　　　日
			担　当　者	

滞納者	氏　名・名　称	職業・業種	判定理由	滞納処分の停止の適否

区分		点検項目	適否等	特記事項
概況	1	事業の状況	適　否	
	2	役員・清算人等の状況	適　否	
	3	生計の状況	適　否	
	4	相続人・保証人・第二次納税義務者の状況	適　否	
課税	5	課税内容の調査	済　否	
	6	課税資料による財産の調査	済　否	
	7	新規課税・滞納発生見込の調査	無　有	
財産調査	8	居所・事業所等	済　否	
	9	捜索箇所の的確性	済　否	
	10	県庁・他の市町村	済　否	
	11	法務局	済　否	
	12	陸運事務所等	済　否	
	13	金融機関	済　否	
	14	勤務先・取引先	済　否	
	15	売掛金、給料等の差押・取立可能債権の調査	済　否	
	16	第三債務者の資力調査	済　否	
	17	上記以外の調査（　　　　　　　　　　　　）	済　否	
	18	財産・債務の状況	適　否	
	19	借入金の使途の状況	適　否	
	20	不動産等の財産上の優先権（共同担保目録財産を含む）の調査	済　否	
	21	差押財産の処分状況	適　否	
	22	親族・特殊関係者・他人名義の財産の調査	済　否	
	23	第二次納税義務該当事実の調査	済　否	
	24	詐害行為該当事実の調査	済　否	
	25	競売事件等の調査・配当見込額	無　有	
	26	破産手続等の調査・配当見込額	無　有	
	27	国税及び他の地方税の徴収状況	済　否	
	28	所得税等の還付金の調査	済　否	
その他	29	他の新たな徴収方途の調査	済　否	
	30	適用条文の適法性	適　否	
	31	その他（　　　　　　　　　　　）		

37　公売予告

平成　年　月　日

　　　　様

公売予告書

○○市長

　あなたの市税等について、督促状や催告書等で納付をお願いしていますが、未だに完納されていません。また、あなたとは、平成　年　月　日にお会いして、担当者への連絡をお願いしましたが、ご連絡がありません。

　次の差押財産は、税金未納のため、やむなく近日中に公売の手続を開始する見込みですから、早急に滞納市税等を完納されるようにおすすめいたします。

　もし、納付されることが困難な場合には、下記の指定日までに担当者にその事情を申し出てください。

　なお、既に納付されているときは、このお知らせとあなたの納付が行き違いになったものと思われますので、あしからず御了承ください。

　差押財産（平成　年　月　日　差押え）

　差押財産（平成　年　月　日　差押え）

　・○○市○町○丁目○番 1　宅地　　4.11 ㎡

　・○○市○町○丁目○番 2　宅地　　4.39 ㎡

　・○○市○町○丁目○番　　宅地　320.66 ㎡

記

1　指定日　平成　年　月　日

2　滞納市税等　合計　　　　円（指定日現在）

	科目 税目	年度 年分	納期限 期別	本税 未納額	督促料	延滞金	合計
滞							
納							
市							
税							
等							

（担当者）　○○市役所　○○課

担当者　○○

電話 000-000-0000

38　換価処分の適否検討表

換価処分適否検討表（不動産用）

滞納者	住　所	○○市○町○丁目○－○		宛名番号	
	氏　名	(有)　○○			

換価財産

名称・数量・性質・所在及び現況
- ○○市○町○丁目○番10　宅地　　　5.33㎡
- ○○市○町○丁目○番11　宅地　　　5.36㎡
- ○○市○町○丁目○番 9　宅地　　236.54㎡
- ○○市○町○丁目○番10　宅地　　 19.42㎡

	見積価額	別添「見積価額評価書」のとおり		2,510,000	円
参考価格	更　地	① 平成　○ 年度土地台帳価格÷0.7			
	底　地	② 平成　　年度土地台帳価格÷0.7×0.5			
	土地付家屋	③ 平成　　年度土地台帳価格÷0.7			
	建　物	④ 平成　　年度家屋			
			③＋④	7,345,999	円
	地上権等付建物	⑤ 平成　　年度家屋			
		⑥ 平成　　年度土地台帳価格÷0.7×0.7			
			⑤＋⑥		
		⑦ 平成　　年度家屋			

債権額等

内　訳　等	金　額	配当見込額
滞納市税等	別紙「滞納内訳書」のとおり	法定納期限等（平○. 4. 30) 856,000円
交付要求等地方税権等	なし	
担保権付債権等	なし	

担保権等の状況

権利の種類	権利者名	設定日	債権額	配当見込額	備　考
根抵当権	○信用金庫	昭○. 9.10	3,288,158	800,000	極度額
根抵当権	○銀行	昭○. 8.18	385,590	385,590	
根抵当権	○信用金庫	昭○. 9.10	3,288,158	468,410	
合　計					

検討事項

	検　討　事　項	○○課 担当	判定
差押手続検討	差押要件の具備（督促状の送達等）		有・無
	差押調書の記載事項		適・否
	差押書の送達		適・否
	差押財産の登記等の処理		適・否
	差押財産に係る権利関係調査		適・否
	差押財産に係る権利者に対する差押通知書の送達		適・否
	法律上、事実上の換価制限		無・有
換価の検討	換価予定財産選定の適否		適・否
財産選定	（換価の難易、担保権者等第三者への影響度合、差押禁止財産等）		
	超過差押（可分の適否）		有・無
	無益な差押（他財産の有無）		無・有
	適否の適否		
	超過公売		無・有
換価の実施適否	公売予定時期　平成○年6月19日～6月26日（インターネットによる期間入札）		
	換価適	分納中	
	換価保留	停止見込	
		競売事件中	
	換価不適	その他	
配当の判定	配当見込あり		
	配当見込なし		（備考）

【留意事項】

1　滞納市税等とは、差押・参加差押・所内参加差押（交付要求を含む）・その他未処分に係る徴収金額をいう。
2　交付要求等とは、他の執行機関の参加差押（交付要求を含む）に係る徴収金をいう。
3　担保権付権等とは、差押財産に係る担保権をいう。
4　土地台帳価格÷0.7とするのは、現況「宅税」（課税）地目「宅地」について、適正な時価の割合を目途とするものであるから、これを割り戻すためである。
5　底地の参考価格は、相続税路線価図の借地権割合を参考として、借地権の割合を除いた割合を乗じて算出する。また、地上権付建物の参考価格を求める際は、当該地域の借地権等の割合を乗じて算出する。

39 公売事務のスケジュール（インターネット公売）

公売（〇．6．26）

①〇．3.13 〜　　　 換価処分適否検討表の作成
　　　　　　　　　　 見積価額決定のための、現地調査、評価資料等の収集

②〇．4.21（金）　 公売関係書類の起案
　　　　　　　　　　　　・公売通知書　・見積価額評価書

③〇．4.24（月）　 滞納者に公売通知書を送達

④〇．4.12（水）　 Ｙａｈｏｏ！官公庁オークションにアップ依頼

⑤〇．5.26（金）　 Ｙａｈｏｏ！官公庁オークションにアップ
　　　　　　　　　　・公売財産
　　　　　　　　　　・見積価額　　５，９１０，０００円
　　　　　　　　　　・公売保証金　　６００，０００円
　　　　　　　　　　・参加申込期間　　〇．5.26〜 6.12
　　　　　　　　　　・入札期間　　　　〇．6.19〜 6.26（13：00）

⑥〇．5.26（金）　 〇〇掲示場に掲示（上記⑤に準ずる事項）
　　　　　　　　　　・公売公告
　　　　　　　　　　・見積価額の公告
⑦〇．5.26（金）　 〇〇市ＨＰに「インターネット公売のご案内」を掲示
　　　　　　　　　　「広報〇〇市」に事前案内を登載

⑧〇．6.26（月）　 最高価申込者の決定・次順位買受申込者の決定
　（14：00）　　　　・最高価申込者等の決定の通知公告

⑨〇．6.29（木）　 Ｙａｈｏｏ！官公庁オークション入札確定

⑩〇．7．3（月）　 売却決定期日
【〇．7.10（月）】　・売却決定通知書の交付
　　　　　　　　　　代金納付期限
　　　　　　　　　　・買受代金の領収
　　　　　　　　　　公売財産権利移転登記の嘱託手続

⑪〇．7．6（木）　 配当計算書作成
【〇．7.13（木）】　・配当計算書謄本の発送

⑫〇．7.13（木）　 換価代金交付期日
【〇．7.20（木）】

（注１）　次順位買受申込者の要件は、最高価申込者の入札価額に次ぐ高い価額
　　　　　（見積価額以上で、かつ、最高価入札価額から公売保証金の額を控除
　　　　　した金額以上であるものに限る。）である。

（注２）　「日及び曜日」欄の【　】書きは、最高価申込者である買受人の売却
　　　　　決定を取り消した場合で、次順位買受申込者に売却決定をするときの
　　　　　予定日である。

（注３）売却決定の日までに、買受人が暴力団員等に該当しないことの調査の結
　　　　　果が明らかにならない場合は、売却決定の日時及び買受代金の納付の期
　　　　　限が変更される。

第16　参考様式等

40　公売のスケジュール（期日公売・再公売）

1 当初の公売（○．3．14）

①○.12. 5～　　　　換価処分適否検討表の作成
　　　　　　　　　　見積価額決定のための、現地調査、評価資料等の収集

②○. 1.13（金）　　公売関係書類の起案
　　　　　　　　　　　　・公売通知書　・見積価額評価書

③○. 1.16（月）　　滞納者に公売通知書を送達

④○. 2.8（水）　　Ｙａｈｏｏ！官公庁オークションにアップ依頼

⑤○. 2.15（水）　　Ｙａｈｏｏ！官公庁オークションにアップ
　　　　　　　　　　　　・公売財産
　　　　　　　　　　　　・見積価額　　５，３００，０００円
　　　　　　　　　　　　・公売保証金　　６００，０００円
　　　　　　　　　　　　・参加申込期間　　○. 2.15～ 2.27
　　　　　　　　　　　　・入札期間　　　　○. 3. 6～ 3.14

⑥○. 2.15（水）　　○○市掲示場に掲示（上記⑤に準ずる事項）
　　　　　　　　　　　　・公売公告
　　　　　　　　　　　　・見積価額の公告

⑦○. 2.15（水）　　○○市ＨＰに「○○市インターネット公売のご案内」を掲示

⑧○. 3. 1（水）　　参加申込者がなく、公売不成立

2 再公売（○．6．26）

①○. 4.21（金）　　公売関係書類の起案
　　　　　　　　　　　　・公売通知書

②○. 4.24（月）　　滞納者に公売通知書を送達

③○. 5.26（金）　　○○市掲示場に掲示
　　　　　　　　　　　　・公売公告
　　　　　　　　　　　　・見積価額の公告

　　　　　　　　　　　　・見積価額　　４，２２０，０００円
　　　　　　　　　　　　・公売保証金　　５００，０００円

④○. 5.26（金）　　「広報○○市」で事前案内を登載

⑤○. 6.26（月）　　期日入札(13：30～14：00)
　　　　　　　　　　　　・最高価申込者の決定
　　　　　　　　　　　　・次順位買受申込者の決定入札
　　　　　　　　　　　　・最高価申込者等の決定の通知公告

⑥○. 7. 3（月）　　売却決定期日
【○. 7.10（月）】　　　・売却決定通知書の交付
　　　　　　　　　　代金納付期限
　　　　　　　　　　　　・買受代金の領収
　　　　　　　　　　公売財産権利移転登記の嘱託手続

⑦○. 7. 6（木）　　配当計算書作成
【○. 7.13（木）】　　　・配当計算書謄本の発送

⑧○. 7.13（木）　　換価代金交付期日
【○. 7.20（木）】

（注1）　次順位買受申込者の要件は、最高価申込者の入札価額に次ぐ高い価額
　　　　（見積価額以上で、かつ、最高価入札価額から公売保証金の額を控除
　　　　した金額以上であるものに限る。）である。

（注2）　「日及び曜日」欄の【　】書きは、最高価申込者である買受人の売却
　　　　決定を取り消した場合で、次順位買受申込者に売却決定をするときの
　　　　予定日である。

（注3）　売却決定の日までに、買受人が暴力団員等に該当しないことの調査の結
　　　　果が明らかにならない場合は、売却決定の日時及び買受代金の納付の期
　　　　限が変更される。

41 公売通知書

公 売 通 知 書		
	○○第　　号 平成　年　月　日	
様		
○○市長		
下記により差押財産の公売をしますので、地方税法（国税徴収法第９６条第１項）の規定により通知します。 　　　　　　　　　　　　　　　記		
所 有 者	住所（所在）	
	氏名又は名称	
公 売 財 産 の 内 容	別紙のとおり	
公 売 保 証 金	円	
見 積 価 額	円	
公 売 方 法	入札	
公売日時	入 札 日 時	平成　年　月　日（　）午後　時　分から午後　時まで
	開 札 日 時	平成　年　月　日（　）午後２時５分
公 売 場 所	○○市役所○○課 なお、インターネット公売の場合には、「ヤフー株式会社が運営するインターネットサービスの「Yahoo!官公庁オークション」にて実施する。」を追記します。	
売 却 決 定 日 時	平成　年　月　日（　）午前　　時	
売 却 決 定 場 所	○○市役所○○課	
代 金 納 付 期 限	平成　年　月　日（　）午後　時　分	
買受人についての資格 そ の 他 の 要 件	国税徴収法第９２条又は同法第１０８条に該当する者は公売に参加できません。	
公 売 に 係 る 徴 収 金	別紙「滞納内訳書」のとおり	
そ の 他		

　備考　次順位買受申込者に売却決定をする場合には、売却決定の日時及び買受代金の納付期限が異なることがあります。

公売財産の表示及び公売保証金

売却区分番号	財産種別	財産所在等	公売保証金	見積価格
			円	円

42 公売通知兼債権申立催告書

<table>
<tr><td colspan="2" align="center">公売通知兼債権申立催告書</td><td>（○○市公告第　号）</td></tr>
<tr><td colspan="3">
　　　　　　　　　　　　　　　　　　　　　　　○○第　　号
　　　　　　　　　　　　　　　　　　　　　　　平成　年　月　日

　　　　　　　様

　　　　　　　　　　　　　○○市長

　下記により差押財産の公売をします。この財産の売却代金について配当を受けることができる質権、抵当権、先取特権又は留置権等の権利を有している場合には、別紙「債権現在額申立書」を売却決定の日の前日までに○○市長に提出してください。
　地方税法（国税徴収法第96条）の規定により通知します。

　　　　　　　　　　　　　　　　記
</td></tr>
<tr><td rowspan="2">所 有 者</td><td>住所（所在）</td><td></td></tr>
<tr><td>氏名又は名称</td><td></td></tr>
<tr><td colspan="2">公 売 財 産 の 内 容</td><td>別紙のとおり</td></tr>
<tr><td colspan="2">公 売 保 証 金</td><td>　　　　　　円</td></tr>
<tr><td colspan="2">見 積 価 額</td><td>　　　　　　円</td></tr>
<tr><td colspan="2">公 売 方 法</td><td>入札</td></tr>
<tr><td rowspan="2">公売日時</td><td>入 札 日 時</td><td>平成　年　月　日（　）午後1時から
平成　年　月　日（　）午後1時まで</td></tr>
<tr><td>開 札 日 時</td><td>公売入札期間の終了後、直ちに行う。</td></tr>
<tr><td colspan="2">公 売 場 所</td><td>○○市役所○○課
なお、インターネット公売の場合には、「ヤフー株式会社が運営するインターネットサービスの「Yahoo!官公庁オークション」にて実施する。」を追記します。</td></tr>
<tr><td colspan="2">売 却 決 定 日 時</td><td>平成　年　月　日（　）午前10時　　　売却決定場所　　○○市役所○○課</td></tr>
<tr><td colspan="2">代 金 納 付 期 限</td><td>平成　年　月　日（　）午後2時30分</td></tr>
<tr><td colspan="2">買受人についての資格その他の要件</td><td>国税徴収法第92条又は同法第108条に該当する者は公売に参加できません。</td></tr>
<tr><td colspan="2">公 売 に 係 る 徴 収 金</td><td>別紙「滞納内訳書」のとおり</td></tr>
<tr><td colspan="2">そ の 他</td><td></td></tr>
</table>

　備考　次順位買受申込者に売却決定をする場合には、売却決定の日時及び買受代金の納付期限が異なることがあります。

43　債権現在額申立書

債 権 現 在 額 申 立 書		（○○市公告第　号）

平成　　年　　月　　日

○○市長　　　　　様

申　立　者

住所（所在）

氏名又は名称

私が公売財産に対して有する権利に係る債権の現在額は下記のとおりです。

記

公売財産	売却区分番号		名称、数量、性質及び所在等	

公売財産上にある権利	権利の表示		権	権
			債権の極度額　　　　　　　円	債権の極度額　　　　　　　円
			差押えの通知を受けた時の元本債権額　円	差押えの通知を受けた時の元本債権額　円
	債務者	住所（所在）		
		氏名又は名称		
	弁済期間（弁済期限）			
	その他			

債権現在額	元本	円	円
	利息	元本×利率×期間（起算日　年　月　日） 　×　　×　　＝　　　　　円	元本×利率×期間（起算日　年　月　日） 　×　　×　　＝　　　　　円

添付書類 （債権の内容及び現在額を証するもの）	

備	1	債権の極度額は、差押えの通知を受けた時以前に登記した債権極度額を記載してください。
	2	利息は、換価代金等の交付期日（平成　年　月　日）までのものを計算してください。
	3	「権利の表示」の「債権の極度額」欄、及び「差押えの通知を受けた時の元本債権額」欄は、公売財産上にある権利が根抵当権、又は根質権である場合に記載してください。

44 公売公告

○○市公告第　　号

公 売 公 告

※暴力団員等の買受け防止措置を追記しています。

令和　　年　月　日

地方税法（国税徴収法第 95 条）の規定により差押財産を公売することを公告する。

○○市長

記

公売財産表示	別紙のとおり
公売の方法	入札
公売の日時	令和　　年　　月　　日（　）午後　時　分から午後　時まで
公売の場所	○○市役所　○○課 なお、インターネット公売の場合には、「紀尾井町戦略研究所株式会社が運営する インターネットサービスの「ＫＳＩ官公庁オークション（令和３年７月開始）」に て実施する。」を追記します。
開札の日時	令和　　年　　月　　日（　）午後　時　分
開札の場所	○○市役所　○○課
売却決定の日時	令和　　年　　月　　日（　）午後　時　分
売却決定の場所	○○市役所　○○課
公売保証金	別紙のとおり
買受代金の納付の期限	令和　　年　　月　　日（　）午後　時　分
買受人の資格その他の要件	国税徴収法第９２条又は同法第１０８条に該当する者は公売に参加できません。
公売財産上の質権者 抵当権者等の権利の 内容の申出	公売財産上に質権、抵当権、先取特権、留置権、その他公売財産の売却代金から配当を受けることができる権利を有する者は、売却決定の日の前日までにその内容を申し出てください。
権利移転の時期	買受代金の全額を納付した時
危険負担の移転の時期	買受代金の全額を納付した時
担保責任等	○○市は、公売物件の種類又は品質に関する不適合について担保責任を負いません。
その他重要事項	1　公売財産の売却決定は、最高価申込者に係る入札価額をもって行います。 2　公売財産が不動産の場合、公売財産の入札時に「陳述書（別紙を含む。）」の提出がない者及び暴力団員等に該当する者（暴力団員に該当する者又は暴力団員でなくなった日から５年を経過しない者。以下「暴力団員等」という。）は、公売財産を買い受けることはできません。 3　最高価申込者の入札価額に次ぐ高い価額（見積価額以上で、かつ、最高価入札価額から公売保証金の額を控除した金額以上のもの）による入札者に対し、次順位買受申込者制度の適用があります。なお、次順位による買受申込みの催告は、最高価申込者の決定後、直ちに行います。 4　公売保証金は、現金又は銀行振出の小切手（銀行振出の小切手は、○○手形交換所管内のもので振出日から起算して８日を経過していないものに限る。）で、公売日に公売会場で納付してください。 5　買受人は、売却決定を受けた後に公売公告に記載された納付期限までに買受代金の全額を、現金又は銀行振出の小切手（銀行振出の小切手は、○○手形交換所管内のもので振出日から起算して８日を経過していないものに限る。）により、○○市役所の担当窓口において納付してください。 6　売却決定の日までに、買受人が暴力団員等に該当しないことの調査の結果が明らかにならない場合は、売却決定の日時及び買受代金の納付の期限が変更されます。 7　公売財産に係る徴収金の完納の事実が、買受代金の納付前に証明されたとき、又

	は買受代金納付後であっても取消すべき重大な事由があるときは売却決定を取消します。
	8　公売財産の権利移転の登記に伴う費用（登記免許税、登記嘱託書の郵送費用など）は、買受人の負担となります。登録免許税の額に相当する印紙、又は国庫金領収証書（登録免許税法第２３条）、切手を売却決定の日時までに提出してください。 9　公売は現況有姿により行うものであるため、次の一般的事項を十分ご理解の上、公売に参加ください。 （１）公売財産の面積等は公簿上によるものです。あらかじめその現況及び関係公簿等を確認してください。 （２）○○市は、公売財産の引渡しの義務を負わないため、使用者又は占有者に対して明渡しを求める場合や公売財産内にある動産の処理などはすべて買受人の責任において行うことになります。 （３）土地の境界については隣接地所有者と、接面道路（私道）の利用については道路所有者とそれぞれ協議してください。 10　土壌汚染やアスベストなどに関する専門的な調査は行っておりません。 11　今回の公売に参加いただくには、公売のしおりをお読みいただき、確認していただくことが必要です。

（注）インターネット公売の場合は、上記の「その他重要事項」３及び４は、次のとおり訂正してください。

その他重要事項	3　公売保証金は、クレジットカードによる納付方法となります。 クレジットカードによる納付ができないときは、銀行振込などによる納付ができます。 4　買受人は、○○市が買受代金納付期限までに納付を確認できるよう買受代金を次の方法で納付（買受代金の納付にかかる費用は、買受人が負担します。）してください。 ○○市が買受代金納付を確認できない場合、公売保証金は返還されません。 （１）○○市の指定する口座へ銀行振込 （２）現金もしくは銀行振出の小切手を○○市へ直接持参（銀行振出の小切手は、○○手形交換所管内のもので振出日から起算して８日を経過していないものに限る。）

　　　　○○市公告第○号別紙

公売財産の表示及び公売保証金

売却区分番号	財産種別	財産所在等	公売保証金	その他重要事項
1	土地	○○市○○町○丁目○番1 宅地　4.11 平方メートル	500,000 円	
	土地	○○市○○町○丁目○番2 宅地　4.39 平方メートル		
	土地	○○市○○町○丁目○番 宅地　320.66 平方メートル		

45 見積価額広告

○○市公告第○号

見 積 価 額 公 告

平成　　年 月 日

　地方税法（国税徴収法第 99 条）の規定により、○○市公告第 15 号に係る公売財産の見積価額を公告する。

○○市長

記

売却区分番号	財産種別	財産所在等	見積価額	公売財産上の賃借権等の権利の内容
1	土地	○○市○○町○丁目○番 1 宅地　4.11 平方メートル	4,220,000 円	
	土地	○○市○○町○丁目○番 2 宅地　4.39 平方メートル		
	土地	○○市○○町○丁目○番 宅地　320.66 平方メートル		

46　見積価額評価書（土地）

見　積　価　額　評　価　書　（事　例　1）

1　公売見積価額　5，300，000　円

　　　物件番号1、2及び3の一括換価による価額である。
　　　公売物件が、客観的かつ経済的にみて、有機的に結合されていると認められることから、
　　一括換価をする。

2　評価方法

　　　取引事例比較法の直接法（標準的な土地と公売物件を比較）による。

3　公売物件

番号	所在等	登　記	現　況
1	所　在	○○市○町○丁目	
	地　番	○番1	
	地　目	宅地	
	地　積	4.11㎡	
2	所　在	○○市○町○丁目	
	地　番	○番2	
	地　目	宅地	
	地　積	4.39㎡	
3	所　在	○○市○町○丁目	
	地　番	○番	
	地　目	宅地	
	地　積	320.66㎡	

（合計329.16㎡）

4　公売物件の位置・環境等（物件1、2、3）

位置・交通	物件は、ＪＲ○○線「○」駅から○方へ道路距離約○kmに位置する。	
付近の状況	物件の所在する地域は、既存の一般住宅や商店等が建ち並ぶ既存の住宅地域である。 　道路は幅員4〜6mの舗装道路が標準的で、西側約4.8mで市道○線に接する。	
主な公法上の規制等	都市計画区分 用途地域 建ぺい率 容積率 防火規制 その他の規制	区域区分非設定都市計画区域 第一種住居地域 60% 200% 準防火地域 特別工業地区
画地条件 （規模、形状）	物件の土地は、西側が幅員4.8m舗装道路に、北側が3.0m舗装道路にそれぞれ等高に接面する長方形地である。	
接面道路	西側道路は、市道（○線）で、建築基準法第42条1項1号道路に該当する。 　北側道路は、市道（○線）で、建築基準法第42条2項道路に該当する。	

土地の利用状況及び隣地の状況等	物件番号1、2及び3は、舗装された駐車場として一体的に利用されており、賃貸されている模様である。 　なお、駐車場の月極め料金等は、一部の利用者から1台 ○円であることの確認をすることができたが、他の利用者及び金額等は不明である。
特記事項	特にない。

5 参考価格資料：地価公示価格（○○－4）

所　在	○○市○○町○○番2
住居表示	○○7-2
地　目	宅地
地　積	133㎡
価格	33,200円／㎡
価格時点	平成○年1月1日
位置	ＪＲ○○線「○○」駅から南方へ200m
地域の概要	中小規模一般住宅が多い閑静な既成住宅地域
接面街路	北西4.5mの市道
用途指定等	第一種住居地域（建ぺい率60％、容積率200％）
供給処理施設	水道、ガス、下水

6 基準価額の算出

　　算出の過程は、別添「住宅地（標準住宅）調査及び算定表」のとおりである。

番号	基準地の価額	事情補正	時点修正	画地条件以外の個別的要因の比較	左記以外の個別的要因の比較	算出価額	地積	基準価額
1〜3	33,200	$\times \dfrac{100}{(100)}$	$\times \dfrac{(97.3)}{100}$	$\times \dfrac{(81.7)}{100}$	$\times \dfrac{(86.7)}{100}$	= 22,881	× 329.16=	7,531,509

　（注1）事情補正は、基準地が地価公示価格（○○－4）であることから不要である。

　（注2）時点修正事、地価公示価格（○○－4）の平成○年1月1日の価格34,100円を基に価格変動率を算出したものである。

7 再公売見積価額の算定

　　算定の過程は、別添「不動産総合評価書」のとおりである。

番号	基準価額	借地権の調整	借家権の調整	総合利用価値の調整	試算価格	公売の特殊性に伴う調整	見積価額
1〜3	7,531,509			0	7,531,509	３０％減価	5,280,000

　（注1）「公売の特殊性に伴う調整」は、徴収法基本通達９８条関係3により減価した。

　（注2）見積価額は、1万円未満の端数は切り上げた。

　（参考）　・相続財産評価基準による評価額　6,912,360円（21,000円／㎡）
　　　　　　・固定資評価額　6,463,055円
　　　　　　・精通者による評価額　6,500,000〜8,000,000円（20,000〜24,000円／㎡）
　　　　　　　近隣地域内の月極め駐車場の料金は、4,000〜5,000円程度

47 再公売見積価額評価書（土地の再公売）

再 公 売 見 積 価 額 評 価 書

1 再公売見積価額　４，２２０，０００　円

　　物件番号１、２及び３の一括換価による価額である。
　　公売物件が、客観的かつ経済的にみて、有機的に結合されていると認められることから、
　一括換価をする。

2 評価方法

3 公売物件

4 公売物件の位置・環境等（物件1、2、3）　　┐

5 参考価格資料：地価公示価格（○○−4）　　　┘ ├ 当初の「見積価額評価書」のとおり

6 基準価額の算出

　　算出の過程は、別添「住宅地（標準住宅）調査及び算定表」のとおりである。

番号	基準地の価額	事情補正	時点修正	画地条件以外の個別的要因の比較	左記以外の個別的要因の比較	算出価格	地積	基準価額
1〜3	$33{,}200 \times$	$\dfrac{100}{(100)} \times$	$\dfrac{(97.3)}{100} \times$	$\dfrac{(81.7)}{100} \times$	$\dfrac{(86.7)}{100} =$	$22{,}881 \times$	$329.16 =$	$7{,}531{,}509$

（注１）事情補正は、基準地が地価公示価格（○○−4）であることから不要である。

（注２）時点修正事、地価公示価格（○○−4）の平成○年1月1日の価格34,100円を基に価格変動率を算出したものである。

7 再公売見積価額の算定

番号	基準価額	借地権の調整	借家権の調整	市場性調整	試算価格	公売の特殊性に伴う調整	見積価額
1〜3	7,531,509			20％減価	6,025,207	30％減価	4,220,000

（注１）「市場性の調整」は、公売に付しても入札者はなく、市場性が劣ると認められるため減価した。

（注２）「公売の特殊性に伴う調整」は、徴収法基本通達９８条関係3により減価した。

（注３）見積価額は、1万円未満の端数は切り上げた。

（参考）　・相続財産評価基準による評価額　6,912,360円（21,000円／㎡）
　　　　　・固定資評価額　6,463,055円
　　　　　・精通者による評価額　6,500,000〜8,000,000円（20,000〜24,000円／㎡）
　　　　　　　近隣地域内の月極め駐車場の料金は、4,000〜5,000円程度

48 見積価額評価書（土地と建物）

見 積 価 額 評 価 書 （事 例 2）

1 見積価額（一括価格）　5，910，000円

物件番号	内訳価格
1（土地）	4,170,000　円
2（建物）	1,740,000　円

（1）物件番号1及び2の一括換価による価額である。
　　公売物件が、客観的かつ経済的にみて、有機的に結合されていると認められること、高価有利に売却できること及び滞納者を異にするがそれぞれの滞納者の地方税に配当があることから一括換価をする（国税徴収法基本通達第89条関係4）。

（2）内訳価格は、それぞれの滞納者への配当のために、一括価格の内訳として算出した価格である。

（3）物件1の内訳価格は、物件2のための借地権（使用貸借権）価格を控除した価格であり、物件2の内訳価格は当該借地権（使用貸借権）付建物としての価格である。

2 評価方法
　　土地は、取引事例比較法の直接法（標準的な土地と公売物件を比較）、
　また、建物は、再調達原価法による評価方法を採用する。

3 公売物件

番号	所在等	登 記	現 況
1	所　在 地　番 地　目 地　積	○○市○町○丁目 ○番○ 宅地 458．37㎡	所有者：X
2	所　在 家屋番号 種　類 構　造 床面積	○○市○町○丁目○番地1 ○番1 工場 鉄骨造亜鉛メッキ鋼板葺平屋建 228．43㎡	所有者：Y 昭和○年4月15日新築

4 公売物件の位置・環境等（物件1、2）

位置・交通	物件は、ＪＲ○○線「○」駅から○方へ道路距離約○mに位置する。		
付近の状況	物件の所在する地域は、既存の一般住宅等が建ち並ぶ既成の住宅地域である。 　道路は幅員4～6mの舗装道路が標準的で、西側約4．2mで市道○号線に接する。 　物件の南側は、○（株）○営業所・○工場に隣接する。		
主な公法上の規制等	都市計画区分 用途地域 建ぺい率 容積率 防火規制 その他の規制	区域区分非設定都市計画区域 工業地域 60% 200% 建築基準法22条区域 なし	

画地条件 （規模、形状）	物件の土地は、西側が幅員4．2m舗装道路に等高に接面する長方形地である。
接面道路	西側道路は、市道○号線で、建築基準法第42条１項１号道路に該当する。
土地の利用 状況及び隣 地の状況等	物件番号２の敷地利用権は、使用借権と認められるが、建物は空家となっている模様である。
特記事項	特にない。

5　参考価格資料：県地価調査（○○－5）

所　在	○○市○○丁目○番○
住居表示	○○町○-○-○
地　目	宅地
地　積	183㎡
価格	30,300円／㎡
価格時点	平成○年7月1日
位置	ＪＲ○○線「○○」駅から西方へ1100m
地域の概要	中規模一般住宅の建ち並ぶ既成の住宅地域
接面街路	西4．0mの市道
用途指定等	第二種中高層住居専用地域（建ぺい率60%、容積率200%）
供給処理施設	水道、ガス

（注）固定資産税評価額の決定の標準的な地点（○○市○○町○丁目○番）の平成
　　　28年1月1日現在の価格は28,490円/㎡である。

6　基準価額の算出

（1）物件番号1（土地）

　　　算出の過程は、別添「住宅地（混在住宅地域）調査及び算定表」のとおりである。

番号	基準地の価額	事情補正	時点修正	画地条件以外の個別的要因の比較	左記以外の個別的要因の比較	算出価額	地積	基準価額
1	30,300	$\frac{100}{(100)}$ ×	$\frac{(96.8)}{100}$ ×	$\frac{(93.3)}{100}$ ×	$\frac{(81.6)}{100}$ =	22,330 ×	458.37 =	10,235,402

基準価額	建付減価補正率	建付地基準価額
10,235,402 ×	0.7　=	7,164,781

（注1）事情補正は、基準地が県基準地価格（○○－5）であることから不要である。

（注2）時点修正事、県基準地価格（○○－5）の平成○年7月1日の価格30,300円を
　　　　基に価格変動率を算出したものである。

（注3）建付減価補正率は、最有効使用を更地と判定し、地上建物の構造、取壊し費
　　　　用の現在値等を勘案して査定した（工事費用の相場は10,000～15,000円/㎡）。

（2） 物件番号2（建物）

　　算出は、現在の建物建築費の推移動向、標準的な建築費を考慮して再調達原価を求め、これ
に耐用年数に基づく方法及び観察減価法を併用した減価修正を行った。

番号	再調達原価 （円／㎡）	延床面積 （㎡）	現価率	建物価格 （円）
2	110,000 ×	228.43 ×	0.05 ＝	1,256,365

（注）　現価率

経過年数	34年（経済的残存耐用年数30年）	
観察減価	0　（経済的残存耐用年数を経過しているため）	
残価率	5%	

7　公売見積価額の算定

　　算定の過程は、別添「不動産総合評価書」のとおりである。

番号	基準価額	借地権の調整	借家権の調整	総合利用価値の調整	試算価格	公売の特殊性に伴う調整	見積価額
1	7,164,781	1,218,012 減価		0	5,946,769	30％ 減価	4,170,000
2	1,256,365	1,218,012 増価		0	2,474,377	30％ 減価	1,740,000

（注1）　「借地権の調整」は、物件2の借地権が使用借権であることから相続財産評
　　　　価基準の借地権割合（50%）の3分の1（17%）を調整した。

（注2）　「公売の特殊性に伴う調整」は、徴収法基本通達98条関係3により減価した。

（注3）　見積価額は、1万円未満の端数は切り上げた。

（参考）　・相続財産評価基準による評価額
　　　　　　　物件番号1　12,834,360円　（28,000円／㎡）
　　　　　　　物件番号2　　1,833,547円
　　　　　・固定資評価額
　　　　　　　物件番号1　12,600,591円　（27,490円／㎡）
　　　　　　　物件番号2　　1,833,547円
　　　　　・精通者による評価額
　　　　　　　物件番号1及び2　　　　～　　　　円（　　～　　　0円／㎡）

49　不動産総合評価書（土地）

不 動 産 総 合 評 価 書 （事 例１）

売却区分の番号	1～3		滞納者氏名　　　　X		
評　価　方　法			評価財産の種類（土地・・・・・・・・・・・更地）		
		番号	1	2	3
1 取引事例比較法		A	7,531,509円		
		B			
		C			
2 原　　価　　法		D			
		E			
3 収 益 還 元 法		F			
		G			
4 採用した算出価格（　）番			7,531,509円		
5 借 地 権 の 調 整					
6 借 家 権 の 調 整					
7 総 合 利 用 価 値 の 調 整					
8 試算価格（4±5±6±7）			7,531,509円		
9 公売の特殊性に伴う調整			30%減価		
10 見　積　価　額			5,300,000円		
参考	相続財産評価基準による評価額　　　6,912,360円（21,000円／㎡） 固定資産税評価額　　6,463,055円 精通者による評価額　　　6,500,000～8,000,000円（20,000～24,000円／㎡）				
（備考）					

不 動 産 総 合 評 価 書 （事 例 2）

売却区分の番号			1〜2	滞納者氏名　　X、Y		
評　価　方　法				評価財産の種類（土地・建物）		
			番号	1	2	3
1	取引事例比較法	A		10,235,402		
		B				
		C				
2	原　価　法	D			1,256,365	
		E				
3	収益還元法	F				
		G				
4	採用した算出価格（　）番			10,235,402	1,256,365	
5	借　地　権　の　調　整			▲1,218,012	1,218,012	
6	借　家　権　の　調　整					
7	総合利用価値の調整					
8	試算価格（4±5±6±7）			5,946,770	2,474,377	
9	公売の特殊性に伴う調整			30%減価 1,784,031	742,313	
10	見　積　価　額			4,170,000	1,740,000	
参考	相続財産評価基準による評価額　　物件1　　12,834,360円（28,000円／㎡） 　　　　　　　　　　　　　　　　物件2　　　1,833,547円 固定資産税評価額　　　物件1　　12,600,591円（27,490円／㎡） 　　　　　　　　　　　物件2　　　1,833,547円 精通者による評価額　　　　　　　円〜　　　　　円（　　　　円〜　　　　　円／㎡）					
（備考）						

51　住宅地調査及び算定表（宅地）

住宅地（　標準住宅　）調査及び算定表（事例1）

価格形成要因比較項目		基　準　地			対　象　地			格差率
		基準地番号	地価公示「○○−4」		申請番号			
		所　　在	○○市○○町○−○		所　　在	○○市○町○丁目○-1 他2筆		
			内　　　訳	格差率		内　　　訳	格差率	
地域要因及び画地条件以外の個別的要因	最寄駅（バス停）までの道路距離	（○○）駅　　　　まで（　　）バス停（200）m		+5.5	（○○）駅　　　　まで（　　）バス停（1,000）m		−2.0	
	最寄駅までのバス乗車時間	乗車時間（　0分）		−	乗車時間（15分）		−5.0	
	前面道路の舗装の状況	（　完全　）舗装		0	（　完全　）舗装		0	
	前面道路の幅員	（　4.5　）m		-2.0	（　4.8　）m		−2.0	
	最寄商業施設までの距離	（　800　）m		0	（　800　）m		0	
	幼稚園、小学校、病院、官公署までの距離	（　500　）m		0	（　500　）m		0	
	住　宅　環　境	優る、やや優、⦅普通⦆やや劣る、　劣る		0	優る、やや優、⦅普通⦆やや劣る、　劣る		0	
	上　水　道	（　有　）		0	（　有　）		0	
	下　水　道	（　公共下水道　）		+2.0	（　公共下水道　）		+2.0	
	都　市　ガ　ス	（　有　）		+1.0	（　有　）		+1.0	
	宅地仕上げの程度	住宅の敷地		0	駐車場（舗装）		−2.0	
	将来の動向	現状で維持		0	衰退的に推移		−5.0	
	⌈危険、嫌悪施設による危険性、悪影響等⌋	特にない		0	特にない		0	$\dfrac{100+(B)}{100+(A)}=$
	計（格差率の総和）			+6.5（A）			−13.0（B）	$\left[\,81.7\,\right]$

価格形成要因比較項目			基準地　内訳	対象地　内訳	格差率
画地条件	地積・間口・奥行・形状等	地　積	地積（　133　）㎡ （普通）、やや劣る、　劣る	地積（　329.16　）㎡ 普通、　やや劣る、（劣る）	0.85
		間口狭小	間口（　約10　）m （普通）、やや劣る・劣る・相当に劣る・極端に劣る	間口（　約22　）m （普通）、やや劣る、劣る、相当に劣る、極端に劣る	1.00
		奥行逓減	奥行（　約13　）m （普通）、やや劣る、劣る、相当に劣る、極端に劣る	奥行（　約15　）m （普通）、やや劣る、劣る、相当に劣る、極端に劣る	1.00
		奥行短小	（普通）、やや劣る、劣る、 相当に劣る、極端に劣る	（普通）、やや劣る、劣る、 相当に劣る、極端に劣る	1.00
		奥行長大	奥行 13／間口 10　＝　1.3 （普通）、やや劣る、劣る、相当に劣る、極端に劣る	奥行 15／間口 22　＝　0.6 （普通）、やや劣る、劣る、相当に劣る、極端に劣る	1.00
		不整形地	（普通）、やや劣る、劣る、 相当に劣る、極端に劣る	（普通）、やや劣る、劣る、 相当に劣る、極端に劣る	1.00
		三　角　地	（　）角、最小角（　）度 普通、やや劣る、劣る、相当に劣る、極端に劣る	（　）角、最小角（　）度 普通、やや劣る、劣る、相当に劣る、極端に劣る	
	方位・高低・角地・その他	方　位	接面街路の方位 （北）、西、東、南、その他（　）	接面街路の方位 北、（西）、東、南、その他（　）	1.02
		高　低	接面街路より約（0）m（　）い 優る、やや優る、（普通）、やや劣る、劣る	接面街路より約（0）m（　）い 優る、やや優る、（普通）、やや劣る、劣る	1.00
		角　地	角地の方位（接面街路） 北西、北東、南西、南東 （普通）、やや優る、優る、相当に優る、特に優る	角地の方位（接面街路） 北西、北東、南西、南東 （普通）、やや優る、優る、相当に優る、特に優る	1.00
		準角地	準角地の方位（接面街路） 北西、北東、南西、南東 普通、やや優る、優る、相当に優る、特に優る	準角地の方位（接面街路） 北西、北東、南西、南東 普通、やや優る、優る、相当に優る、特に優る	
		二　方　路	普通、やや優る、優る、特に優る	普通、やや優る、優る、特に優る	
		三　方　路			
		袋　地			
		無道路地			
		崖　地　等			
		私道減価			
	その他	高圧線下地	高圧線下地積（　）㎡ 総地積に対し（　）％	高圧線下地積（　）㎡ 総地積に対し（　）％	
		計（格差率の乗積）			86.7

価格の算定	基準地価格	地域要因及び画地条件以外の個別的要因における格差率の計	画地条件における格差率の計	比準価格
	（　33,200　）円　×（　81.7　）×　（　86.7　）2　＝　（　23,516　）円			

52　公図1（事例1）

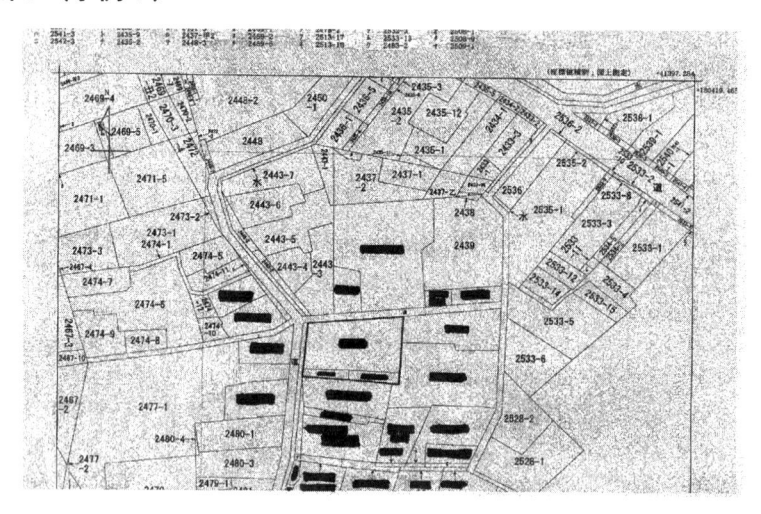

53　公図2（事例2）

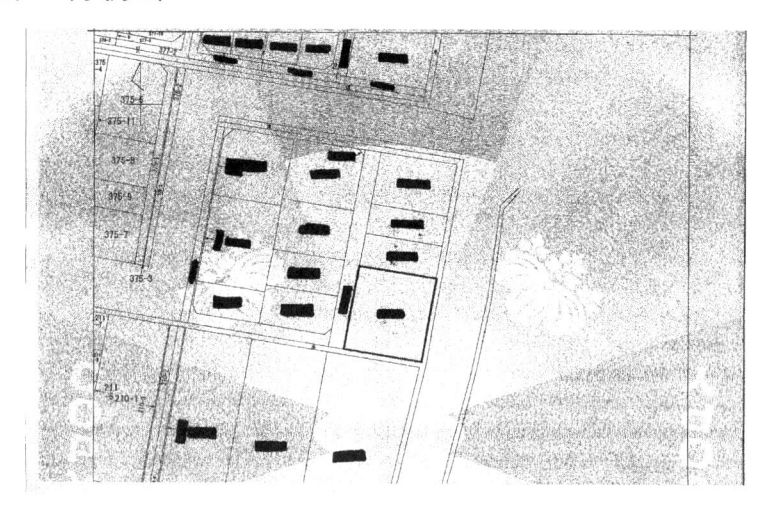

54　各階平面図

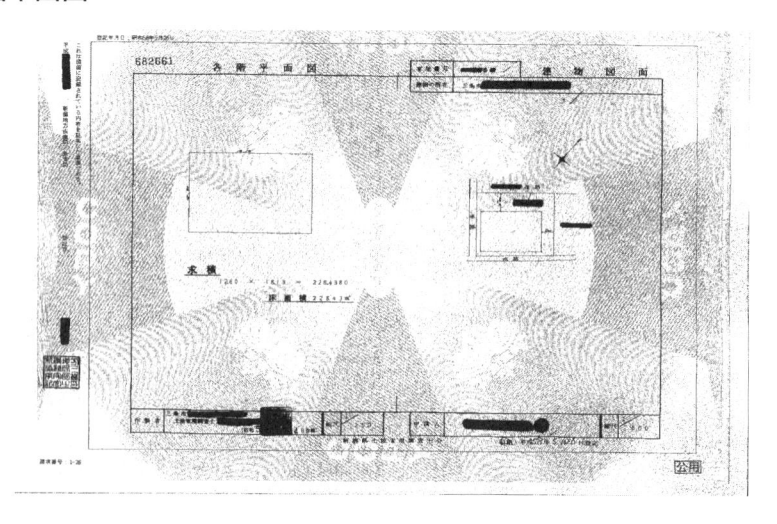

55　不動産（宅地）の評価手順

不動産（宅地）の評価手順

1　インターネットを利用した情報収集
（1）公売財産の存する地域の標準的な土地の選定

標準地・基準地の選定	→	国土交通省 （標準地・基準値検索システム）	標準地 （1月1日）	国土交通省地価公示 ：標準地 （鑑定評価書添付）
			基準値 （7月1日）	都道府県地価調査：基準地

公売財産(所在・地積等)						㎡
標準地等	所在・地積					㎡
	価格・変動率 （円/㎡、%）	現年：　　　　円	前年：　　　　円	現年／ 前年		%

（2）公売財産の周辺地の競売物件に関する資料

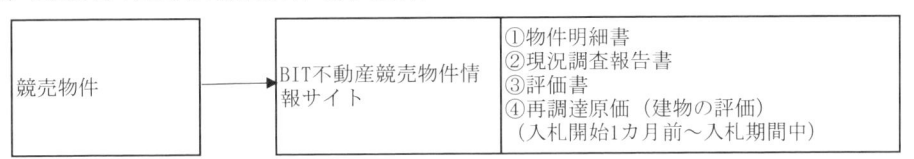

競売物件	→	BIT不動産競売物件情報サイト	①物件明細書 ②現況調査報告書 ③評価書 ④再調達原価（建物の評価） 　（入札開始1カ月前〜入札期間中）

（3）相続財産評価基準による評価額

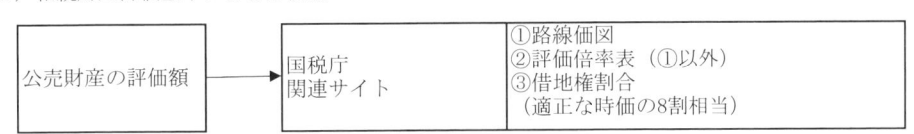

公売財産の評価額	→	国税庁 関連サイト	①路線価図 ②評価倍率表（①以外） ③借地権割合 　（適正な時価の8割相当）

（4）固定資産評価による評価額

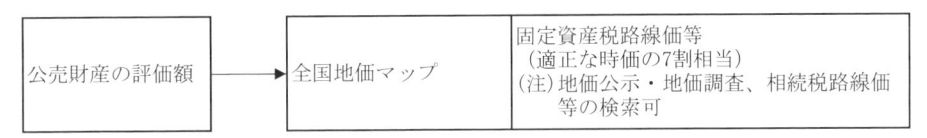

公売財産の評価額	→	全国地価マップ	固定資産税路線価等 （適正な時価の7割相当） (注)地価公示・地価調査、相続税路線価 　　等の検索可

（5）公売財産の周辺地の売買取引相場に関する資料

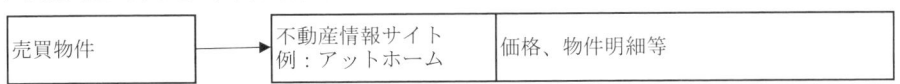

売買物件	→	不動産情報サイト 例：アットホーム	価格、物件明細等

（6）公売財産の位置・交通等に関する資料

公売財産	→	不動産情報サイト 例：Mapionキョリ測	最寄駅、商業施設、公共施設までの距離 等
		例：Googleマップ	公売財産、標準地等及び付近の状況
		例：解体工事相場	建物の解体の平均価格等

2　換価・評価のための調査等

（1）換価処分の適否（換価適否検討表の作成）

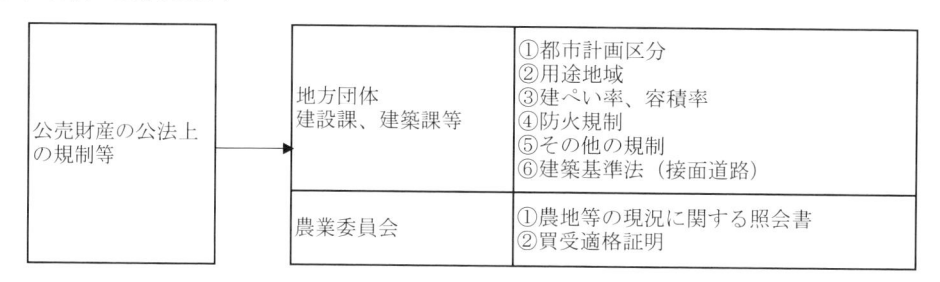

公売財産	現地確認	①不動産登記簿上の表示との符号 ②財産の特定等
	差押手続の検討	①差押書の送達 ②差押通知書の送達 ③差押調書の記載事項 ④財産の選定等
	法務局	①不動産登記簿（土地、建物） ②公図 ③建物図面、各階平面図

（2）評価に必要な資料等

公売財産の公法上の規制等	地方団体 建設課、建築課等	①都市計画区分 ②用途地域 ③建ぺい率、容積率 ④防火規制 ⑤その他の規制 ⑥建築基準法（接面道路）
	農業委員会	①農地等の現況に関する照会書 ②買受適格証明

3　見積価額の算定のための書類

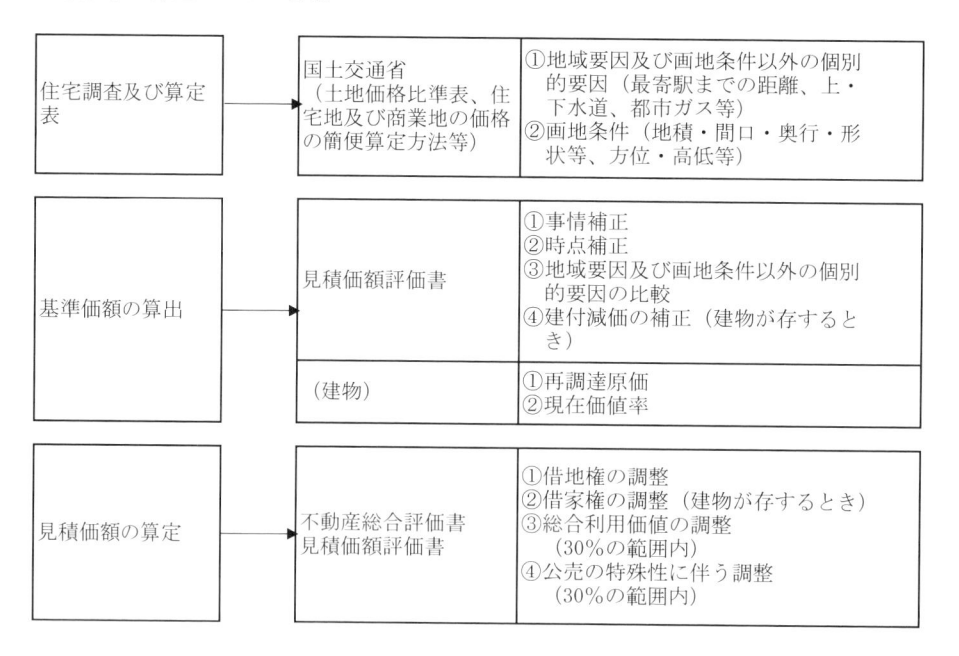

住宅調査及び算定表	国土交通省 （土地価格比準表、住宅地及び商業地の価格の簡便算定方法等）	①地域要因及び画地条件以外の個別的要因（最寄駅までの距離、上・下水道、都市ガス等） ②画地条件（地積・間口・奥行・形状等、方位・高低等）
基準価額の算出	見積価額評価書	①事情補正 ②時点補正 ③地域要因及び画地条件以外の個別的要因の比較 ④建付減価の補正（建物が存するとき）
	（建物）	①再調達原価 ②現在価値率
見積価額の算定	不動産総合評価書 見積価額評価書	①借地権の調整 ②借家権の調整（建物が存するとき） ③総合利用価値の調整 　（30%の範囲内） ④公売の特殊性に伴う調整 　（30%の範囲内）

○　市　公　売　広　報（事例１）
（期　日　入　札）

※暴力団員等の買受け防止措置を追記しています。

○○市○○課

公売の日時及び場所等

公売公告	○○市公告第○号
公売の方法	入札
公売の日時	平成○年６月26日（月）午後１時30分から午後２時まで
公売の場所	○○市役所　○○課
開札の日時	平成○年６月26日（月）午後２時５分
開札の場所	○○市役所　○○課
売却決定の日時	平成○年７月３日（月）午前10時
売却決定の場所	○○市役所　○○課
買受代金の納付の期限	平成○年７月３日（月）午後２時30分
買受人の資格その他の要件	国税徴収法第92条又は同法第108条に該当する者は公売に参加できません。
権利移転の時期	買受代金の全額を納付した時
危険負担の移転の時期	買受代金の全額を納付した時
瑕疵担保責任	○○市は、公売物件の種類又は品質に関する不適合について担保責任を負いません。
その他事項	1　公売財産の売却決定は、最高価申込者に係る入札価額をもって行います。 2　公売財産が不動産の場合、公売財産の入札時に「陳述書（別紙を含む。）」の提出がない者及び暴力団員等に該当する者（暴力団に該当する者又は暴力団員でなくなった日から５年を経過しない者。以下「暴力団員等」という。）は、公売財産を買い受けることはできません。 3　最高価申込者の入札価額に次ぐ高い価額（見積価額以上で、かつ、最高価入札価額から公売保証金の額を控除した金額以上のもの）による入札者に対し、次順位買受申込者制度の適用があります。なお、次順位による買受申込みの催告は、最高価申込者の決定後、直ちに行います。 4　公売保証金は、現金又は銀行振出の小切手（銀行振出の小切手は、○○手形交換所管内のもので振出日から起算して８日を経過していないものに限る。）で、公売日に公売会場で納付してください。 5　買受人は、売却決定を受けた後に公売公告に記載された納付期限までに買受代金の全額を、現金又は銀行振出の小切手（銀行振出の小切手は、○○手形交換所管内のもので振出日から起算して８日を経過していないものに限る。）により、 　　○○市役所の担当窓口において納付してください。 6　売却決定の日までに、買受人が暴力団員等に該当しないことの調査の結果が明らかにならない場合は、売却決定の日時及び買受代金の納付の期限が変更されます。 7　公売財産に係る徴収金の完納の事実が、買受代金の納付前に証明されたとき、又は買受代金納付後であっても取消すべき重大な事由があるときは売却決定を取消します。 8　公売財産の権利移転の登記に伴う費用（登記免許税、登記嘱託書の郵送費用など）は、買受人の負担となります。登録免許税の額に相当する印紙、又は国庫金領収証書（登録免許税法第23条）、切手を売却決定の日時までに提出してください。 9　公売は現況有姿により行うものであるため、次の一般的事項を十分ご理解の上、公売に参加ください。 （1）公売財産の面積等は公簿上によるものです。あらかじめその現況及び関係公簿等を確認してください。 （2）○○市は、公売財産の引渡しの義務を負わないため、使用者又は占有者に対して

第16 参考様式等

	明渡しを求める場合や公売財産内にある動産の処理などはすべて買受人の責任において行うことになります。 （3）土地の境界については隣接地所有者と、接面道路（私道）の利用については道路所有者とそれぞれ協議してください。 10 土壌汚染やアスベストなどに関する専門的な調査は行っておりません。 11 今回の公売に参加いただくには、公売のしおりをお読みいただき、確認していただくことが必要です。

公売財産

売却区分番号	財産種別	財産所在等	見積価額 公売保証金	その他
1	土地	○○市○町○丁目○番1 宅地　4.11 平方メートル	4,220,000 円	
	土地	○○市○町○丁目○番2 宅地　4.39 平方メートル		
	土地	○○市○町○丁目○番 宅地　320.66 平方メートル	500,000 円	

公売財産の明細

位置・交通	ＪＲ○○線「○」駅から○方へ道路距離約○km
現況	物件の所在する地域は、既存の一般住宅や商店等が建ち並ぶ既存の住宅地域である。 道路は幅員4～6mの舗装道路が標準的で、西側約4.8mで市道○線に接する。 舗装された駐車場として一体的に利用されており、賃貸されている模様である。
土地面積 地目	329.16 ㎡（登記上） 宅地
主な公法上の規制等	都市計画区分　　　区域区分非設定都市計画区域 用途地域　　　　　第一種住居地域 建ぺい率　　　　　60% 容積率　　　　　　200% 防火規制　　　　　準防火地域 その他の規制　　　特別工業地区
画地条件 （規模、形状）	物件の土地は、西側が幅員4.8m舗装道路に、北側が3.0m舗装道路にそれぞれ等高に接面する長方形地である。
接面道路	西側道路は、市道（○線）で、建築基準法第42条1項1号道路に該当する。 北側道路は、市道（○線）で、建築基準法第42条2項道路に該当する。
供給処理施設	水道、ガス、下水あり
所在図	別紙のおとり

57　公売会場レイアウト

公売会場のレイアウト（1）

（事前説明、開札のとき）

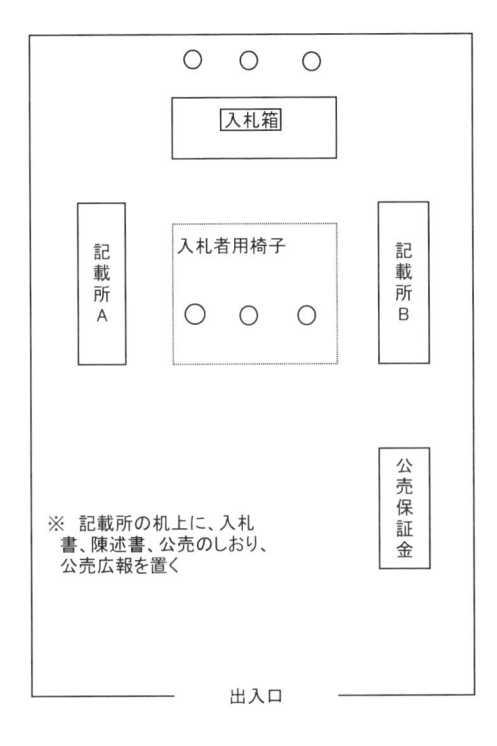

公売会場のレイアウト（2）

（入札のとき）

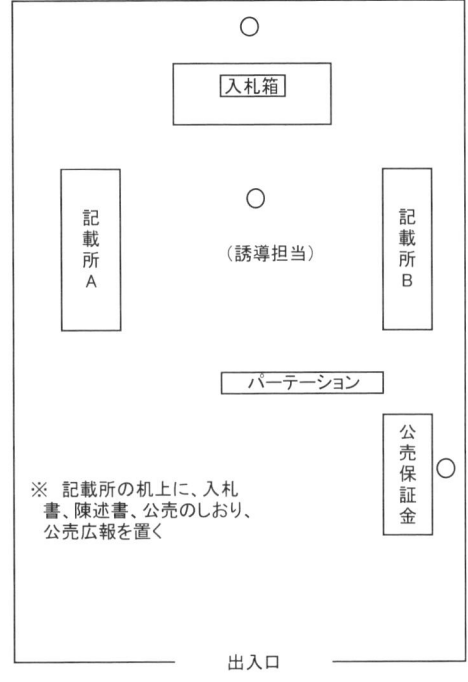

58　期日入札の進め方

期日入札の進め方（平成〇年6月26日）

※暴力団員等の買受け防止措置を追記しています。

進 行 担 当 者

---

1 【一般的な注意】13：20～

　　本日は、公売にご来庁いただきまして、ありがとうございます。

　　入札手続は、限られた時間の中で行いますので、ご協力をお願いいたします。

　　初めに、当会場内での留意事項を申しあげます。

　　当会場内での飲食、喫煙、携帯電話の使用はご遠慮いただきます。

　　携帯電話をお持ちの方は、電源をお切りになるか、マナーモードにしていただくようお願いします。携帯電話で通話される場合には会場外でお願いします。

　　当会場は出入りが自由となっておりますので、貴重品の管理については十分ご留意願います。

　　それでは、本日の公売の流れ及び入札書の記載方法等を説明します。

2 【入札の流れの説明】

　　お手元にお配りしました

　　○「公売のしおり」

　　○「入札書」

　　○「陳述書（個人用）」

　　○「公売保証金封筒」　　　をご覧になりながら、お聞きください。

　1　13時30分より、期日入札を開始します。

　2　入札書と陳述書及び公売保証金用封筒の記載をお願いします。

　　　なお、記載は会場内の記載所をご利用ください。

　3　入札書は、記載場所の机上の「公売財産一覧表」を確認し、個人は住民登録上の住所、氏名を法人は商業登記簿上の所在地、名称及び連絡先（電話番号）、公売財産の名称・売却区分番号、入札価額を記載してください。

　　　代理人が入札する場合は、代理人の住所、氏名、連絡先を併せて記載してください。

　　　氏名（名称）は、必ずフリガナの記載をお願します。

　4　陳述書は、入札しようとする公売財産が不動産である場合には、①入札

しようとされる方（その方が法人のときには、その役員）が暴力団員等に該しない旨、②自己の計算において入札させようとされる方（その方が法人のときには、その役員）が暴力団員等に該当しない旨の陳述をする必要がありますので、陳述書を記載し提出してください。

　なお、①入札しようされる方又は②自己の計算において入札させようとされる方が宅地建物取引業者又は債権管理回収業の事業者である場合は、その許認可等を受けたことを証明する文書（宅地建物取引業の免許書又は債権管理回収業の許可証）の写しを陳述書と併せて提出してください。

　おって、陳述書については、次の事項に留意して提出してください。

(1)　陳述書の用紙

　陳述書の用紙は、入札される方が個人か法人かにより分かれておりますので専用の様式をご使用ください。

　また、自己の計算において入札をさせようとされる方がいらっしゃる場合には、陳述書別紙（自己の計算において入札等をさせようとする者に関する事項）も併せて提出する必要があります。

　なお、陳述書は入札をされる公売財産「売却区分番号」ごとに作成してください。

(2)　陳述書の記載要領

　陳述書の住所（法人所在地）及び氏名（法人名称）欄には、個人にあっては住民登録上の住所及び氏名を、法人にあっては商業登記簿上の所在地及び商号を記載してください。

　字体を鮮明に記載し、訂正したり、抹消したりしないでください（書き損じたときは新たな陳述書を使用してください。）。

(3)　陳述書の提出に当たっての留意事項

　陳述書は、入札書とともに提出してください。陳述書の提出がない場合や記載内容に不備がある場合は、入札が無効となりますので正確に記載してください。

5　公売保証金は公売保証金用封筒に封入・糊付し、公売保証金額、売却区分番号、入札者の住所（所在地）、氏名（名称）及び連絡先（電話番号）を封筒表面に記載してください。

　代理人の場合は、入札書の記載と同様にお願いします。

6　公売保証金の担当者に、運転免許証など身分に関する証明書を呈示し、公売保証金を封入した公売保証金用封筒を提出してください。

　なお、代理人の場合は、委任状も併せて提出してください。

7　公売保証金の納付の際に、担当者が仮領収書をお渡しします。

　この仮領収書は、開札後、落札された方には公売保証金の「領収証書」との引換となり、また、落札できなかった方には公売保証金の返還と引換に提出していただきますので、開札するまでの間は大切に保管しておいてください。

8　入札時間は、14時00分までの30分間です。

　　仮領収証書を呈示の上、入札していただきます。

　　（なお、農地がある場合は、「買受適格証明書」も呈示を指導する。）

　　入札開始前及び入札締切後の入札はできませんので時間は厳守してください。

9　入札締切後、14時5分に開札を始め、最高価申込者の決定及び発表を行います。

　　次順位買受申込者の制度に該当する方がいる場合は、その決定・発表を行います

　　以上が本日の入札の流れです。

　　次に、入札書記載事項等の特に注意していただきたい事項をご説明します。

3【入札書記載等の留意事項の追加の説明】

　　共同入札される方は、係員に申出ください。その際に、共同入札用の入札書と共同入札代表者の届出書をお渡しします。

　　入札書用紙に記載された注意事項の7つの項目について、再度、確認をお願いします。

　　（注意事項）

　　　1　入札書は、入札を行う公売財産ごとに、それぞれ作成してください。

　　　2　字体は鮮明に、インク又はボールペンで書いてください。

　　　3　代理人が入札する場合は、入札に先立って委任状を提出してください。

　　　4　入札価額はアラビア数字で明確に記載し、入札価額の頭部には、「¥」を記載してください。

　　　5　公売財産の売却決定は、最高価申込者の入札価額をもって行います。

　　　6　書き損じたときは、訂正しないで新しい入札書を作成してください。

　　　7　入札者は、提出した入札書の引換え、変更又は取消しをすることができません。

　　　　また、同一人が同一の公売財産について2枚以上の入札書を提出した場合は、いずれの入札書も無効なものとなります。

　　なお、個人の方は、住民登録上の住所・氏名を、法人の方は商業登記簿上の所在地・商号を記載してください。

ご不明な点は、公売のしおりを参照していただくか、係員にお声かけください。

（農地がある場合）
　　買受適格証明書の必要な物件は、売却区分〇〇です。
　　買受適格証明書がなければ入札に参加できませんのでご注意ください。

4【入札開始の案内】１３：３０〜
　　時間はすべてこの時計（〇〇部屋の時計を利用）により進めます。
　　ただいま、13時30分です。入札を開始します。
　　入札箱の中に何もないことを確認してください。
（1）　公売保証金の担当者に、①運転免許証など身分に関する証明書を呈示し、②公売保証金用封筒に封入した公売保証金、③代理人の場合は、委任状を提出してください。
（2）　公売保証金の担当者がお渡しした、仮領収書を呈示して、陳述書を添えて入札してください。

公売保証金担当者

　公売保証金の担当者は、公売保証金用封筒の糊付、記載事項を確認、仮領収書を作成し、納入者に渡す。

入 札 箱 担 当 者

　入札箱の担当者は、陳述書の添付と仮領収書を確認する。

進 行 担 当 者

5【入札締切前の呼びかけ】１３：５０
　　入札の締切時間まで、あと10分程度となりました。
　　入札がまだお済でない方は、時間内に入札を行ってください。
6【入札終了】１４：００
　　ただいま、14時になりました。
　　入札を締め切ります。
　　開札は、14時5分です。しばらくお待ちください。
7【開札】１４：０５
　　14時5分になりました。
　　これより、開札を行います。
　　入札者、代理人の方の開札の立会をお願いします。

　　　　入札箱の前にお進みください。
　　　（立会人がいない場合）
　　　　　立会される方がいませんので、職員の立会により行います。
　　　　入札箱の中に何もないことを確認してください（入札箱の中を見える
　　　ように掲げる。）。

8【開札発表】１４：１０
　　　これから、最高価申込者の決定及び発表を行います。

　　　　売却区分番号○○号、入札価額○○円
　　　（名前）○○様
　　　　　　　（追加入札が必要な場合）
　　　　　　　　売却区分番号○○号は、最高の価額の入札者が○○様、
　　　　　　　△△様ですので、後程、お二人で追加入札を行います。
　　　なお、この物件には次順位買受申込者の制度に該当する方がいらっしゃ
　　います。
　　　（入札者）△△様。次順位買受申込を行いますか。
　　　　　（申込をするとき）入札価額△△円、△△様を次順位買受申込者と
　　　　　　します。
　　　　　（申込をしないとき）はい。承知しました。
　　　（次順位買受申込者の制度の説明を求められた場合）
　　　　次順位買受申込者の制度は、最高価申込者の入札価額に次ぐ高い価額
　　　による入札者で、見積価額以上、かつ、最高価入札価額から公売保証金
　　　の額を控除した金額以上である者に適用される制度である旨説明します。

9【公売終了】
　　　以上で、公売を終了します。

10【最高価申込者、次順位買受申込者への説明】
　　【公売保証金の返還の説明】
　　　最高価申込者、次順位買受申込者になられた方には、今後の手続をご説
　　明します。係員がご案内しますのでその席でしばらくお待ちください。
　　　残念ながら、落札されなかった方は、公売保証金をお返ししますので、
　　仮領収書をご用意ください。係員がご案内します。

　最高価申込者及び次順位買受申込者に次の事項を周知する。

①　売却決定期日の延長

　　地方税法（国税徴収法第106条の2）の規定により、新潟県警本部担当部署に暴力団員等でないことの調査の嘱託をした場合であって、公売公告に記載された売却決定の日までに、その結果が明らかでないときは、売却決定の日時及び買受代金の納付の期限が変更されることがあります。

②　所有権移転請求（最高価申込者）

　　別紙「公売財産を買受された方へ（お願い）」により、買受代金の納付金額・期限・方法及び提出を要する書類・提出期限等を説明し、別紙「所有権移転請求書」を交付する。

　　次順位買受申込者には、売却決定が取り消された場合に、連絡する旨を伝える。

　　また、公売保証金を還付する場合の金融機関名・口座番号等を聴取する。

　公売保証金の担当者は、落札されなかった方に仮領収書と引換に公売保証金用封筒を返還する。

　また、最高価申込者、次順位買受申込者から仮領収書を提出させ、申込者の立会いのもと、それぞれの公売保証金用封筒を開封し、公売保証金の金額を確認した上で、次の①の領収証書を作成し、最高価申込者等に交付する。

　その後、②の領収書を作成し、金融機関への支払手続を行うことに留意する。

①　領収証書

　　最高価申込者等から公売保証金の買受代金への充当申出を徴する（認印の押印）。

②　歳入歳出外現金等保管証書兼領収書

11【売却決定・買受代金の領収：7月3日】

　公売担当者は、売却決定の日時に最高価申込者に対して売却決定（口頭又は電話を利用）を行う。

　公売担当者は、買受人から売却代金（公売保証金を控除した金額）を受領し、その後は、上記10の（公売保証金担当者）に準じて領収証書等の作成、金融機関への支払手続を行う。

追加入札を行う場合

　　ただいまから、売却区分番号○○号の物件について、追加入札を行います。
追加入札の締め切りは、14時20分とします。
開札は14時25分とします。
　　なお、追加入札に参加できるのは、最高価入札をした○○様と△△様だけです。
　　追加入札額は、当初入札した額以上でなければなりません。
　　当初の入札価額に満たない価額で入札した場合には、今後2年間は公売の場所に入ることを制限し、入札できないこと（国税徴収法第108条）の規定が適用されることがありますのでご注意ください。

【入札終了】１４時２０分
　　ただいま、14時20分になりました。入札を締め切ります。
　　開札は、14時25分です。しばらくお待ちください。

【開　　札】１４時２５分
　　14時25分になりました。これより、開札を行います。
　　入札箱の中に何もないことを確認してください（入札箱の中を見えるように掲げる。）。

【開札発表】
　　これから最高価申込者の決定及び発表をおこないます。
　　売却区分番号○○号、入札価額○○円、（名前）○○様に決定します。
　　なお、この物件には次順位買受申込者の制度に該当する方がいらっしゃいます。
　　（入札者）△△様。次順位買受申込を行いますか。
　　　　（申込をするとき）入札価額△△円、△△様を次順位買受申込者とします。
　　　　（申込をしないとき）はい。承知しました。
【公売終了】
　　以上で、公売を終了します。

59 公売保証金封筒表紙

<table>
<tr><td colspan="2" align="center">公 売 保 証 金 用 封 筒（記 載 例）</td></tr>
</table>

平成　年　月　日

> アラビア数字で明確に￥マーク及び円単位まで忘れずに記載してください。

○ ○ 市 長　殿

公 売 財 産 の 名 称	
売 却 区 分 番 号	動産
5 － 1	番の（不動産） その他（　　）

公 売 保 証 金									
百億	十億	億	千万	百万	十万	万	千	百	十	円
			￥	1	0	0	0	0	0	0

> 個人の場合は住民登録上の住所を、法人の場合は商業登記上の所在地を記載してください。氏名（名称）は、丁寧に記載し、ふりがなをつけてください。

入札者	住所 (所在地)	郵 便 番 号 9 9 9 － 9 9 9 9	○○市○町○－○－○
	フリガナ	ゼイ　タロウ	連 絡 先
	氏名 (名称)	税　太　郎	（電話）000 （携帯）090-0000-0000
代理人	住所 (所在地)		
	フリガナ		連 絡 先
	氏名 (名称)		（電話） （携帯）

入 札 結 果 一 覧 表

売却区分番号	財産種別	財産所在等	見積価額	公売保証金	落札価額	入札者数	最高価申込者	最高価申込者住所
1	土地	〇〇市〇町〇丁目〇番1 宅地 4.11平方メートル	4,220,000円	500,000円	6,010,000円	2件	Y	〇〇市〇町〇番
	土地	〇〇市〇町〇丁目〇番2 宅地 4.39平方メートル						
	土地	〇〇市〇町〇丁目〇番 宅地 320.66平方メートル						

（次順位買受申込者に該当するかの要件）

　・最高価申込者の入札価額に次ぐ高い価額であるが、見積価額以上で、かつ、最高価入札価額から公売保証金の額を控除した額以上であるものに限る。

　　　最高価入札額（6,010,000円）－公売保証金（500,000円）＝5,510,000円（この金額以上であることが必要）

　　　2番目の価額が5,001,000円であることから、次順位の対象にはならない。

61 不動産等の最高価申込者の決定等通知書

不動産等の最高価申込者の決定等通知書

○○市○町○丁目○番○号

○○ 第 ○ 号

平成○年 6 月 26 日

X 　　様

　公売公告第 15 号の公売に係る公売財産の最高価申込者を次のとおり決定しました。
　地方税法（国税徴収法第 106 条第 2 項）の規定により通知します。

○○市長　○○　○○

公売財産の所有者	住所（所在）	○○市○町○丁目○番○号		
	氏名（名称）	X		
売却区分番号	公売財産の名称、数量、性質及び所在		最高価申込価額	最高価申込者の氏名又は名称
1	○○市○町○丁目○番 1 宅地　4.11 平方メートル ○○市○町○丁目○番 2 宅地　4.39 平方メートル ○○市○町○丁目○番 宅地　320.66 平方メートル		6,010,000 円	Y
最高価申込者の決定年月日	平成○年 6 月 26 日	売却決定	日時	平成○年 7 月 3 日　午前 10 時
			場所	○○市役所　○○課

※最高価申込者が上記換価財産を取得するのは、原則として売却決定をした後、買受代金を完納したときです。

62　不動産等の最高価申込者の決定等の公告

○○市公告第○号

不動産等の最高価申込者の決定等の公告

平成○年6月26日

　　公売公告第15号の公売に係る公売財産の最高価申込者を次のとおり決定しました。
　　地方税法（国税徴収法第106条第2項）の規定により公告します。

○○市長

売却区分番号	公売財産の名称、数量、性質及び所在		最高価申込価額	最高価申込者の氏名又は名称
1	○○市○町○丁目○番1 宅地　4.11平方メートル ○○市○町○丁目○番2 宅地　4.39平方メートル ○○市○町○丁目○番 宅地　320.66平方メートル		6,010,000円	Y
最高価申込者の決定年月日	平成○年6月26日	売却決定	日時　平成○年7月3日　午前10時	
			場所　○○市役所　○○課	

63 入札書

《 入 札 書 記 載 例 ・ 本 人 が 入 札 す る 場 合 》

> 一度提出された入札書については、「入札内容の変更」や「入札の取消し」を行うことはできません。入札書を提出する前に、売却区分番号、金額、住所、氏名等に誤りがないかを確認してください。

入 札 書

平成〇〇年〇〇月〇〇日

〇 〇 市 長 殿

> 個人の場合は住民登録上の住所を、法人の場合は商業登記上の所在地を記載してください。氏名（名称）は、丁寧に記載し、ふりがなをつけてください。

入札者	住所（所在地）	郵 便 番 号　9 5 5 - 8 6 8 6　　〇〇市〇町〇-〇-〇	
	フリガナ	ゼイ　タロウ	連 絡 先
	氏名（名称）	税　太郎	（電話）000-000-0000　（携帯）090-0000-0000
代理人	住所（所在地）		
	フリガナ		連 絡 先
	氏名（名称）		（電話）　（携帯）

下記のとおり入札します。

記

公 売 財 産 の 名 称	
売 却 区 分 番 号	動産
5 － 1	番の 不動産　その他（　　　）

入 札 価 額										
百億	十億	億	千万	百万	十万	万	千	百	十	円
			¥	1	2	3	4	5	6	7	8

> アラビア数字で明確に¥マーク及び円単位まで忘れずに記載してください。

【注意事項】
1　入札書は、入札を行う公売財産ごとに、それぞれ作成してください。
2　字体は鮮明に、インク又はボールペンで書いてください。
3　代理人が入札する場合は、入札に先立って委任状を提出してください。
4　入札価額はアラビア数字で明確に記載し、入札価額の頭部には、「¥」を記載してください。
5　公売財産の売却決定は、最高価申込者の入札価額をもって行います。
6　書き損じたときは、訂正をしないで、新しい入札書を作成してください。
7　入札者は、提出した入札書の引換え、変更又は取消しをすることができません。
　　また、同一人が同一の公売財産について2枚以上の入札書を提出した場合は、いずれの入札書も無効なものとなります。

64　共同入札書

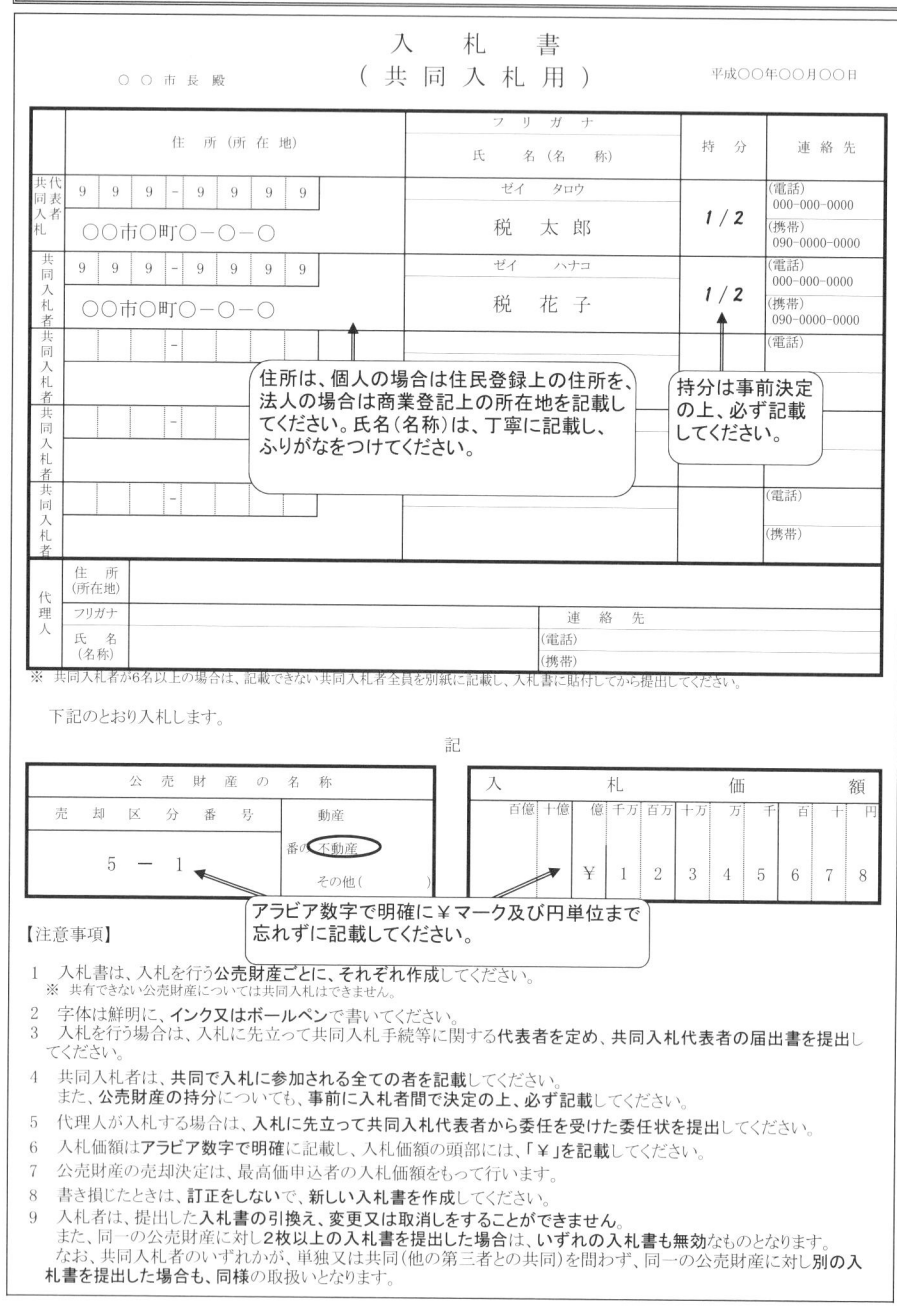

《 共 同 入 札 書 記 載 例 ・ 本 人 が 入 札 す る 場 合 》

　一度提出された入札書については、「入札内容の変更」や「入札の取消し」を行うことはできません。入札書を提出する前に、売却区分番号、金額、住所、氏名等に誤りがないかを確認してください。

【注意事項】

1　入札書は、入札を行う公売財産ごとに、それぞれ作成してください。
　※　共有できない公売財産については共同入札はできません。
2　字体は鮮明に、インク又はボールペンで書いてください。
3　入札を行う場合は、入札に先立って共同入札手続等に関する代表者を定め、共同入札代表者の届出書を提出してください。
4　共同入札者は、共同で入札に参加される全ての者を記載してください。
　また、公売財産の持分についても、事前に入札者間で決定の上、必ず記載してください。
5　代理人が入札する場合は、入札に先立って共同入札代表者から委任を受けた委任状を提出してください。
6　入札価額はアラビア数字で明確に記載し、入札価額の頭部には、「￥」を記載してください。
7　公売財産の売却決定は、最高価申込者の入札価額をもって行います。
8　書き損じたときは、訂正をしないで、新しい入札書を作成してください。
9　入札者は、提出した入札書の引換え、変更又は取消しをすることができません。
　また、同一の公売財産に対し2枚以上の入札書を提出した場合は、いずれの入札書も無効なものとなります。
　なお、共同入札者のいずれかが、単独又は共同（他の第三者との共同）を問わず、同一の公売財産に対し別の入札書を提出した場合も、同様の取扱いとなります。

65 委任状

委 任 状

平成○○年○○月○○日

○ ○ 市 長 　殿

（委任者）住　　所　○○市○町○－○－○
　　　　　氏　　名　税　太郎
　　　　　電　　話　000-000-0000
　　　　　携帯電話　090-0000-0000

> 委任者が個人の場合は住民登録上の住所・氏名を、法人の場合は商業登記上の所在・名称と代表者名を記載してください。

私は、下記の者を代理人と定め、次の権限を委任します。

記

（受任者）住　　所　○○市○町○－○－○
　　　　　氏　　名　税　花子

　　　　　電　　話　000-000-0000
　　　　　携帯電話　090-0000-0000

> 受任者が個人の場合は住民登録上の住所・氏名を、法人の場合は商業登記上の所在・名称と代表者名を記載してください。

委任事項
　平成○○年○○月○○日公売（売却区分番号○○○○－○○）に関する

1　公売保証金の納付の権限
2　入札書の提出の権限
3　公売保証金の返還にかかる受領の権限
4　上記1～3に附帯する一切の権限

> 入札を希望する売却区分番号を記載してください。

66 陳述書（個人用）

陳 述 書 （個人用）

○ ○ 市 長 殿

※内容を確認し、□にチェックを入れてください。

□ 私は、暴力団員等ではありません。

※ 「暴力団員等」とは、「暴力団員による不当な行為の防止等に関する法律（平成3年法律第77号）第2条第6号に規定する暴力団員又は暴力団員でなくなった日から5年を経過しない者」を指します。

□ 私は、暴力団員等又は暴力団員等が役員である法人の計算において、入札をする者ではありません。

※自己の計算において私に入札をさせようとする者は、陳述書別紙「自己の計算において入札をさせようとする者に関する事項」に記載のとおりです。

※該当する場合は、□にチェックを入れてください。

□ 自己の計算において私に入札をさせようとする者は、陳述書別紙「自己の計算において入札をさせようとする者に関する事項」に記載のとおりです。この者は、暴力団員等又は暴力団員等が役員である法人ではありません。

公告公告番号及び売却区分番号	公告第 号 売却区分番号						陳述書作成日	令和 年 月 日	
入札者	住 所	〒 －							
	（フリガナ） 氏 名						電話番号 （ ）		
	生年月日	□ 昭和 □ 平成 □ 令和 □ 西暦	年	月	日	性別	□ 男性 □ 女性		

【注意事項】

1　本用紙は、入札者が個人の場合に使用する陳述書です。陳述書は、入札を行う公売財産（売却区分番号）ごとに作成し、入札書とともに提出してください。提出がない場合や記載に不備がある場合は、入札が無効となりますので、正確に記載してください。

2　字体は鮮明に、インク又はボールペンで書いてください。

3　共同で入札を行う場合は、入札者ごとに陳述書を提出してください。

4　提出後の陳述書（別紙を含む。）の訂正や追完はできません。

5　入札者が宅地建物取引業又は債権管理回収業の事業の場合には、その許認可等の許認可等を受けたことを証明する文書（宅地建物取引業の免許証又は債権管理回収業の許可証）の写しを提出してください。

6　自己の計算において入札をさせようとする者（入札者に資金を渡すなどして自己の計算において入札をさせようとする者をいいます。）がある場合は、陳述書別紙「自己の計算において入札をさせようとする者に関する事項」を併せて提出してください。

7　虚偽の陳述をした場合、地方税法（固税収法第189条）の規定により6月以下の懲役又は50万円以下の罰金に処せられることがあります。

8　随意契約による売却における買受申込は、この用紙を準用し上記に準じて行ってください。

67 陳述書別紙

自己の計算において入札をさせようとする者に関する事項

※該当する□にチェックを入れてください。

□個人	住　所	〒　　　　−
	（フリガナ） 氏　　名	
	生 年 月 日	□　昭和　□　令和　　　年　　　月　　　日　　性別　□　男性　□　女性 □　平成　□　西暦
□ 法人	法人所在地	〒　　　　−
	（フリガナ） 法人名称	
	役　　員	別紙「自己の計算において入札をさせようとする者（法人）の役員に関する事項」のとおり

【注意事項】

1　自己の計算において入札をさせようとする者がいる場合は、本書面の提出が必要です（複数いる場合は、本用紙を複数枚用いてください。）。
　　提出がない場合や記載に不備がある場合は、入札が無効となりますので、正確に記載してください。

2　自己の計算において入札をさせようとする者が法人である場合は、別紙「自己の計算において入札をさせようとする者（法人）の役員に関する事項」及び「法人の役員を証する書面（商業登記簿に係る登記事項証明書等）」の提出が必要です。

3　字体は鮮明に、インク又はボールペンで書いてください。

4　提出後の陳述書（別紙を含む。）の訂正や追完はできません。

5　入札者が宅地建物取引業又は債権管理回収業の事業者の場合には、その許認可等を受けたことを証明する文書（宅地建物取引業の免許証又は債権管理回収業の許可証）の写しを提出してください。

68　売却決定通知書

売 却 決 定 通 知 書

〇〇 第 〇 号
令和 〇 年 〇 月 〇 日

〇〇市〇町〇丁目〇番〇号
　　　　X　　　　様

〇〇市長　〇〇　〇〇

　換価財産の売却決定を次のとおりしましたので、地方税法（国税徴収法第１１８条）の規定により通知します。

買受人	住所 （所在）	〇〇市〇町〇丁目〇番〇号	
	氏名 （名称）	Y	
所有者	住所 （所在）	〇〇市〇町〇丁目〇番〇号	
	氏名 （名称）	X	
売却区分番号	売却財産の名称、数量、性質及び所在		売却価額
1	〇〇市〇町〇丁目〇番1 宅地　〇〇.〇〇平方メートル		円
代金納付年月日	令和 〇 年 〇 月 〇 日		
交付書類			

69 買受された方へ（所有権移転登記請求）

○○　　　号

平成○年 6 月 26 日

○○○○　　様

○○市○○課長

公売財産を買受された方へ（お願い）

　この度は、○○市公売に参加いただきましてありがとうございました。

　つきましては、買受代金の納付方法、所有権移転登記などの手続を下記のとおりお知らせしますので、ご確認いただきますよう、よろしくお願いいたします。

　なお、別紙の「所有権移転登記請求書」は、平成　　年 7 月 3 日までに提出（郵送又は持参）してください。

記

1　買受代金の納付について

（1）納付金額　5,510,000 円（公売保証金 500,000 円を充当した後の金額）

（2）納付期限　平成○年 7 月 3 日　午後 2 時 30 分

（3）納付方法

　　ア　銀行振込によるとき

　　　　振込口座は、次のとおりです（振込手数料は、買受人の負担となります。）。

金融機関名	第○○銀行
支　店　名	○○支店
預 金 種 別	普通預金
口 座 番 号	○○○○○○○
口 座 名 義	○○市　○○市会計管理者
フ リ ガ ナ	

　　イ　現金又は銀行振出小切手によるとき

　　　　現金等は、納付期限までに収納課まで持参してください。

2　提出していただく書類について

　　別紙「所有権移転登記請求書」のとおりです。

　　売却決定通知書は、所有権移転登記手続の完了後に、「登記識別情報」の通知に同封してお渡しします。

```
（連絡先）
〒999-9999
○○市○町○丁目○番○号
○○市 ○○課
電話　000-000-0000
担当
```

70　所有権移転請求書

<table>
<tr><td colspan="5" align="center">所 有 権 移 転 登 記 請 求 書</td></tr>
<tr><td colspan="5">平成　　年　　月　　日</td></tr>
<tr><td colspan="5">○　○　市　長　殿</td></tr>
<tr><td colspan="5">請求者（買受人）
住所（所在地）

氏名（名　称）</td></tr>
<tr><td colspan="5">　地方税法（国税徴収法第121条）の規定により、下記のとおり添付書類を添えて所有権移転登記を請求します。
記</td></tr>
<tr><td>売却
区分
番号</td><td align="center">公売財産の表示</td><td align="center">課税標準
（円）</td><td align="center">税率</td><td align="center">登録免許税
（円）</td></tr>
<tr><td></td><td>所在：○○市○町○丁目
地番：○番1
地目：宅地
地積：4.11 ㎡</td><td rowspan="3" align="center">6,092,000</td><td rowspan="3" align="center">1000分の20</td><td rowspan="3" align="center">121,800</td></tr>
<tr><td></td><td>所在：○○市○町○丁目
地番：○番2
地目：宅地
地積：4.39 ㎡</td></tr>
<tr><td></td><td>所在：○○市○町○丁目
地番：○番
地目：宅地
地積：320.66 ㎡</td></tr>
<tr><td></td><td></td><td></td><td></td><td></td></tr>
<tr><td colspan="2">登 録 免 許 税（合　計　額）</td><td colspan="3" align="center">121,800 円</td></tr>
<tr><td colspan="5">上記不動産の所有権移転登記に係る「登記識別情報」の通知を希望します。</td></tr>
<tr><td rowspan="4">添
付
書
類</td><td>個人の場合</td><td colspan="2">住民票の写し（マイナンバー・個人番号が記載されていないもの）</td><td align="center">1 通</td></tr>
<tr><td>法人の場合</td><td colspan="2">商業登記簿謄本
なお、会社法人等番号を呈示されたときは省略できます。</td><td align="center">1 通</td></tr>
<tr><td colspan="3">登録免許税の納付済領収証書（税務署等に原則として現金で納付してください。）
※登録免許税の額が 3 万円以下である場合には、収入印紙を貼付、納付することができます。</td><td align="center">1 通</td></tr>
<tr><td colspan="3">登記嘱託書等の郵送費用に相当する郵便切手</td><td align="center">860 円</td></tr>
</table>

71 登録免許税計算

登録免許税計算

（単位：㎡、円）

	登記簿上の地目	登記簿上の地積(㎡)	平成29年度固定資産税評価額	課税標準(1000円未満端数は切捨)	競売・公売20/1000(100円未満端数は切捨)
○○市○町○丁目○番１	宅地	4.11	76,076		
○○市○町○丁目○番2	宅地	4.39	81,258		
○○市○町○丁目○番	宅地	320.66	5,935,416		
三筆を同一の申請書で申請する場合 ⇒			6,092,750	6,092,000	121,800

（注）　1　登録免許税は「租税特別措置法第72条」で軽減措置があるが、公売又は競売は、税率20/1000で税額を算出する。

　　　　2　複数の不動産を同一の嘱託書で申請する場合、各評価額の合計額を課税標準として、税額を算出する。

　　　　3　地目が公衆用道路のときは、固定資産税課税台帳の価格がないので、登記所が認定した価額となり、具体的には、近傍宅地の評価額の30/100が課税標準となる。

（参考）　1　固定資産税の税率は1.4％、都市計画税の税率は0.2％です。

　　　　　2　不動産取得税は、土地3％、家屋（住宅）3％、家屋（住宅以外）4％です。

72　登記嘱託書（所有権移転、差押登記抹消）

登　記　嘱　託　書

登 記 の 目 的　　　　所有権移転　~~権利登記抹消~~　差押登記抹消
原　　　　因　　　　平成○年○月○日　公売
権　利　者　　　　○○県○○市○町○番○号
　　　　　　　　　　　　　○○　　○○

抹消すべき登記　　　平成○○年○月○日　受付第９９９９号　差押
義　務　者　　　　○○県○○市○町○丁目○番１号
　　　　　　　　　　　　　○○　　○○

　　　　　　　　　　差押権利者　　○○市

添 付 書 類　　　　登記原因証明情報　配当計算書（謄本）　住所証明書

登記識別情報の通知方法　　　書面の交付

平成○年○月○日

　　　　嘱 託 者　　○○市長

　　　　　　　　　　○○地方法務局　○○支局　御中

課 税 価 格　　　　金６，０９２，０００円
登 録 免 許 税　　　金１２１，８００円
不 動 産 の 表 示　　別紙のとおり

　　連絡先　⎡○○市○○課　担当　○○市徴税吏員　○○　○○
　　　　　　⎣　　　　　電話　０００－０００－００００　　　⎦

不動産の表示

[土地の表示]
不動産番号　１１１１１１１１１１１１１
所　　　　在　○○市○町○丁目
地　　　　番　○番１
地　　　　目　宅地
地　　　　積　４・１１平方メートル
不動産価格　７６，０７６円

[土地の表示]
不動産番号　２２２２２２２２２２２２２
所　　　　在　○○市○町○丁目
地　　　　番　○番２
地　　　　目　宅地
地　　　　積　４・３９平方メートル
不動産価格　８１，２５８円

[土地の表示]
不動産番号　３３３３３３３３３３３３３
所　　　　在　○○市○町○丁目
地　　　　番　○番
地　　　　目　宅地
地　　　　積　３２０・６６平方メートル
不動産価格　５，９３５，４１６円

以下余白

73　登記原因証明情報（所有権移転、差押登記抹消）

登 記 原 因 証 明 書

1　当事者及び不動産の表示
　（1）　当事者　権利者　　○○県○○市○町○丁目○番○号
　　　　　　　　　　　　　　○○　　○○
　　　　　　　　　義務者　　○○県○○市○町○丁目○番○号
　　　　　　　　　　　　　　○○　　○○
　（2）不動産の表示
　　　　　別紙のとおり
　（3）抹消の対象となる登記
　　　　平成○○年○月○日　受付第９９９９号　差押

2　登記の原因となる事実または法律行為

　（1）　　○○市長は国税徴収法第１１３条に基づき、平成○年７月７日、上記１の（2）
　　　　の不動産について権利者に対して売却決定を行った。
　（2）　　買受人は、国税徴収法第１１５条の規定に基づき、平成○年７月３日、買受
　　　　代金を納付した。

　　　　上記のとおり証明します。

　　　　平成○年７月○日

　　　　　　　　　　　　　　　　○○市長

74 配当計算書

本書のとおり関連者に通知してもよろしいか伺います。						起案	
						決済	
課長	課長補佐	室長	係長	主査	係・室員	担当	

配 当 計 算 書（謄 本）

〇〇第　　号

平 成 〇 年 7 月 6 日

送付先

滞納者　〇〇　〇〇

権利者

〇〇市長

　下記受入欄に記載の換価代金等については、下記の交付期日において支払欄又は残余金欄に記載のとおり配当又は交付することになりましたので、地方税法（国税徴収法第131条）の規定により、この計算書を作成します。

滞納者	住所	〇〇市〇町〇丁目〇番〇号
	氏名	〇〇　〇〇
受入（換価財産等の名称・数量・性質及び所在）	［ 土地の表示 ］ 所在　〇〇市〇町〇丁目 地番　〇番1 地目　宅地 地積　4．11平方メートル ［ 土地の表示 ］ 所在　〇〇市〇町〇丁目 地番　〇番2 地目　宅地 地積　4．39平方メートル ［ 土地の表示 ］ 所在　〇〇市〇町〇丁目 地番　〇番 地目　宅地 地積　320．66平方メートル 　以下余白	
	金額	6,010,000円

支払	債権者の住所（所在地）及び氏名	市長が確認した債権額（円）	配当順位	配当金額（円）	理由附記
	〇〇市〇町〇丁目〇番〇号 　〇〇市長	7,499,863	1	6,010,000	平成〇〇年〇月〇日差押 平成〇〇年〇月〇日交付要求 平成〇〇年〇月〇日交付要求 平成〇〇年〇月〇日交付要求 法定納期限等 　平成〇〇年〇月〇日〜 　平成〇〇年〇月〇日

残余金		0円
換価代金等の交付	期日	場所
	平成〇年7月13日午前10時	〇〇市〇〇課
連絡先	〇〇市役所　〇〇課　　担当：	電話（直通）000-000-0000

75　充当通知書

充　当　通　知　書

○○第　○　号
平 成 ○ 年 7 月 13 日

〒999-9999

　　○○市○町○丁目○番○号

　　　　○○　○○　様

　　　　　　　　　　　　　　　　○○市長

　　次のとおり受け入れた金額について、地方税法（国税徴収法第129条第2項及び第6項）の規定により、充当の処理をしますので、その明細を通知します。

滞納者	住所	○○市○町○丁目○番○号
	氏名	○○　○○

受け入れた金額	滞納処分費	充当金額
6,010,000円	0円	6,010,000円

差押年月日	受入年月日	受入科目
平成○○年○月○日	平成○年7月3日	市民税・県民税、固定資産税・都市計画税、軽自動車税、国民健康保険税、介護保険料

受入（換価財産等の名称・数量・性質及び所在）

　［ 土地の表示 ］
　所在　○○市○町○丁目
　地番　○番1
　地目　宅地
　地積　4．11平方メートル
　［ 土地の表示 ］
　所在　○○市○町○丁目
　地番　○番2
　地目　宅地
　地積　4．39平方メートル
　［ 土地の表示 ］
　所在　○○市○町○丁目
　地番　○番
　地目　宅地
　地積　320．66平方メートル
　　以下余白

充当の内訳

別紙のとおり
市県民税　　　　　8,000円、督促手数料　　200円、延滞金　　　－ 円
固定資産税　4,719,563円、督促手数料 6,900円、延滞金270,237円
軽自動車税　　　56,000円、督促手数料 1,400円、延滞金　2,000円
国民健康保険税　847,600円、督促手数料14,200円、延滞金 20,200円
介護保険料　　　61,200円、督促手数料 2,500円、延滞金　　　－ 円

備考

連絡先	○○市役所　○○　　担当：	電話000-000-0000

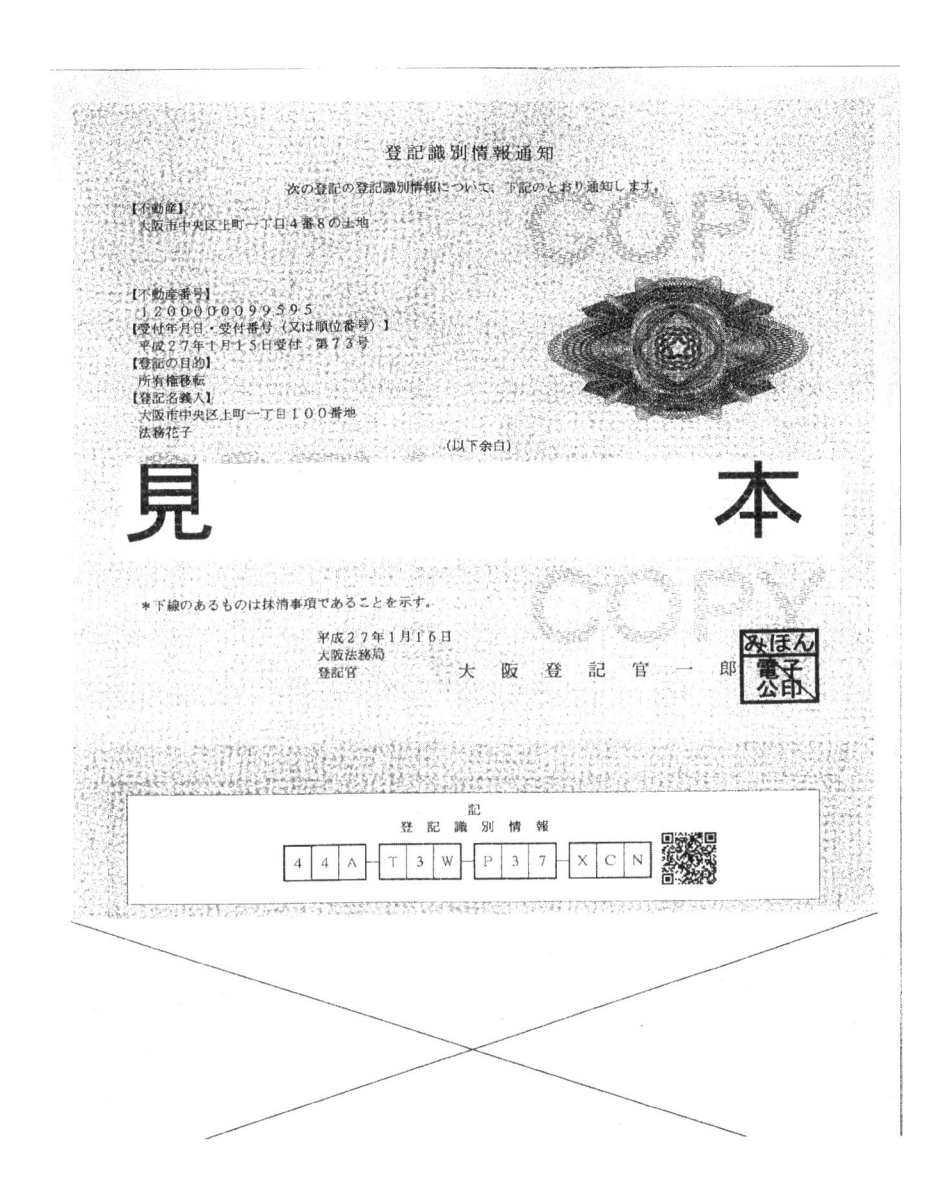

77　随意契約による売却の買受申出

随意契約による売却の買受申出

　　○○市長　様

○○市○町○丁目○番○号

○○　　○○

差押財産の買受申出について

　貴庁が差し押さえている不動産について、下記のとおり買受を申し出しますので、ご高配をお願いします。

記

1　対象不動産
（1）差押年月日

（2）差押財産の名称、数量、性質及び所在

2　買受申出の事由
（1）根拠条文
　　　国税徴収法第１０９条に規定する随意契約による売却

（2）具体的な事由等

（3）買受価額及び算定根拠

78 随意契約による売却通知書

随 意 契 約 に よ る 売 却 通 知 書	

○○第　　　号

令和　年　月　日

　　　　　　　　　様

　　　　　　　　　　　○　○　市長

　　下記により差押財産の随意契約による売却をしますので、地方税法（国税徴収法第１０９条第４項）の規定により通知します。

記

所 有 者	住所（所在）	
	氏名又は名称	
売 却 財 産 の 内 容	別紙のとおり	
見 積 価 額	円	
公 売 方 法	随意契約による売却	
売 却 日 時	買受人となるべき者の決定の日時 令和　年　月　日（　）午前　時	
売 却 場 所	○○市役所○○課	
売 却 決 定 日 時	令和　年　月　日（　）午前　時	
売 却 決 定 場 所	○○市役所○○課	
買受人についての資格 そ の 他 の 要 件		
代 金 納 付 期 限	令和　年　月　日（　）午前　時	
売 却 に 係 る 徴 収 金	別紙「滞納内訳書」のとおり	
そ の 他	国税徴収法第109条第1項○号の規定により売却する。	

随意契約による売却財産の表示

売却区分番号	財産種別	財産所在等	見積価額
			円

79 随意契約による売却通知書兼債権申立催告書

随意契約による売却知書別紙

随意契約による売却通知書兼債権申立催告書

○○第　　　号

令和　　年　　月　　日

　　　　　　　　　　　　　様

　　　　　　　　　　　　　○○市長

　下記により差押財産の随意契約による売却をしますので、この財産の売却代金について配当を受けることができる質権、抵当権、先取特権又は留置権等の権利を有している場合には、別紙「債権現在額申立書」を売却決定の日の前日までに○○市長に提出してください。

　地方税法（国税徴収法第１０９条第４項）の規定により通知します。

記

所 有 者	住所（所在）	
	氏名又は名称	
売 却 財 産 の 内 容	別紙のとおり	
見 積 価 額	円	
公 売 方 法	随意契約による売却	
売 却 日 時	買受人となるべき者の決定の日時 令和　　年　　月　　日（　）午前　　時	
売 却 場 所	○○市役所○○課	
売 却 決 定 日 時	令和　　年　　月　　日（　）午前　　時	
売 却 決 定 場 所	○○市役所○○課	
買受人についての資格その他の要件		
代 金 納 付 期 限	令和　　年　　月　　日（　）午前　　時	
売 却 に 係 る 徴 収 金	別紙「滞納内訳書」のとおり	
そ の 他	国税徴収法第109条第1項○号の規定により売却する。	

80　随意契約による買受申込者の決定の公告

○○市公告第○号

随意契約による買受申込者の決定の公告

令和○年○月○日

○　○市長　○○　○○

　随意契約による売却財産の買受申込者を次のとおり決定しました。
　地方税法（国税徴収法第１０９条第４項）の規定により公告します。

売却区分番号	売却財産の名称、数量、性質及び所在	買受申込価額	買受申込者の氏名又は名称	
1	○○市○町○丁目○番1 宅地　○○.○○平方メートル	円	Y	
買受申込者の決定年月日	令和○年○月○日	売却決定	日時	令和○年○月○日　午前　時
			場所	○○市役所　○○課

81 随意契約による売却決定通知書

随意契約による売却決定通知書

○○ 第 ○ 号

令和 ○ 年 ○ 月 ○ 日

○○市○町○丁目○番○号

　　　X　　　様

○○市長　○○　○○

　随意契約による売却財産の売却決定を次のとおりしました。

　地方税法（国税徴収法第１１８条）の規定により通知します。

売却財産 の買受人	住所 （所在）	○○市○町○丁目○番○号	
	氏名 （名称）	Y	
売却財産 の所有者	住所 （所在）	○○市○町○丁目○番○号	
	氏名 （名称）	X	
売却区 分番号		売却財産の名称、数量、性質及び所在	売却価額
1		○○市○町○丁目○番1 宅地　○○．○○平方メートル	円
代 金 納 付 年 月 日		令和 ○ 年 ○ 月 ○ 日	
交 付 書 類			

82　随意契約による売却（登記嘱託書）

登　記　嘱　託　書

登 記 の 目 的　　　所有権移転　~~権利登記抹消~~　差押登記抹消

原　　　　　因　　　令和○年○月○日　随意契約による売却

権　利　者　　　　○○県○○市○町○番○号
　　　　　　　　　　　　○○市

抹消すべき登記　　　平成○○年○月○日　受付第９９９９号　差押

義　務　者　　　　○○県○○市○町○丁目○番１号
　　　　　　　　　　　　○○　　○○

　　　　　　　　　　差押権利者　○○市

添 付 書 類　　　　登記原因証明情報　配当計算書（謄本）　~~住所証明書~~

登記識別情報の通知方法　　　書面の交付

令和○年○月○日

　　　　嘱 託 者　　○○市長

　　　　　　　　　○○地方法務局　○○支局　御中

~~課 税 価 格~~

登 録 免 許 税　　　登録免許税法第４条

不 動 産 の 表 示　　　別紙のとおり

　　　連絡先　⎡○○市○○課　担当　○○市徴税吏員　○○　○○　　⎤
　　　　　　　⎣　　　　　　電話　０００−０００−００００　　⎦

登 記 原 因 証 明 書

1　当事者及び不動産の表示
　　（1）　当事者　権利者　　〇〇県〇〇市〇町〇丁目〇番〇号
　　　　　　　　　　　　　　　〇〇市
　　　　　　　　　　　義務者　　〇〇県〇〇市〇町〇丁目〇番〇号
　　　　　　　　　　　　　　　〇〇　　〇〇
　　（2）　不動産の表示
　　　　　　　別紙のとおり
　　（3）　抹消の対象となる登記
　　　　　　平成〇〇年〇月〇日　受付第９９９９号　差押

2　登記の原因となる事実または法律行為

　　（1）　　〇〇市長は国税徴収法第１１３条に基づき、令和〇年〇月〇日、上記１の（2）
　　　　　の不動産について権利者に対して売却決定を行った。
　　（2）　　買受人は、国税徴収法第１１５条の規定に基づき、平成〇年〇月〇日、買受
　　　　　代金を納付した。

　　　　上記のとおり証明します。

　　　　令和〇年〇月〇日

　　　　　　　　　　　　　　　　　　　　　　　〇〇市長

（筆者略歴）

もたい　としろう
鑓　敏朗

昭和49年関東信越国税局に採用
三条税務署署長、新津税務署署長
関東信越国税局徴収部で主任国税訟務官、特別国税徴収官、
統括国税徴収官（公売担当）ほか
平成27年7月退職、新潟市で税理士開業（関東信越税理士会新潟
支部所属）
平成28年4月三条市勤務（収納課徴収対策専門員）

鑓敏朗税理士事務所
〒950-2055　新潟県新潟市中央区上大川前通6番町1180番地1
　　　　　　トーカンマンション柾谷小路301号室
　　　　　　　電話(025)224-5475
　　　　　　　FAX(025)223-1553

徴収職員・税理士のための
元徴収官による　国税・地方税徴収マニュアル

令和3年9月2日　初版印刷
令和3年9月10日　初版発行

不　許
複　製

著　者　　鑓　　　敏　朗

（一財）大蔵財務協会　理事長
発行者　　木　村　幸　俊

発行所　　一般財団法人　大　蔵　財　務　協　会
〔郵便番号　130－8585〕
東京都墨田区東駒形1丁目14番1号
（販　売　部）TEL03(3829)4141・FAX03(3829)4001
（出版編集部）TEL03(3829)4142・FAX03(3829)4005
http://www.zaikyo.or.jp

乱丁・落丁はお取替えいたします。　　　　　　　　印刷　恵友社
ISBN978-4-7547-2930-1